KB196820

서바이벌리스트 모더니티

모더니티

김홍중

eum

일러두기

단행본은 『 』, 단편 소설 및 수록 문헌은 「 」, 작품명은 〈 〉,
매체명은 《 》, 상호 및 기업명은 〔 〕으로 표기하였다.

이 저서는 2015년 대한민국 교육부와
한국학중앙연구원(한국학진흥사업단)의 한국학총서사업의
지원을 받아 수행된 연구임(AKS-2015-KSS-1230007)

목차

들어가며

생존.

생존주의.

생존주의적 근대성.

이 책이 집중적으로 다루는 문제들은 모두 위의 세 개념에 수렴된다.
책의 어느 페이지를 펼치건 독자들은 저들과 연관되어 있는 질문,
분석, 해석, 주장, 쟁점, 논쟁을 만나게 될 것이다. 말하자면, 저
세 용어는 이 책의 개념적 성좌(星座)다.

사실, 내가 저 문제들과 씨름하기 시작한 것은 벌써 17년 전의
일이다. 대략 2007년경부터 나는 (후일 '마음의 사회학'이라
명명될) 심리사회적 연구에 착수했다. 민주화 시대를 주도했던
'진정성'의 의미와 구조를 밝혔고 이어서 신자유주의적 집합 심리인
'생존주의'를 탐구했다. 이 과정에서 나는 21세기 한국사회를
움직이는 가장 강렬한 욕망의 에너지가 '서바이벌'을 향해
소용돌이치고 있다는 사실을 발견했다. '살아남는다는 것'은 우리
사회의 지배적 도덕이자 미학이자 공유된 가치가 되어 버렸다.
이러한 현상을 비판적으로 고찰하고 심층적으로 분석한 여러
연구들이 『마음의 사회학』(2009)과 『사회학적 파상력』(2016)에
실려있다.

이렇게 시작된 생존주의 연구는 2010년대 중반에 상당히 중요한
전환점을 맞이한다. 두 가지 새로운 관점의 도입이 변화의 핵심이다.
첫째는 생존주의를 역사적 맥락에서 바라보기 시작했다는 점이다.

처음 수행된 연구들이 주로 신자유주의적 통치성과의 연관 속에서
생존주의를 분석했다면, 이 책에 실린 차후의 연구들에서 나는
생존주의 개념의 외연을 역사적으로 확장시키고자 했다. 즉, 약
100여 년의 시간 속에서 생존주의가 어떻게 변이되고 진화해
왔는가를 고찰하려 한 것이다. 본문에서 자세히 분석하겠지만,
실제로 한국사회의 생존주의는 한국 모더니티의 형성 과정 그
자체에 뿌리를 내리고 있다. 19세기 후반, 제국주의적 국제질서와
마주하면서, 당대 지식인들은 이미 사회진화론을 적극적으로
수용하기 시작했다. 20세기 중반의 한국전쟁은 민중의 생존 지향적
세계관과 감수성을 한층 더 강화시키는 결정적 계기가 되었다. 이후
발전주의 국가가 등장하여 사회적으로 유동하던 생존에의 열망을
포획하는 이른바 '냉전 생존주의 레짐'이 확립된다. 책에 실린 몇
편의 연구들이 바로 이 시기에 집중되고 있다. 예를 들어 박정희의
통치성 연구, 정주영의 자본주의 정신 연구, 민중신학에 대한 분석이
그것이다.

두 번째 변화는 이론적 성격을 띤다. 나는 2010년대 후반부터
들뢰즈와 가타리의 분열분석(schizo-analysis)을 생존주의 연구의
철학적 원천으로 원용하기 시작했다. 이는 생존주의 개념의 이해에
결정적 차이를 가져왔다. 가령, 이전의 연구들이 생존주의를
주로 통치성(푸코)의 작동에 의해 생산된 집합적 심리구조(문화,
하비투스, 감정규칙 등)로 이해했다면, 들뢰즈와 가타리의 철학은 저
구조화된 심적 질서의 아래에서 꿈틀거리는 욕망의 중요성과 의미를
전면적으로 사고하도록 했다. 저들이 말하는 욕망은 결여가 아니라
생산력이며, 표상이 아니라 에너지다. 지층으로 굳어지기 이전의
마그마 같은 것이다. 흐르면서 연결시키면서 녹이면서 재구성하면서,

리얼리티를 생산하는 역동적 힘이다.

이러한 관점에 의하면, 생존주의는 통치성이나 집합 심리이기 이전에 무엇보다도 욕망의 흐름으로 이해되어야 한다. 생존주의의 가장 깊은 곳에는 생명의 파괴체험, 트라우마적 상처, 죽음과 도태에 대한 공포와 불안, 그리고 생존을 향한 맹목적 충동들이 있는 것이다. 모든 욕망이 통치되는 것도 아니며, 모든 통치성이 생존주의 심리-레짐을 생산해 내는 데 성공하는 것도 아니다. 욕망은 언제나 탈영토화되고, 탈코드화되고, 탈지층화되기 때문이다. 생존욕망은 현실을 만드는 생산력이고, 생명체들의 근원적 생명력이다. 따라서, 우리는 생존주의를 비판할 수 있지만, 생존욕망은 비판할 수 없다. 그것은 비판의 대상이 아니라 이해의 대상, 인정의 대상, 그리고 궁극적으로는 실험의 대상이다. 생존욕망을 가지고 어떤 새로운 창조적 배치, 저항적 배치, 사회적, 생태적, 행성적 배치를 만들어낼 수 있는가? 문제의 본질은 이것이다.

나는 이렇게 본다. 한국 근대의 고유한 사상 형태는 하이데거적 '존재'론도 아니고 사르트르적 '실존'주의도 아니다. 한국 근대의 간판 사상은 '생존'의 사상이다. 한국인들의 뇌리를 떠난 적 없는 강력한 질문, 영원히 회귀하면서 한국인들의 삶의 방식을, 죽음의 방식을, 존재와 체험의 틀을 만들어간 그 서글프고, 야비하고, 모질고, 집요하고, 잔인한 질문. 살아남는다는 것, 생존한다는 것, 그것은 도대체 무엇이냐? 학자들의 연구실이나 도서관이 아니라 시정(市井)의 한복판에서 터져 나오는 철학적 질문. 생존이란 무엇이냐?

한국 모더니티의 빛과 어둠, 영광과 오욕을 함께 끌어안고 있는 저
생존주의라는 생각의 덩어리, 감각의 덩어리, 영성의 덩어리, 열망의
덩어리, 몽상(夢想)의 덩어리. 우리는 이 난해한 욕망을 얼마나
깊이 통찰하고 있는가? 우리가 한국의 근대를 말할 때, 우리는
과연 한국사람들의 마음 깊은 곳에서 처절하게 울려 퍼지던 저
생존욕망의 목소리와 눈빛을 얼마나 절실하게 포착하고 있는가?
이런 물음들이 이 책에 스며들어가 있다. 가령, 내가 박수근과
박완서의 '나목(裸木)'의 상징성을 이야기할 때, 김기영 영화의
그로테스크 미학을 읽어낼 때, 그리고 한국 민중에게서 '생존주의에
저항하는 생존주의'를 발견해 내고자 할 때, 나는 저 물음들에 들려
있었다.

이 책에는 모두 아홉 편의 글이 실려 있다. 이미 다른 지면에 발표된
글들도 다수 포함되어 있지만, 나는 그 원고들에 꽤나 중요한 수정과
재구성을 가했다. 어떤 경우, 과거의 문제의식을 상당 부분 들어내고
새로운 관점과 해석을 삽입했다. 영어로 쓰여진 글은 번역을 하되,
새로 쓰는 기분으로 거의 재집필하였다. 생존 문제에 대한 내 철학적
입장의 변화가 실질적으로 반영되도록 여러 노력을 기울였다.
원래 글에는 없었던 십여 개가 넘는 보론들이 추가되어 주제를
좀 더 입체적으로 다룰 수 있게 되었다. 단순히 과거의 글들을
묶은 것이 아니라, 전체적으로 하나의 흐름으로 전개되는 저서로
재탄생시키고자 노력했다.

책이 출간되기까지 많은 분들에게 도움을 받았다. 무엇보다 이
연구는 한국학진흥사업단의 2015년 한국학총서로 선정된 "해방
이후 '한국적인 것'의 역사적 형성"이라는 과제의 연구 결과물이다.

들어가며

한국학진흥사업단의 지원은 이 연구를 수행하는 데 참으로
결정적인 힘이 되었다. 연구자로서 이런 지원을 받게 된 것을 큰
행운으로 여기며 진심으로 감사의 말씀을 드린다. 과제의 책임을
맡아주신 김경일 선생님께도 감사의 마음을 표하고 싶다. 선생님의
조언과 비판이 연구에 큰 도움이 되었다. 함께 과제를 수행했던
박형신, 정수남, 김인수 선생님께도 감사드린다. 과제관리에 애써주신
한국학중앙연구원 연구행정실 정유순 선생님과 한국학진흥사업단
김도형 선생님께도 특별한 감사의 말씀을 드리고 싶다. 고생스럽게
책을 편집해 주신 강지웅 선생님과 이 저서의 출판을 흔쾌히
허락하고 지원해 주신 이음 출판사의 주일우 兄께도 깊이
감사드린다.

2024년 8월
저자 김홍중

1장

나목(裸木)의 사상 —
박수근과 박완서의 경우

I. 파국

들뢰즈(Gilles Deleuze)는 말한다. 화가가 화폭 앞에 앉아서 무언가 그리려 할 때, 그가 최초로 하는 일은 '그리는 것'이 아니다. 그건 불가능하다. 캔버스는 텅 빈 "순백의 표면"이 아니다(Deleuze, 2002: 83). 화폭에는 이미 (매스 미디어나 사진 같은 시각 매체들이 생산한) 기성 이미지들이 자리 잡고 있다. 그림을 시작할 수 있기 위해서, 화가는 우선 저 선행하는 이미지들을 제거해야 한다. 창작보다 파괴가 먼저다.

모든 형상들을 지워버리는 일, 캔버스에 사막을 창설하는 일, 카오스를 도래시키는 일, 윤곽을 뭉개고 힘의 선들이 뒤범벅된 혼돈을 만드는 일, 들뢰즈는 이를 '파국'이라 부른다(Deleuze, 2002: 93). 회화적 창작은 파국을 불러오는 것에서 시작된다. 어떤 화가의 고유한 인장(印章)이 찍힌 이미지가 솟아나는 것은 파국으로부터다. 반 고흐(Van Gogh) 그림에서 소용돌이치는 사이프러스 나무들의 선영(線影), 베이컨(Francis Bacon)의 뭉개진 얼굴과 살(肉)은 이제 막 파국에서 솟아 나오는, 누구도 아직 그려낸 적 없는 새로운 형상이었다.[1] 세잔(Paul Cézanne)은 자신 이전에 그려진 모든 사과들을 파국으로 몰아넣은 이후, 그로부터 자신만의 사과를 끄집어냈다(Deleuze, 2002: 95-96).

박수근(朴壽根, 1914-1965)도 그러하다. 누구나 한번 보면 바로 알아차릴 수 있는 고유의 화풍을 탄생시키기 위해 그가 창조했어야 할 미학적 파국은 그의 그림에 어느 순간부터 자리 잡게 된 화강암적 표면이다. 오랜 세월의 비바람에 풍화된 듯, 닳아 없어지고

마모된 석불의 몸통인 듯, 울퉁불퉁 파인 요철(凹凸)의 표면. 형상도
색채도 다 희박해진 암각화 같은 캔버스. 모든 것은 그 고요한
파국의 진행 속에, 마치 폭설에 덮이듯, 잠식되어 간다. 그런데
박수근 그림에는 이러한 '미학적' 파국을 넘어서는 또 다른 파국이
개입하고 있다. 한국사회가 20세기 중반에 겪었던 한국전쟁이 바로
그것이다.

II. 광물-되기

박수근은 1950년대 초반부터 1960년대 중반에 활발한 창작 활동을
펼쳤다. 그 시기, 한국사회는 전쟁이 남긴 폐허가 도시 풍경과 인간
마음을 모두 지배하던 어두운 시기를 통과하고 있었다. 그는 도시
변두리의 일상적 시정(市井)을 즐겨 그렸다. 흰 치마를 입고 아이를
업은 소녀들, 빨래를 하거나 절구질을 하는 여자들, 쭈그려 앉아
둥글게 모여 이야기를 나누는 사람들, 풍악을 치며 농악패를 노는
사람들. 이들이 그의 그림에, 영원성의 아우라를 두른 채, 등장한다.

대개 사람들의 얼굴은 지워져 있다. 눈도, 코도, 입도 없다. 있어도
뚜렷하지 않다. 마치 개체가 아니라는 듯. 표정도 애매하다. 웃는지
우는지, 슬픈지, 혹은 기쁜지를 알아채는 것이 결코 쉽지 않다.
몸짓도 지극히 단순화되어 있다. 화가가 그들의 신체에 입혀 놓은
색채 역시 소박하기 그지없다. 가부장처럼 보이는 근엄한 남성들,
폭력적이거나 근육질적이거나 생기에 가득 차 있고 활동적인 성인
남성들은 그의 그림에 등장하지 않는다.

이런 점에서 흥미로운 것은 그가 그린 동물들이다. 박수근의

동물들은 가령 이중섭(李仲燮, 1916-1956)의 소(牛)와는 현저한
차이를 보인다. 이중섭이 1950년대에 그린 황소들은 무언가의
형상이라기보다는 오히려 하나의 응축된 의지의 표현으로 느껴진다.
싸우는 두 마리 소가 뿔을 부닥치며 충돌하는 장면이 등장하는
몇 편의 그림에서는 재현된 대상이 소라는 사실을 알아챌 수 없을
정도로 윤곽들이 무너져 있다. 소가 취하는 특유의 제스처도 속도와
기세에 녹아버려, 마치 순수한 근육의 힘들만이 포착되고 있다는
인상을 준다. 전쟁을 벌인 남(南)과 북(北)처럼 맞서고 있는 두 소가
싸우는 그림은 보는 이에게 거의 생리적인 고통을 느끼게 만든다.

이에 비하면, 박수근의 동물들은 고요하다. 공처럼 사랑스럽게 몸을
말고 잠든 고양이와 개는 세상에서 가장 깊고 아늑한 곳으로 퇴거해
들어간 신체들처럼 아무런 미동도 보이지 않는다. 그저 웅크린 채
잠들어 있을 뿐이다. 저들은 가히 식물적 동물들이다. 1963년에
그린 비둘기 그림에서는, 캔버스와 비둘기의 형체를 구분해 내기도
쉽지 않다. 오랫동안 응시해야 비로소 간신히 비둘기의 윤곽을
바탕으로부터 분리할 수 있다. 비둘기는 바위 표면 속으로 파고
들어가 버린 듯하다.

사실, 박수근의 캔버스는 그 자체로 이미 광물적이어서, "토기, 석물,
기와 같은 '거친 물성'"(김예진, 2022: 17)으로 충만해 있다. 그의
형상들은 '그려졌다'기보다는 끌이나 정으로 '부조(浮彫)된' 듯이
보이기도 한다. 완강한 무기질의 세계로 곰삭아 들어가 그 안에
틀어박힌 형상들의 부동성(浮動性). 소음들이 소거되어 침묵밖에
남지 않은 적막감. 그런 무채색 세상이 주는 기묘한 친밀성과 낯섦,
그리고 평온한 깊이감. 솟아나는 것이 아니라 무너져가는 풍경을

감싸고 있는 허름한 영원성. 말하자면, '광물-되기'의 파국 속에 모든 것이 휘말려 들어가, 이제 더 이상 아무것도 어쩔 수 없을 것 같은 체념이 오히려 마음에 평화를 주는 저 아득한 이미지들. 마모되고, 소멸되고, 퇴색되고, 깎여 나간 인간과 비인간들. 희망도 꿈도 아픔도 없는 무기질의 광물로 같이 퇴행하자며 속삭이는 유혹.

이처럼 독특한 박수근 회화 세계의 중심에서 우리는 '나무들'을 만난다. 그의 나무를 관조할 때 우리는 과연 무엇을 보는가? 무엇을 느끼는가? 나무의 어떤 것이 그토록 강한 감응력을 발휘하며 우리의 마음속으로 침투해 오는가? 나는 이렇게 생각한다. 박수근의 그림에서 우리가 보는 것은 당대 한국인들의 실제 체험이나 당대 도시의 풍속의 재현 같은 것이 아니다. 정보나 사실이 아니다. 박수근의 그림은 역사학이나 사회학의 '자료'가 아니다. 그 시대 사람들이 어떻게 밥을 먹고, 빨래를 하고, 눈물을 흘리고, 어떻게 사랑을 나누었는지, 여성은 얼마나 고된 삶과 위험한 삶을 살았는지, 아이들은 어떻게 놀았는지, 그 벌거벗은 삶의 수많은 밤들은 얼마나 어두웠는지, 이런 것을 보는 것이 아니다.

우리의 집중된 시선이 그의 캔버스에서 지각하는 것은 박수근과 더불어 동시대를 살아갔던, 살아냈던 인간들에게 작용한 힘들의 어셈블리지(assemblage)다. 사람들을 내리누르고, 그들의 존재를 찌그러뜨리고, 부스러뜨리고, 살아 있되 이미 죽은 것 같은 저 광물적 얼굴들을 빚어내고 아직 어리지만 벌써 늙은이의 피부를 가진 존재로 그들의 삶을 풍화시켜 버리고 기억이나 소망마저 침식시키는 역사의 힘. 사회의 힘. 배고픔의 힘. 물질의 힘. 기억의 힘. 공포의 힘. 희망의 힘. 사건의 힘. 살아가며 버티는 존재들을

거미줄처럼 얽어매고 그들에게 작용하는 이 모든 잡다한 힘들의
지도. 박수근의 그림이 우리 마음을 울리고 들어올 때, 우리가
직관하는 것은 바로 이것이다. 그림과 그것을 보는 우리 눈동자
사이에 이 느낌이 생성될 때, 박수근과 우리는 같은 시간, 같은 상황,
같은 리얼리티 속에 함께 있다. 한국의 근대라는 끔찍한 리얼리티
속에.

III. 기관 없는 신체

인간 고통을 대신 겪는 대행자(代行者)처럼 의연하고 애절하게,
나무는 가장 헐벗은 존재가 취할 수 있는 가장 꼿꼿한 자세로
거기 서 있다. 추사(秋史)의 〈세한도〉가 연상되기도 한다. 하지만
〈세한도〉가 선비의 굽히지 않는 정신을 표상한다면, 박수근의
나무가 끌어안고 있는 것은 당대 민중의 수난이다. 전쟁의 폭격,
총성, 피난민의 행렬이나 죽음을 바라보았을 것이며, 사람들이 겪는
것을 옆에서 함께 겪었을 저 나무는 자신 주변에 옹송그리고 모여
있는 사람들의 다친 마음을 시각적으로 웅변한다.

이파리를 다 떨군 저 나무는 그저 견디고 있는 것이다. 아직 새순은
보이지 않고, 주변의 공기는 차갑다. 지독한 황량함이 나무를
에워싸고 있다. 목련처럼 화사한 수종(樹種)도 박수근의 그림에서는
깊은 침묵과 무기력에 잠겨 있다. 나무의 생명은 '강도(强度)=0'의
상태까지 밀려가 있다. 죽음 근처까지, 죽음이라는 극한까지 내몰려
있다. 꽃도 없고, 푸르름도 없고, 흐드러진 가지도, 앳된 이파리도
없는 박탈된 존재. 헐벗은 채 견디는 존재. 다른 생명을 품을 수

있는 여력도 없이, 자신의 있음을 이어가는 것조차 힘겨워 보이는, 간신히 버티고 있는 생명체. 저릿한 슬픔이 몰려온다.

박수근의 나무는 그 시대의 한국사회를 닮아 있는 것이다. 이를테면, 장용학이나 손창섭 소설이 극명하게 그려 놓은 시체와 죽음의 세계(이영진, 2018: 263). 하지만 이와 동시에 우리는 그의 나무에서 희미하게 박동하는 생명의 기미 또한 느낄 수 있다. 생명적인 것의 소멸과 부활 사이의 견딜 수 없는 긴장감, 이것이 저 나무의 본질이다.

그의 그림은 우리에게 묻는다. 나무들은 죽어 있는가 아니면 살아 있는가? 전후 한국인들은, 뛰노는 아이들은, 저 노인들은, 동물들은 죽어 있는가 아니면 살아 있는가? 저들은 유령인가 꿈인가 아니면 그 무엇인가? 우리는 말문이 막힌다. 쉽게 대답할 수 없다. 하지만 마음 깊은 곳에서 우리는 알고 있다. 죽음 속에 이미 던져진 듯이 말라붙고, 생명의 온기가 다 식은 저 가지에서 '머지않아' 꽃들이 피어날 것이라는 사실을. 저 나무는 '머지않아'라는 미래성을 품고 있다는 사실을.

들뢰즈와 가타리의 용어를 빌려서 말하자면, 박수근의 나무는 일종의 '기관 없는 신체'인 것이다. 기관 없는 신체는 유기체(organisme)와 대립하는 개념으로서,[2] "유기적 결정화 이전의 신체, 기관들이 아직 확정되지 않은 신체, 분화 중인 신체"를 가리킨다(소바냐르그, 2009: 90). 얼핏 보면, 그것은 생명보다는 죽음 쪽에 더 가까이 있는 것처럼 보인다. 하지만 실제로 기관 없는 신체는 잠재적 생명력으로 충만해 있다.

이를테면, 사막. 사막은 죽은 듯 불모의 풍경으로 펼쳐져
있지만, 사실 거기에는 수많은 생명체들이 생동하고 있지
않은가?(들뢰즈·가타리, 2003: 67) 같은 맥락에서, 기관 없는
신체는 알(卵)에 비유될 수도 있다. 알에는 아직 눈도 없고, 코도
없고, 입도 없고, 날개도 없고, 위장도, 성기도, 발가락도 없다.
기관들은 부재하고, 유기체의 조직도 없다. 오직 현행화되지 않은
생명의 잠재성만이 그 미분화된 덩어리를 가로지르고 있다. 하지만,
알은 죽어 있지 않다. 강력한 미래적 생명성과 "비-유기체적
생기(vitalité non-organique)"가 거기 내재해 있다(들뢰즈·가타리,
2014: 32; Deleuze & Guattari, 1991: 172).

박수근의 나무가 기관 없는 신체라는 것은 이런 의미에서다. 겨울의
한복판에서, 나무는 아무런 생산도, 활력도, 생기도 보이지 않는다.
모든 기관들이, 기능들이 정지되어 있다. 기관-없음의 삭막한
무기력이 나무를 감싸고 있다. 하지만, 저 나무는 살아 있다. 머지
않아 봄이 오면, 꽃들이 가지 끝에서 돋아나고, 이파리들이 생겨날
것이다. 곤충과 새들이 날아올 것이다. 박수근의 나무는 광기 어린
희망이다. 한 조각의 꿈도 찾을 수 없을 정도로 파괴되고 헐벗겨진
곳에서, 희망의 모든 기관들이 부서진 곳에서 죽지 않고 버티고
있는 희망의 살아 있는 현존. 도저한 역설.

IV. 박완서의 경우

잘 알려진 것처럼, 1970년에 출판된 박완서의 『나목』은 자전적
이야기를 담고 있다. 주인공 이경은 한국전쟁의 와중에 명동에 있는

미8군 PX에 근무하고 있다. 이경도 당시의 수많은 한국인들처럼 큰 아픔을 겪고 살아남은 생존자다. 그 아픔의 핵심에는 박완서 소설이 반복적으로 다루고, 변주하고, 다시 대면하게 될 원형적 트라우마인 오빠의 죽음이 있다(이경재, 2011; 차미령, 2015).

오빠는 죽었고, 자신은 살아남았다. 더 정확히 말하면 오빠는 '죽임'을 당했다. 좀 더 정확히 말하자면, 오빠는 그냥 죽임을 당한 것이 아니라 인간의 형체를, 그 기관들을 다 파손시키고, 훼손시키는, 그래서 인간이 한 인격으로 갖고 있는 유기체적 온전성 자체가 파괴되는 그런 '죽임'을 겪었다.

『나목』에서 오빠의 죽음은 폭사(爆死)로 그려진다. "검붉게 물든 홑청, 군데군데 고여 있는 검붉은 선혈, 여기저기 흩어진 고깃덩이들. 어떤 부분은 아직도 삶에 집착하는지 꿈틀꿈틀 단말마의 경련을 일으키고 있었다"(박완서, 2012a: 296). 이경은 폭격에 죽은 오빠들의 부서진 시체를 본 후 붉은 사루비아를 보면 악몽에 시달린다. 1973년의 단편 「부처님 근처」에서 박완서는 오빠의 죽음을 '사살(射殺)'로 그린다. "총잡이가 정말 총을 쐈다. 한 방도 아닌 여러 방을. 가슴과 목과 얼굴과 이마에 (…). 형체를 알아볼 수 없이 산산이 망가진 상체의 살점과 뇌수와 응고된 선혈을 주워 모으며 우리 식구는 모질게도 악 한마디 안 썼다"(박완서, 2006: 106). 오빠는 『목마른 계절』(1978)에서도, 「엄마의 말뚝2」(1981)에서도, 『그 산이 정말 거기 있었을까』(1995)에서도 계속 불려 나와 죽는다. 말하자면, 박완서 소설에서 오빠는 한 번 죽는 것이 아니라, 여러 번 죽는다. 끊임없이 반복해서, 계속해서 죽는다.

오빠는 생명의 영겁회귀가 아니라 피살(被殺)의 영업회귀에
붙들려 있다. 그 회귀를 주재하는 것은 소설가 박완서다. 박완서는
한국전쟁에서 죽은 오빠를 계속 불러내서, 그 죽음을 변주하고
변형시키면서 반복적으로 서사한다.3 그것은 박완서 소설의 검은
구멍이다. 모든 것이 그 구멍으로 무너져 내린다. 생존하지 못한
자가 남긴 구멍. 아무리 다시 되새겨도 의미화되지 못하는 구멍.
그 구멍에서 솟아 나오는 오빠는 언제나 기관 없는 신체다. 죽어
있지만, 죽지 않고 회귀하며, 온통 훼손된 채 신체가 다 흩어졌지만,
어떤 인격보다 더 강력하게 살아나서 박완서의 글 속으로
되돌아온다. 이경은 생존자다. 살아남은 자는 오빠가 솟아나는 그
구멍을 마음 깊은 곳에 품고 밥을 먹고, 아이들을 낳고, 다시 살아
나간다.

하지만, 이 생존은 무엇을 의미하는가? 이경은 묻는다. 자신의
살아남음을 가지고 무엇을 할 것인가? 이경은 은행나무의 노란
빛깔을 보면서 혼자서 되뇐다. "살고 싶다. 죽고 싶다. 살고 싶다.
죽고 싶다"(박완서, 2012a: 304). 삶과 죽음의 진자운동에 갇혀
있던 이경은 화가 옥희도(박수근의 소설적 형상)를 만나고, 어느 날
그의 집에서 화가가 오랫동안 그려왔다는 그림을 보게 된다. 이경의
눈에 비친 것은 "참담한 모습의 고목(枯木)"이었다. "부연 혼돈
속에 고목이 괴물처럼 부유"하는 것을 보면서 이경은 "섬뜩함"을
느낀다(박완서, 2012a: 256-7). 시간이 흐르고 옥희도가 죽은 후에
열린 유고전에서 이경은 동일한 그림을 다시 만난다. 그런데, 같은
그림이 이번에는 다른 느낌으로 이경에게 다가온다. 자신이 예전에
고목이라 생각했던 그 나무를 이경은 이제 '나목(裸木)'이라 부른다.

"내가 지난날, 어두운 단칸방에서 본 한발 속의 고목(枯木), 그러나
지금의 나에겐 웬일인지 그게 고목이 아니라 나목이었다. 그것은
비슷하면서도 아주 달랐다. 김장철 소스리 바람에 떠는 나목, 이제
막 마지막 낙엽을 끝낸 김장철 나목이기에 봄은 아직 멀건만 그의
수심엔 봄에의 향기가 애닯도록 절실하다. 그러나 보채지 않고
늠름하게, 여러 가지들이 빈틈없이 완전한 조화를 이룬 채 서 있는
나목, 그 옆을 지나는 춥디추운 김장철 여인들. 여인들의 눈앞엔
겨울이 있고, 나목에겐 아직 멀지만 봄에의 믿음이 있다. 봄에의
믿음. 나목을 저리도 의연하게 함이 바로 봄에의 믿음이리라"(박완서,
2012a: 376).

이경의 마음속에서 어떤 변화가 발생했다. 그것은 섬뜩함에서
봄에의 믿음으로 움직여간 변화다. 이 변화를 표시하는 언표가
'나목'이다. 나목. 그것은 고목과 '비슷하면서도 아주 다른' 무언가다.
1950년의 전쟁에서 『나목』이 쓰여진 1970년 사이의 20년이라는
세월 속에서, 고목이 표상하는 죽음은 나목이 암시하는 봄에의
믿음으로 은밀하게 전환되고 있던 것이다. 죽은 듯 보이지만,
머지않아 폭발적 삶으로 도약해 들어갈, 응축된 에너지. 기관 없는
신체. 나목은 겨울의 끝이고 봄의 시작이다. 고목의 빈사 상태이면서
봄의 첫 새순이다. 나목은 역설이다. 봄에의 믿음은 저 빈사 상태의
외부에서는 생성되지 않는다. 고목이 가장 깊은 불모의 상태 속으로
침잠해 들어갔을 때, 거기서 비로소 나목이 태어난다. 나목에는
봄에의 믿음이 있다. 박완서는 박수근의 그림에 녹아 있던 이념을
언어로 끌어냈다. 이념이란 무엇인가?

V. 나목의 이념

들뢰즈에 의하면 이념(idée)은 모든 창조적 활동을 관통하는 생각이다. 창조하는 자들이 붙들고 싸우는 생각이다. 그래서 철학자뿐 아니라 화가도 음악가도 영화감독도 이념을 갖는다. 이념을 갖는다는 것은 어떤 정해진 입장이나 정치적 스탠스, 혹은 사상적 좌표를 소유한다는 것을 의미하지 않는다. 대신 해결해야 하는 물음과의 고투 속에서, 미지의 해답을 향한 반복적인 운동에 휘말린다는 것을 의미한다. 이념은 플라톤이 말한 것과 같은 초월적 동일자가 아니라 "사유하게 하는 이미지"(Deleuze, 2003: 194)다.[4]

나목이 표상하는 이념은 '생존'이다. 생존의 이념은 20세기 한국사회의 근원적 문제였다. 특히 한국전쟁을 겪으면서, 그리고 전쟁 이후의 세상을 살아가면서 한국인들이 스스로에게 끊임 없이 제기했어야 하는 최상급의 문제, 그것은 바로 '살아남는 것'이었다. 살아남지 못한 자들의 세계와 살아남은 자들의 세계가 아직 선명히 분리되지 못한 채 뒤엉켜 있던 시대, 삶 자체가 비상 상황으로 전환되어 일상이 생존 투쟁으로 변화된 시대에, 산다는 것은 무엇인가? 살아남는다는 것은 무엇인가? 박수근의 나목은 이 물음을 형상화하고 있다. 20세기 한국인들의 마음 깊은 곳에 살에 박힌 가시처럼 자리 잡고 있던 질문을 하나의 형상에 녹여내고 있다.

달리 말하자면, 박수근의 나목은 '존재'하는 것도 아니고 '실존'하는 것도 아니다. 그 나무는 '생존'하고 있다. 살아남고 있다. 살아내고 있다. 나목은 겨울을 살아남았다. 처절하게 벗겨졌고, 거의 죽었고,

아무런 생명성을 보여주지 못하지만, 그럼에도 불구하고 미친 듯이 살아 있다. 살고 싶은 욕망의 정점에서 고요하고 차갑게 불타고 있다. 나무는 생존, 생존, 생존, 생존의 순간들을 간신히 이어가며, 그 자리에 현존하고 있는 생성 그 자체다. 나목에서 우리는 죽음과 생명의 불가능한 교점을 본다. 그것이 바로 '생존' 사건의 특이성이다. '살아남는다'라는 동사는 대개 타동사의 형태를 띤다. '-에서 살아남는다'라고 말해질 때, 그 동사에는 목적어가 동반되는 것이다. 왜냐하면, 주체가 혼자서 생존하는 것이 아니라, 생존을 저해하거나 방해하는 어떤 대상을 뚫고 나가는 것이 생존이기 때문이다.

이런 점에서, 생존은 생명의 축적도 생명의 심화도 아니다. 그것은 더 많은 생명, 더 확장된 생명, 더 강화된 생명을 향한 코나투스(conatus)의 발현이 아니다. 생존은 오히려 죽음 쪽에서 온다. 생존한다는 것은 언제나 삶을 위협하는 어떤 문제와의 마주침 속에서 삶이 부서지고, 훼손되고, 삭감되고, 죽음 쪽으로 휘어져 가지만, 거기서 다시 간신히 생명 쪽으로 전회하는 순간 나타나는 은총이다. 생존은 죽음과 생명의 아슬아슬한 교점이다. 죽음에서 생명 쪽으로 틀어진 1도(度). 믿기 어려운 각도다. 누가 과연 자신의 살아남음이 자신의 자발적이고 의도적이고 자율적인 '행위'라고 생각하겠는가?

전쟁에서 살아남은 이경의 생존은 '행위(action)'인가 아니면 '감수(passion)'인가? 누가 죽고, 누가 살아남는가? 저 생사(生死)의 코드 작동은 이성이 결정한 것이 아니다. 생사의 갈림은 때로는 우연적으로, 때로는 운명적으로 일어난다. 생존자는 생존을 수행하는 것이 아니라 그저 겪는다. 살아남는 것이 아니라,

살아남게 되는 것이다. 그는 행위자가 아니라 감수자다. 한국
모더니티의 기원에는 저 생존적 상황의 격렬한 비상성(非常性)의
혼돈이 존재한다. 19세기 후반 조선의 멸망, 20세기 중반 한국전쟁과
냉전, 그리고 20세기 후반 신자유주의적 세계화와 외환 위기로
이어지는 카오스적 파국의 연쇄적 파동(波動)과 맞선 채, 한국인들이
스스로에게 제기하고, 또 제기하고, 또 제기한 문제. 살아남는다는 것.

사상의 모태는 두뇌가 아니고 진창이다. 철학자의 서재나 도서관이
아니라 보통 사람들이 살아가는 시정(市井)의 한복판이다. 근대
한국사회가 위대한 사상을 낳았다면, 그것은 생존의 사상이다.
생존은 20세기 한국 사상의 정수(精髓)다. 박수근의 나목은 20세기
한국인의 존재론적 '원점'이 어디인지를 가르쳐준다. 우리는 어디에서
왔는가? 박수근은 말한다. 우리는 파국 속에서 태어났다. 파국이
우리의 고향이다. 파국 속에서 우리는 죽음과 삶이 엇갈리는 '생존적
순간들'을 겪어간 감수자들이다. 그 겪음이 생성시킨 욕망의 분출을
기다리며, 우리는 나목처럼 버티며 생존해 왔다. 저 나목이 우리다.
우리의 기원이다. 나목의 이미지 속에, 20세기 한국사회의 성취와
아픔과, 자랑과 오욕과, 선(善)과 죄(罪), 광기와 지혜, 꿈과 깨어남,
가능성과 악몽이 모두 접혀 들어가 있다.

보론 1. 살아남는다는 것에 대하여

'살아남는다는 것'은 생존 사건이 발생하는 순간을 가리키는
동사다. 대개 인도-유럽 어족 언어에서 '생존한다'는 자동사가
아니라 타동사처럼 사용된다. 목적어를 갖는 것이다. '-보다 더
오래 살아남는 것'이다. 가령, 사고를 겪고 살아남거나, 전쟁에서
살아남거나, 혹은 질병에서 살아남는 것이 생존이다. 타동사적이면서
사건적이다. 생존한다는 것은 순간적으로 발생하는 생존 사건이다.

모든 생존 사건은 우리를 흔든다. 감정적 동요를 일으킨다. 그것은
생존 사건에 내재적인 저 돌발성, 혹은 우발성에서 온다. 누군가는
살아남고, 누군가는 살아남지 못한다. 생사(生死)의 이런 갈림은
우연이나 요행으로 보인다. 하지만 어느 경우에나 생존 사건은
풀리지 않는 수수께끼로 남는다. 살아남은 자들은 자신의 생존을
기뻐하기보다는 수치스러워한다. 아우슈비츠에서 돌아온 다수의
생환자(生還者)들은 결국 다시 얻은 삶을 살아내지 못한 채 자살로
생을 마감했다. 오카 마리는(岡 眞理) 자신의 저서 『기억·서사』에서
브루노 베텔하임(Bruno Bettelheim)과 연관된 다음과 같은 통절한
이야기를 전한다.

"절멸수용소에서 살아남은 사람의 대다수는 자신만 살아남았다는
경험, 바로 그것의 폭력적인 자의성(恣意性)을 심적 외상으로 갖고
있다. 그런 심적 외상을 겪은 한 생존 여성이 어느 날 베텔하임에게
편지를 보내왔다. 그녀는 자신이 살아남은 것은 수용소에서
죽임을 당한 사람들을 대신하여 자기 자신에게 남겨진 삶을 더욱
바람직하게 살아야 할 사명을 부여받았기 때문이라고 자꾸만

생각된다고 편지에 썼다. 그 여성의 말에 대해 베텔하임은 자신의 저서에서 그런 사고방식을 부정한다. 그는 그와 같은 사명 따위란 없다고 말한다. 살아남은 사람이 사명을 부여받았기 때문에 살아남은 것이라고 한다면 죽은 사람들은 그와 같은 사명이 없었기 때문에 죽은 것이 되며, 따라서 그들은 죽어야 할 이유가 있었기에 죽은 것이 되기 때문이다"(오카 마리, 2024: 76-77).

이 일화는 생존 현상이 그것을 의미화하려는 인간의 노력을 얼마나 강력하게 좌절시키는지를 보여준다. 왜 내가 살아남았는가? 이 질문은 쉽게 대답되지 않는다. 생존의 의미는 용이하게 구성되지 않는다. 이럴 때 우리는 어떤 대타자(大他者)를 불러들이려는 유혹에 빠질 수 있다. 위의 이야기에 나오는 생환자가 그러하다. 자신의 생존에 사명을, 소명을, 목적을 부여함으로써 폐허가 된 삶을 살아내려 한 것이다.

하지만 베텔하임이 보기에 이 과정에는 중대한 문제가 존재한다. 만일 자신의 생존을 그렇게 초월적 존재와의 연관 속에서 의미화한다면, 자신처럼 다행스럽게 살아남지 못한 채 수용소에서 죽어간 수많은 사람들의 죽음은 어떻게 되는가? 그들은 사명이 없어서 죽은 것인가? 아니면 초월적인 어떤 또 다른 이유가 있어서 죽었단 말인가? 이런 생각은 이미 죽은 타자를 한 번 더 죽이는 잔인함을 동반한다.

베텔하임은 나치의 포로수용소에 일 년간 수감되어 있다 풀려난 '생존자'이자 이후 미국으로 건너가 생존 현상에 대한 정신분석학적 저서를 남긴 사람이다(Bettelheim, 1979). 수용소가 어떤 곳인지

직접 겪은 베텔하임이 가하는 저 질책은 우리를 오싹하게 한다.
그의 입장은 고도로 윤리적이다. 어떤 점에서 그러한가? 그는 지금
'살아남는다는 것'을 오직 자아의 이야기로 이해하는 주체 중심적
관점의 비윤리성을 폭로하고 있는 것이다.

우리는 흔히 생존 현상을 '내가 살아남았다'라는 문장의 형태로
표상한다. 하지만, 나의 생존 사건은 '내가 살아남았다'는 명제로
환원될 수 없다. 나치의 수용소를 겪은 자들의 체험이 그것을
적나라하게 보여준다. 즉, 함께 수용되어 있던 자들 중, 누구는
살고 누구는 죽은 것이다. '내가 살아남았다'는 명제는 '그들이
죽었다'라는 명제와 뗄 수 없이 묶여 있다. 환언하면, 나의 생존과
동일시되어야 하는 것은 누군가의 죽음이다. 그가 죽었기 때문에
내가 살아남았다는 것. 이 인식이 윤리적 사고의 시발점이다. 여기서
하나의 물음이 제기된다. 즉, 타자의 죽음과 나의 생존이 분리되지
않을 때, 우리는 과연 자신의 생존을 기뻐할 수 있는가? 견딜 수
있는가?

내가 살아남기 위해 누군가 죽어야 했다면, 나의 '존재'는 그의
'소멸'과 교환된 것이다. 이를 깨닫는 순간, 우리는 자신의
'살아남았음'을 자랑스러워할 수 없다. 우리는 부끄러움에 휩싸여
자신의 생명을, 실존을, 존재를, 생존을 심문하기 시작한다. 내가
앉아 있는 자리, 내가 먹고 있는 음식, 내가 숨 쉬는 공기, 이 모든
것은 누군가 사라졌기 때문에, 누군가 그것을 점유하고 있지 않기
때문에 나에게 온 것이다.

레비나스(Emmanuel Lévinas)는 그렇게 생각했다. 그 역시

수용소에서 친척들을 잃었다. 그리고 자신의 생존이 정당한 것인지를
고뇌했다. 있음 그 자체가 문제가 되어 버린 것이다. 나의 '있음'이
타자의 '없어짐'과 연관됨을 깨달아버렸기 때문이다. 이 깨달음은 인간
존재에게 결정적인 영성적 이행을 안겨준다. 즉, 이 깨달음 이후에
우리는 레비나스가 던지는 다음과 같은 끔찍한 질문 들로부터 도망칠
수 없게 된다. "내가 존재한다는 것은 정의로운가?"(Lévinas, 2002:
163), 또는 "나는 존재할 권리를 갖고 있는가?"(Lévinas, 2002: 225)

이 질문은 다음과 같은 두 번째 물음을 제기한다. 그렇게 생존해 버린
나는 이제 어떻게 살아가야 하는가?

프로이트는 1차 세계대전에서 생환한 군인들이 끔찍했던 전장의
기억을 악몽으로 반복한다는 사실을 보고한다. 1920년에 발표한
"쾌락원칙을 넘어서"에서 논의하는 '반복강박'이 그것이다(프로이트,
2004). 프로이트는 생존자가 겪은 트라우마적 사건의 놀라운 심리적
생명력을 발견한다. 그것은 사라지고, 정리되어, 소멸하거나, 망각되는
그런 미약한 '순간'이 결코 아니다. 그 순간은 지나가지 않고, 끈질기게,
반복적으로, 되돌아온다. 생존 사건은 생존자의 삶을 특정 방향으로
몰아가는 구조나 운명과 같은 힘을 발휘한다. 생존자의 일생은 이제
결코 자율적이고, 자유롭고, 주권적이지 않다.

생존자는 트라우마에 의해 점령된다. 생존은 지나간 일이 아니라, 또
닥쳐올 일이며, 지금을 지배하는 사건이다. 과거-현재-미래를 연결하는
트라우마의 역선(力線)이 만들어진다. 이 역선을 타고 흐르며 주체를
휘몰아가는 에너지를 프로이트는 '죽음 충동'이라 불렀다.
죽음 충동은 죽고 싶다는 생각이 아니다. 죽음 충동은 죽음과

무관하다. 대신 그것은 주체를 끝없는 반복 속으로 몰아가는 마성적
충동으로서, 그 본질은 소멸이 아니라 영원회귀다. 그 힘으로
생존자는 자신이 결코 의미를 부여할 수 없었던 바로 그 생존
사건의 시간으로 돌아간다. 죽음이 자신을 스쳐 갔던 시간. 누군가
자신을 대신하여 죽었던 시간. 다시 돌아간다 한들, 타자를 살리고
대신 죽을 수도 없는 그 막막한 시간. 거기로, 그 순간으로 언제나
생존자는 회귀한다. 죽음 충동과 함께 산다는 것은, 생존 사건이
발생한 그 순간을 있는 그대로, 다른 시간으로, 다른 이름으로, 다른
무언가로 대체하지 않고, 망각하지 않고, 자신 속에 유지하는 것,
그것을 버티고 견뎌 나가는 것이다.

생존자는 죽음 충동과 더불어 살아간다. 그의 삶은 영원히
의미 부여할 수 없는 미지의 구멍을 통해 유지된다. 간혹, 그
구멍으로부터 창조가 시작된다.

보론 2. 살아남은 자들의 이야기

박완서가 2009년에 발표한 「빨갱이 바이러스」라는 단편소설이 있다. 소설의 화자는 강원도의 시골집에 내려와 머물고 있는데, 지역에 큰 홍수가 나서 산사태와 실종 사건이 잇따르고 있었다. 그러던 어느 날 화자는 차를 몰아 집을 향하던 중 정류장에서 버스를 기다리는 여자들을 본다. 아마도 홍수로 교통편이 끊어졌다는 사실을 모르는 듯한 눈치였다. 젊고 다리를 저는 여성, 손등과 팔목에 뜸 자국이 나 있는 여성, 그리고 스님처럼 회색 두루마기를 입은 여성, 이렇게 셋이었다. 저들을 데리고 시골집에 와서 밥을 해 먹고 나니, 자연스럽게 서로 이야기를 나누는 시간이 시작되었다.

사연들을 들어보니 참으로 기구하기 그지없는 이야기들이다. 다리를 저는 여성은 자신을 범하려던 침입자를 피해 아파트에서 뛰어내려 저렇게 된 것이고, 뜸 자국이 있는 여자의 상처는 남편의 학대 흔적이었다. 두루마기를 입은 보살은 맡아 돌보던 손녀의 젊은 영어 선생과 연애를 하며 돌아다니던 차에 손녀가 물에 빠져 익사해 버리는 참변을 겪는다. 그 충격으로 절에 재산을 모두 바친 것이다.

서로의 비밀담을 듣고는, 모두 할 말을 잃는다. 침묵이 찾아온다. 세 사람 모두 일종의 생존자였다. 생존 사건들을 마음에 묻고 사는 여자들. 사회와 가족의 폭력의 흔적을 몸에 새기고 사는 여자들. 이제 마지막으로 시골집 주인인 화자에게 순번이 돌아온다. 하지만 화자는 끝끝내 아무런 이야기를 하지 않고 자리를 피한다. 혼자 돌아와 잠을 청하면서, 화자는 (소설이기에 가능한 이야기지만) 독자들에게 자신의 비밀을 털어놓는다.

이야기인즉슨, 화자가 지금 머무는 그 시골집은 그녀의
생가(生家)였다. 집이 삼팔선 이북이었기 때문에 인민군 치하에서
그녀의 가족은 6.25를 맞이한다. 집안의 총애를 받던 삼촌은
인민군이 되어 집을 떠났다. 집안 어른들은 큰 걱정에 빠졌다. 남과
북은 엎치락뒤치락하면서 공방을 계속했지만, 집안 사람들은 피난도
떠나지 않고 집을 지키고 있었다. 그러던 어느 밤. 당시 열 살이었던
화자는 밤에 잠이 깨서 이상한 장면을 목격한다.

인민군에 입대했던 삼촌이 돌아온 듯, 아름다운 달빛이 비치던 집의
마당에서 아버지와 엄마와 삼촌이 마당에서 다투고 있다. 멀리서
보니, 엄마는 두 손을 싹싹 빌며 삼촌에게 무언가를 읍소한다.
(아마도 좌익 활동을) 제발 그만하라고 비는 듯이 보였다. 그러다가
갑자기 돌변하여 "죽여버려, 저런 동기간은 없는 게 나아, 차라리
죽여버려"라고 소리친다(박완서, 2012b: 85). 그러자 아버지가 들고
있던 삽으로 삼촌의 어깨를 내리쳤다. 소녀는 그 끔찍한 상황에서
눈을 감는다. "삼촌의 몸이 사선으로 번갯불 같은 균열을 일으키며
두 동강으로 갈라지는" 것처럼 느낀다(박완서, 2012b: 85). 안방으로
도망쳐 온 이후에 소녀는 아버지가 동생을 때려죽인 삽으로 땅을
파고 시체를 자신의 마당에 묻는 소리를 듣는다.

아버지가 실제로 삼촌을 마당에 묻었는지, 화자는 확신하지
못한다. 화자는 어렸고, 사건이 일어난 시간은 칠흑 같은 밤이었다.
하지만 분명한 것은 그날 이후 삼촌은 집에 다시 돌아오지
않았다는 사실이다. 마당은 아무 일도 없었다는 듯, 평평하고
단단하게 봉인되어 있다. 중요한 것은 이 봉인된 비밀 그 자체다.
사라진 삼촌이 마당에 묻혀 있건 아니면 북한으로 돌아갔건, 그건

중요하지 않다. 그는 말해져서도 기억되어서도 안 되는 '빨갱이'다. 연루되어서는 안 되는 존재. 사라져야 하는 존재. 그가 사라져야, 가족들이 살아갈 수 있는 그런 존재. 빨갱이 바이러스.

이렇게 아버지가 살해한 그 시체가 묻혀 있을지도 모르는 집에서, 화자의 가족은 반공주의 국가, 발전주의 사회를 살아 나갔던 것이다. 아무에게도 말할 수 없는 비밀. 동생을 죽여야, 망각해야, 부정해야, 삭제하여야 비로소 형의 가족이 살아 나갈 수 있었던 비밀.

20세기 한국사회에서 생존이란 바로 이런 것이었다.

1   베이컨이 어떻게 화면에 파국을 도입하는지에 대해서 들뢰즈는 이렇게 쓴다.
     "예를 들어 입이 하나 있다 치자. 그걸 늘어뜨려서, 그 입이 한쪽 끝에서
     다른 쪽 끝으로 가게 하는 거다. 예를 들어 머리가 하나 있다 치자. 그 한
     부분을 솔이나 빗자루로, 스폰지 혹은 헝겊으로 문지르는 거다. (…) 이것은
     구상적이며 그럴듯한 소여들 안에, 화폭 위에 엄습한 파국과도 같은 것이다.
     이것은 마치 다른 세계의 솟아남과도 같은 것이다"(Deleuze, 2002: 93-
     94). 회화적 파국에 대한 들뢰즈의 논의는 1981년 3월에서 6월까지 그가
     행한 강의에서 먼저 다루어졌다. 이 강의는 2023년에 『회화에 관하여』라는
     제목으로 출판되었다(Deleuze, 2023).

2   "사실 기관 없는 신체란 기관이 없는 것이 아니라 단지 유기적
     조직(organisme)이 없다는 것이다. 즉 기관들의 조직(organisation des
     organes)이 없다. 따라서 기관 없는 신체는 결정되지 않은 기관(organe
     indéterminé)에 의해 정의되는 반면, 유기체는 결정된 기관들에 의해
     정의된다"(Deleuze, 2002: 49-50).

3   소설적 형상화가 아닌 실제로 겪은 오빠의 죽음에 대한 박완서의
     자술(自述)로는 『박완서 문학앨범』(1992)에 수록된 「나에게 소설은
     무엇인가」를 볼 것.

4   들뢰즈의 '이념' 개념에 관해서는 다음을 참조할 것(들뢰즈, 2004: 369-
     473).

2장

생존주의 욕망기계 —
김기영의 시네마

"아버지 날 살려줘. 못 죽어, 정말 못 죽어. 시커먼
죽음의 쓰레기통에 날 넣지 말어. 죽음은 뵈는 것도
없고 듣는 것도 없고 바람도 없고 빛도 없어. 날 한
줌의 흙과 한 방울의 물은 제발 만들지 말어. 아버지,
아버지, 아버지, 아버지 날 살려줘. 아버지. 아버지
살려줘. 죽음은 정말이지 파리새끼만한 가치도
없잖아. 꿈틀거리는 구더기만한 가치도 없잖아. 무서워,
무서워."[1]

I. 유현목의 〈장마〉

유현목(1925-2009)의 〈장마〉(1979)는 한 소년의 눈으로, 전쟁을
피해 서울서 내려온 외가와 시골 친가가 함께 겪어간 비극적
이야기를 그린다. 피난 온 소년의 외삼촌(강석우 분)은 국군에
입대해 전사하고, 친삼촌(이대근 분)은 빨치산에 가담하여
경찰서를 습격하다 사살당한다. 자식의 처참한 죽음을 겪은 두
사돈 어머니들은 증오에 사로잡혀 서로를 저주한다. 그러던 어느
날, 이들이 사는 집으로 구렁이 한 마리가 기어들어 온다. 돌을
던지며 뱀을 괴롭히는 동네 아이들을 매섭게 꾸짖으면서 소년의
외할머니(황정순 분)는 죽은 빨치산 사돈이 환생이라도 한 것처럼
구렁이를 달랜다. "집안일을 잊지 못해 이렇게 찾아오셨는가? 모친도
식구들도 다 잘 지내고 있으니, 이제 자네 갈 길을 가시게." 그
마음이 전달이라도 된 듯 뱀은 나무에서 기어 내려와 뒷산으로 기어
사라진다.

2章. 생존주의 욕망기계 - 김기영의 시네마

유현목은 굳건한 리얼리스트다. 그에게 인간 존재는 중력처럼
작용하는 사회적 힘의 규정에 붙들려 있다. 〈오발탄〉(1961)의 인물
군상들을 짓누르는 역사의 힘은 곧 쓰러질 듯 허름한 판잣집에도,
주인공의 무기력한 눈빛과 치통에도, "가자"라고 울부짖는 실성한
노모의 목소리에도, 와자지껄하면서 동시에 기묘하게 패배적인
선술집의 공기에도, 은밀하지만 단호한 방식으로 배어 있다.

〈장마〉의 뱀도 그런 시각으로 읽힌다. 구렁이는 물컹거리는
파충류의 '몸뚱이'로 영화에 등장한 것이 아니라, 전쟁을 겪는
한 사회의 상처를 체화한 '행위자'의 자격으로, 역사적 현장에
초대된 서사적 '주체'의 자격으로 카메라 앞을 기어가고 있다.
뱀이 꿈틀거리며 그리는 선은 전라도 농가 마당에 그려진 물리적
파행선(爬行線)이라기보다는 거대 이념의 충돌 속에서 깊은 상처를
입은 인간들의 마음 깊은 곳에 형성된 심적 균열선에 더 가깝다.
유현목의 카메라는 징그러운 파충류의 육질 그 자체가, 고통받는
인간의 도덕적 개입에 의해 매개되고 중화되어 결국 하나의
상징으로 승화되는 과정을 유려하게 보여준다. 샤먼의 힘으로
원귀가 한을 풀 듯, 뱀이 사람의 진심에 감복하여 스르르 풀어져
가는 곳에서 영화 속 인물들의 상처가 아물기 시작하고, 관객들의
답답한 가슴에도 온기가 돌기 시작한다. 유현목은 리얼리스트인
동시에 위대한 휴머니스트이기도 하다.

II. 쥐의 알레고리

그런데 한국 영화사에는 유현목의 뱀만큼이나 인상적인 또
다른 비인간 배우가 존재한다. 〈오발탄〉에 일 년 앞서 상영된
김기영(金綺泳, 1919-1998)의 〈하녀(下女)〉(1960)에 등장하는
쥐들이 그것이다. 어딘가 모자라 보이는 가정부가 찬장에서
쥐를 붙잡아 바닥에 던져 때려죽인 후 특유의 무표정을
하고는 가족들에게 그 사체를 보여주는 장면. 갑자기 스크린에
나타나 대롱거리는 저 동물의 정체는 도대체 무엇인가?
〈충녀(蟲女)〉(1972)의 지하실 하수구에서 우글거리며 번식하며
해골을 파먹고, 갓난아이의 요람에 마구 기어오르고, 아이에게
잡아먹히면서도 수시로 실내에 출몰하는 저 징그러운 흰쥐 떼는
도대체 무엇인가?

유현목의 뱀이 인간 역사에 합류하는 하나의 상징이라면, 김기영의
쥐는 타자성을 유지한 채 상징화에 저항한다. 인간과 쥐의 소통
가능성은 없다. 쥐는 설득되거나 포섭되지 않는다. 박멸되지도
않는다. 그저 들끓는다. 생활의 요처(要處), 가령 부엌의 찬장이나
침실 같은 곳에 돌연 나타나 중산층 가정의 기초를 뒤흔든다.

쥐가 출현하는 곳은 가부장제의 크랙(crack)이 공포스럽게
노출되는 지점이다. 쥐가 등장하면, 거울이 불길하게 쪼개지듯
취약한 질서의 균열이 드러나고, 정돈되어 있던 것들이 야비하게
흐트러진다. 어처구니없는 파멸, 치욕, 전염과 부패의 예감이
솟아난다. 중산층의 장밋빛 환상을 갉아먹으며, 여기저기 구멍을
뚫고 준동하는 이 기생적 존재는 인간 의미의 투사를 무력화시킨다.

김기영 영화에서 우리가 목격하는 것은 '쥐의 인간화'가 아니라, 인간이 쥐의 힘에 전염되어 쥐의 세계와 연결되는 '쥐-되기'의 운동이다. 〈화녀(火女)〉(1971)에서, 가정부(윤여정 분)와 주인집 남편(남궁원 분)은 쥐약을 물에 타 나누어 먹고 다음과 같은 대화를 나누며 죽어간다.

> 명자: 세상에 어느 누가 같이 죽어주겠어요. 부모도
> 형제도 애인도 같이 죽어주는 일은 없어요.
> 동식: 죽어 버리자. 그게 남아 있었구나. 죽는다. 죽자.
> 명자: 죽는 게 아니에요. 제가 영원히 모시자는 거지.
> 이 세상에서 안 되니까 저세상에서요.
> 동식: 정말 우리에게는 이 세상이 없어지는 건가?
> 명자: 마지막은 있어요. 두 사람의 순간이. 마지막은
> 즐길 수 있어요.
> (…)
> 명자: 약을 먹어요, 약이요.
> 동식: 과히 나쁜 맛은 아니로구나.
> 명자: 쥐가 좋아서 먹게 만든 거래요.
> 동식: 그럼 쥐가 된 거로구나.
> 명자: 이젠 뭐든지 되어요. 흙도, 물도, 바람도, 태양도.
> 그렇지만 무서워요. 죽는 순간이 무서워져요.
> 잊게 해주세요. 마지막, 이 마지막을 채워주세요.

쥐가 된나는 것은 설치류의 소리나 행태를 모방하는 것이 아니다. 그것은 모종의 연결(가령 쥐약)을 통해 쥐의 영토, 쥐의 세계, 쥐의 자리로 이동하는 것이다. 쥐약을 먹을 수밖에 없는 자리, 가부장의

주체성이 치정에 얽혀 수치스럽게 해체되는 곳, 그 파탄의 자리에서
동식은 자신의 쥐-되기를 자각한다("그럼 쥐가 된 거로구나").
명자는 한 걸음 더 나아간다. 쥐-되기는 존재의 끝이 아니라 또
다른 존재로 변신해 가는 한 과정일 뿐이라는 것, 죽음은 사실
'물질-되기'라는 또 다른 생성일 뿐이라는 것을 그녀는 알고
있다("이젠 뭐든지 되어요. 흙도, 물도, 바람도, 태양도").

그의 영화에는 사실 쥐뿐 아니라 여러 동물, 곤충, 식물이 출현한다.
〈자유처녀〉(1982)와 〈살인나비를 쫓는 여자〉(1978)에는 나비, 나방,
시체를 뒤덮고 꿈틀거리는 구더기가 등장한다. 〈바보사냥〉(1984)과
〈화녀〉(1971)에는 닭과 병아리가 나오며 〈고려장〉(1963)에는 과도한
증식이 일어날 때 서로 잡아먹어 개체수를 조절하는 쥐의 이야기가
중요한 에피소드로 사용된다.

〈충녀〉의 도입부에는 교미가 끝나면 수컷을 잡아먹는 암컷 곤충의
이야기가 소개된다. 가령, 다음과 같은 대사. "전갈이라는 동물은
종족 보존을 위한 암놈과 수놈과의 교미가 끝나면 그 자리에서
암놈이 수놈을 잡아먹어 버립니다. (…) 인간 여성도 자신의 목적을
달성한 뒤엔 남성을 교묘하게 먹어버리는 것이 틀림없습니다." 혹은
〈느미〉(1979)에서 주인공(하명중 분)에게 교수가 던지는 다음과
같은 충고를 보라. "식물들은 눈도 없고 귀도 없고 감각도 사고도
없다. 그러나 벌과 나비의 취향에 맞춰 이렇게 아름다운 색깔과
모양, 그리고 향기를 만들어낸다. 이 꽃이 추구하는 것은 강한 삶의
의지뿐이다. 그 의지 앞에는 학문도, 문명도 퇴색해 버린다. 이것은
지구상의 모든 것을 초월하는 진리야."

김기영이 보는 현실은 인간이 개입하여 중단시킬 수 없는 (가령 결코 중간에 자를 수 없는 개미 떼의 끝없는 이동 같은) 생명력의 흐름, 인간 너머의, 사회 너머의 근원적인 생기(vitality)에 닿아 있다. 그의 영화에 예리하고 자극적인 지적·미학적 섬광이 일어나는 것은 '인간적' 인간이 아니라 '곤충적'이거나, '동물적'이거나, 심지어 '식물적인' 인간이 등장할 때다. 김기영의 인물들은 생명 충동을 숨김없이 드러낸다. 이들은 도덕의 외피 아래서 솟구치는 힘의 화신처럼 말하고 행동한다. 그저 "강한 삶의 의지"에 온전히 충실하다.[2] 수치도 억압도 없이 목숨의 지속, 유지, 확장을 향한 행동을 추구한다. 섹스는 사랑이나 쾌락이 아니라 번식 행위로 환원된다. 쥐와 곤충은 이 비상한 생존 의지의 아이콘이다.

III. 기인(奇人) 김기영

1919년 10월 1일 서울 교동에서 출생한 김기영은 소학교 3학년 무렵 평양으로 이사를 가 평양 종로보통학교를 졸업한다. 평양고보에 진학하여 1940년에 졸업한 그는 세브란스 의대 시험에서 낙방하고 일본 교토에 머물며 문화 방랑객으로 3년 정도를 보낸다. 해방 후 그는 서울대 의과대학에 진학해서 정치, 문화 운동에 전념한다(이효인, 2002: 23-26; 김수남, 2003: 183-6). 이 시기의 연극 활동은 김기영 영화 세계의 중요한 전사(前史)를 이룬다(금동현·이정숙, 2019: 352-9). 그는 1955년에 미국공보원(USIS)이 제작한 〈주검의 상자〉의 감독으로 영화계에 데뷔한 후, 〈양산도〉(1955), 〈하녀(下女)〉(1960), 〈현해탄은 알고 있다〉(1961), 〈고려장〉(1963),

〈화녀(火女)〉(1971), 〈충녀(蟲女)〉(1972), 〈파계〉(1974), 〈육체의
약속〉(1975), 〈이도〉(1977), 〈수녀(水女)〉(1979), 〈자유처녀〉(1982),
〈육식동물〉(1984), 〈죽어도 좋은 경험〉(1990) 등 모두 32편의
문제작을 남겼다.

1960년대와 1970년대에 그는 흥행과 작품성에서 모두 성공적인
시기를 보냈다. 〈화녀〉는 서울에서만 25만 명의 관객을 동원했고
〈충녀〉도 16만여 명을 동원한다. 두 작품은 1971년과 1972년에
각각 흥행 순위 1위의 자리에 올랐다(이효인, 2002: 49). 그런데,
1980년대에 접어들어 연간 의무 제작 편수의 압박과 저예산에
쫓기며 만든 영화들이 외면받으면서, 그는 서서히 대중의 뇌리에서
사라져 갔다. 그러던 중, 1997년 10월에 열린 부산국제영화제에서
한국 컬트의 거장으로 재평가되며 김기영은 화려하게 부활한다.
의욕적으로 새로운 창작을 준비하던 노감독은 1998년 2월 6일
새벽, 명륜동 자택에서 불의의 화재로 부인과 함께 사망한다.

김기영은 특이한 품성과 행태로 유명했다. 치과의사인 부인에게
경제적으로 의존하면서 창작에 매진했던 광적인 열정. 90kg이 넘는
거구면서 지독한 구두쇠. 촬영장에서의 카리스마. 대인 기피증을
방불케 하는 비사교적 성격(이연호, 2007: 30-44). 그런데 중요한
것은 그가 (일상생활에서뿐 아니라) 작품 속에서 참된 기인의
풍모를 보여주었다는 사실이다. 그가 창조한 세계는 이미지, 서사,
인물, 행위, 표정, 목소리, 음악, 소품, 조명, 에피소드 등 거의 모든
차원에서 낯설고 엉뚱하고 생경하며 기이하다. 가히 기괴 미학이라
하지 않을 수 없다. 심지어 기존 작품을 개작하는 경우, 원작은
무참히 변형되어 김기영 특유의 그로테스크에 오염되고야 만다.

이광수의 『흙』, 이청준의 「이어도」, 이만희의 〈만추〉, 중국
고전 『금병매』는 그의 손을 거치면서 기괴한 〈흙〉(1978),
기괴한 〈이어도〉(1977), 기괴한 〈육체의 약속〉(1975), 기괴한
〈반금련〉(1981)으로 재탄생했다. 춘원이 추구했던 민족주의적
숭고, 이청준의 문학적 깊이, 이만희 특유의 멜로드라마적 무드는
증발하고 대신 음모, 섹스, 치정, 독살, 배신이 난무하는 잔혹극이
탄생한다. 그는 언젠가 이렇게 말했다고 전해진다. "인간의 본능을
해부하면 검은 피가 난다. 그것이 욕망이다." 상징계의 표피를
절개하면 드러나는 내장적(內臟的) 현실에 대한 해부학적 상상력과
블랙 유머. 실제로 그의 영화에서 모든 것은 묘하게 뒤틀려 있고
변형되어 있고 우스워져 있다. 대신 전면에 돌출되어 나오는 것은
부조리할 정도의 강렬한 생명에의 의지가 지배하는 환상적이고
희극적인 세계다.

IV. 욕망기계

초기작 〈양산도〉는 김기영 영화 미학을 이해하기 위한 결정적
단서를 제공한다. 영화의 배경은 조선의 한 마을. 남자 주인공
수동과 여자 주인공 옥랑은 태중에서 부모들이 혼약으로 맺어준
연인이다. 어느날 고을 유력자의 자제인 호색한 무령이 한양에서
귀향한다. 그는 옥랑에게 탐심을 품고 부친의 위세를 빌려 결국
옥랑과 강압적인 혼례를 하게 된다. 수동이 목을 매어 자결하자
분노한 그의 어머니는 옥랑의 마차가 혼례 장소를 향해 가는 길목에
죽은 아들을 매장한다. 그리고 (시나리오에 의하면)[3] 다음과 같은
황당하고 혼란스러운 장면이 펼쳐진다.

떠들썩한 일행을 끌고 가는 옥랑의 혼례 마차가 수동의 묘(墓) 앞에
이른다. 마차는 웬일인지 갑자기 얼어붙어 움직이지 않는다. 망자의
혼령이 가마꾼들의 발을 묶어 놓은 것이라고 사람들이 수군댄다.
옥랑이 가마에서 나와 무덤으로 걸어간다. 바로 그때 수동의
모친이 옥랑을 칼로 찔러 살해한다. 그러자 현장에 있던 포졸,
가마꾼, 구경꾼, 군중들 사이에 난투극이 시작된다. 이어서 놀라운
광경이 펼쳐진다. 죽은 옥랑이 되살아나고 수동의 무덤은 양쪽으로
갈라지는 것이다. 신랑 옷을 입은 수동이 옥랑을 두 손으로
맞이한다. 부활하여 다시 결합한 두 연인은 구름을 가르고 내려오는
한 줄기 빛을 따라 승천한다. 영화는 이렇게 끝난다.

우리는 지금 김기영 기괴 미학의 원형적 상황과 마주하고 있다.
전근대를 배경으로 하고 있음에도 불구하고 〈양산도〉는 노골적인
욕망의 세계를 전면화하고 있다. 영화에 등장하는 인물들은 신분
고하를 막론하고 자신의 애욕에 투명하고 투철하다. 저들에게
욕망은 가령 정신분석학이 말하는 '결여' 같은 것이 아니다. 결여된
것을 상상적으로 충족시키는 '환상' 같은 것도 없다. 〈양산도〉의
세계에서 환상과 실재는 구분되지 않는다. 심적 욕망은 리얼리티에
아무런 매개 없이 작용한다. 인물들은 내면적 심리를 갖고
있다기보다는 오히려 자신들을 움직이는 욕망에 휩쓸려 움직이는
살아 있는 충동들처럼 보인다. 요컨대, 〈양산도〉의 인물들은 모두
들뢰즈와 가타리가 말하는 욕망기계(machine désirante)를
연상시킨다.[4]

특히 흥미로운 것은 수동의 어머니다. 그녀의 칼끝은 자식을 죽게 한
무령과 그의 부친을 향하지 않는다. 대신 그녀는 옥랑을 살해한다.

그 이유는 무엇일까? 수동과 옥랑이 부부가 되어 (저승에서) 함께 살아가기를 간절히 원했기 때문이다. 수동 어머니는 죽은 자식의 '복수'나 억압적 봉건질서에 대한 '저항'을 꿈꾸지 않았다. 단지 옥랑을 죽여 불쌍한 수동을 구제(결혼)하기를 바랐을 뿐이다. 그녀의 욕망에는 이념도 도덕도 규범도 없다. 그저 자신의 '새끼'에 대한 맹목적인 애착만이 있다. 그 악착같은 마음의 작용하에서 옥랑의 죽음과 수동의 환생은 부당하게 교환된다.

〈양산도〉의 인물들은 도덕규범이나 정치적 상상력으로 움직이는 자들이 아니다. 김기영은 인물들이 품고 있는 욕망의 강도(intensity)에만 주목한다. 더 절박하고, 더 강렬하고, 더 파괴적인 욕망의 소유자에게 서사적 권력과 행위의 특권이 부여된다. 과잉된 폭력이 난무하다가 갑자기 옥랑과 수동의 결합으로 마무리되는 마지막 장면에서, (신분의 위계가 아닌) 욕망의 위계 정점을 차지한 자는 수동의 어머니다. 그녀의 욕망이 현실을 생산하고 변형시키고 재구성하고 있다. 물리적 법칙도 넘어서는 욕망의 힘은 죽음과 삶 사이에 존재하는 불가역적 낙차마저 폐지해 버린다. 매장된 수동도 살해된 옥랑도 목숨이 끊어졌지만 소생한다. 어머니의 욕망에 휘말려 죽은 자가 살아온다.[5]

김기영 시네마는 존재의 파괴-불가능성이라는 원리에 충실하다. 그의 영화에서 생명체는 가히 불멸이다. 제거할 수 없고 죽일 수도 없다. 악착같이 생존하며 고집스럽게 존재를 지속한다. 죽임/죽음의 불가능성[6] 그런데 이 불멸성은 숭고하다기보다는 비천하며, 정신적이라기보다는 물질적이다. 부활하는 예수가 아니라 죽지 못하는 좀비의 불멸성에 더 가깝다. 김기영에게 죽음은 삶의

45

'너머'나 '피안'이 아니라 생명이 미분적 운동 속에서 도달하는 한
극한(limit)인 것이다. 죽음은 체험되지 않는다. 근접되거나 지나쳐질
뿐이다. 죽음이 극한이기 때문에, 그 이전과 이후는 모두 가열찬
생명 운동으로 채워지게 된다. 시체나 유골도 김기영 영화에서는
여전히 활발한 생명력을 보유한 스피노자적 의미의 '신체(corps)'나.

예를 들어, 〈반금련〉의 종결부. 여주인공(이화시 분)은 계략에
죽은 남편 서문경(신성일 분)이 참수된 채 석굴에 매장되자, 그와
함께 묻힌 채 생을 마치겠다는 순장(殉葬) 계약을 맺는다. 외부와
단절된 컴컴한 죽음의 공간에서 여주인공은 리비도의 힘으로 다시
살아난 목 없는 시신과 괴이한 정사를 나눈다. 1970년대 후반의
걸작 〈이어도〉에는 외과 수술을 방불케 하는 시체와의 교접 장면이
나온다. 전설의 섬 이어도를 향한 항해 중에 실종된 사내의 시체가
바닷가에 떠오르자, 무당(박정자 분)은 시체의 성기(요도)에 막대로
된 관(管)을 박아 세우고, 사내를 사랑했던 여자(이화시 분)와
사체의 시간(屍姦)을 유도한다. 익사한 시체에 여전히 살아 있다고
믿는 정충(精蟲)을 얻어 그의 아이를 잉태하려는 여자의 갈망을
풀어주기 위해서이다.

한국 영화사를 통틀어, 생명에 대한 욕망이 이처럼 노골적이고
치장 없는 순수성 속에서 표현된 세계는 아마도 찾아보기 어려울
것이다. 김기영의 기괴는 죽음 쪽에서 오는 것이 아니라 생명 쪽에서
온다. 부패하고 훼손되고 파괴된 신체가 끔찍한 것이 아니라, 그처럼
손상된 시신 속에서 아직도 꿈틀대며 생명 운동을 하는 구더기나
정충의 존재가 그로테스크한 것이다. 무시무시하고 섬뜩한 것은
죽음이 아니라 죽음 속에 파고 들어가 확장되고 연장되고 폭주하는

생명, 즉 서바이벌이다. 김기영에게 생존은 단순히 영화의 소재에 머물지 않는다. 들뢰즈를 빌려 말하자면, 생존은 김기영 영화의 이념이다.

V. 생존이라는 이념

1988년에 촬영된 클레르 파르네(Claire Parnet)와의 대담에서 들뢰즈는 이념을 "모든 창조적 활동을 관통하는 생각"이라 규정한다.[7] 달리 말하면, 그가 말하는 이념은 영원한 불변의 형상(플라톤)이나 정치적 신념이 아니라, 사유를 강제하고 사유 속으로 주체를 휘감고 몰아가는 문제 또는 "사유하게 하는 이미지들"이다(Deleuze, 2003: 194). 이념을 갖는다는 것은 특정 창조의 영역에서 해결해야 하는 문제와의 고투 속에서 미지의 해답을 향한 반복적 운동에 휘말린다는 것을 가리킨다. 그런 점에서 철학자뿐 아니라 화가도 음악가도 영화감독도 자신의 이념을 가질 수 있다. 들뢰즈는 미국의 영화감독 미넬리(Vincente Minnelli, 1903-1986)가 추구했던 이념에 대해서 다음과 같이 말한다.

> "사람들이 꾸는 꿈에 대한 이야기는 너무나 많아서 이제는 진부하기까지 하지. 사람들은 꿈을 꾸지. 하지만 미넬리는 굉장히 색다른 그만의 질문을 던졌다네. 다른 사람의 꿈에 갇힌다는 것은 무엇을 의미하는가? (…) 예를 들어 어린 소녀의 꿈에 갇힌다는 것은 무엇을 뜻하는가? 누군가의 꿈에 갇혀 있을 때는, 누군가의 꿈의 감옥에 갇혀 있을

때는 무시무시한 일들이 일어날 수 있지. 그건 어쩌면
순수한 상태의 두려움일 수도 있겠지. 미넬리가 던지는
질문은 이런 거지. 전쟁의 악몽에 갇힌다면 어떻게
될까? (…) 그는 전쟁을 거대한 악몽처럼 묘사했지.
전쟁처럼 묘사하지 않았어. 그렇다면 미넬리의 영화
같지도 않았겠지. 악몽에 갇힌다는 것은 무엇을
의미하는가? 어린 소녀의 악몽에 갇힌다는 것은
무엇인가? (…) 이념이란 이런 거야."8

이념은 감독의 영화적 창조 과정을 지배하고 이끌어가는
가장 중요한 것, 가장 끈질기게 지속하고 반복되는 '문제'이자
'기호(sign)'다. 김기영에게 생존이란 바로 이런 의미의 이념이다.
그의 영화는 '삶이란 무엇인가' 또는 '죽음이란 무엇인가'가
아니라 '생존이란 무엇인가'를 묻는다. 김기영 시네마에서 생존은
존재보다 훨씬 더 육중한 무게를 부여받는다. 김기영은 이른바 한국
전후(戰後)의 사상가다. 전후의 한국사회를 살아가던 사람들의
가장 중요한 문제, 반복되고, 회귀하고, 풀어도 또 풀어도 그 끝이
요원하면서, 잠재적이고 영원해 보이는 문제는 바로 생존이었다.
20세기 한국 고유의 사상이 있다면, 그것은 존재에 대한 형이상학도
아니고, 실존에 대한 문학적 상상력도 아닌, 생존의 위중한 현실
앞에서 고투하는 존재들, 악착같이 살아남고자 모든 노력을
기울이는 평범한 한국의 전후 민중의 삶에 대한 고뇌의 형태를 띠게
될 것이다.

바로 이런 점에서, 1973년 『사상계』에 연재된 고은의 소설을 각색한
김기영의 〈파계(破戒)〉(1974)는 매우 흥미로운 사회철학적 함축을

담고 있다. 이 작품은 불교적 깨달음의 문제를 관념이나 정신이
아닌 유물론적 관점, 즉 순수한 물질의 관점에서 접근해 들어간다.
한국전쟁에서 부모를 잃은 고아들을 수용한 한 절(寺)에 후일
학승들이 새로 들어온다. 밑바닥에서부터 깨달음을 찾아나가는
자들과 배움을 통해 불법에 다가가는 자들 사이에 분열이 생긴다.
그런데 법통의 전수를 위해 깨달음을 시험하는 과정에서 놀라운
일이 발생한다. 많이 배운 자가 아니라 그저 '식충이'처럼 먹을
것만을 탐하던 자가 불법을 깨친 것으로 평가받게 된 것이다.

말하자면 〈파계〉가 제시하는 깨달음은 공(空)의 직관이나 방법적
일탈9 같은 것이 아니라 그저 지독한 배고픔, 즉 '공복(空腹)'이라는
생리적 체험에 의해 얻어지는 것으로 그려지고 있다. 깨달은 자는
자기의 배고픔을 통해 타자의 배고픔을 이해한 자다. 영적 각성은
위장과 매개 없이 접속되고 있다. 목구멍에서 위장에 이르는 길이
불법의 진리가 전해지는 통로다. 식도(食道)가 진리의 길이다.
김기영은 이를 통해 생존, 즉 먹고 사는 삶을 종교적 성스러움과
같은 수준으로 승격시켜 버린다.

〈현해탄은 알고 있다〉(1961)에서도 인상적인 생존자가 등장한다. 이
영화는 태평양 전쟁 중 나고야에 주둔한 일본군에 끌려간 학도병의
이야기를 그린다. 폭력과 학대가 난무하던 일본군 내무반에서
한국인이라는 이유로 가혹한 차별에 시달리던 주인공은 구원처럼
나타난 한 일본 여성을 만나 사랑에 빠져 결혼을 하다. 그러던
어느 날, 미군이 대공습을 감행한다. 폭격기들이 나고야 상공에서
휘발유를 뿌리고 도시를 불바다로 만든다. 주인공은 이를 피해
하수구로 숨어들어 화염을 피한다. 공습이 끝나고 일본군은 도처에

널린 시체들을 산처럼 쌓아 놓고 소각하기 시작한다. 철조망 너머
실종자 가족들이 시체 더미를 보며 울부짖는다. 이때 불붙어
타오르기 시작하는 시체들 속에서 주인공이 눈을 뜨고 좀비처럼
천천히 걸어 나오며 이렇게 절규하는 것이다. "나는 아직 살아 있다.
생명이라는 것은 질긴 것을 알았다. 몇억 년에 한 번 얻은 생명이
쉽게 끊어질 수는 없다. 그렇다. 전능하신 하나님도 사람의 생명을
바랄 권리는 없다." 이처럼, 김기영의 영화에서 생명의 권리는 신도
빼앗지 못하는 절대적 성격을 띠는 것으로 묘사되고 있다.

김기영에게 존재는 곧 생존이다. 실존도 생존이다. 살아남는 것,
그것이 그의 영화적 이념이다. 영화 속에서, 그는 생존의 사상을
서사적, 상황적, 논리적 부조리의 경지까지 밀고 간다. 서바이벌이란
무엇인가? 그것은 죽음과 대면하여 자신의 힘을 빼앗기고
부서지지만 결국 죽음을 벗어남으로써 더 질겨지고, 강인해지고,
집요해진 한 생명적 존재가 생성되는 사건이다. 생존한다는 것은
자동사적 사태가 아니라 타동사적 사태다. 생존은 목적어가 있다.
자신의 생명을 위협하는 무언가와의 관계를 통해서만, 타자에
의한 자기(自己)의 파괴와 상실 속에서만, 서바이벌은 성립된다.
모든 생존자는 생명을 끌고 죽음 쪽으로 최대한 가까이 감으로써,
부분적으로 파괴된 채 살아난 자들이다. 생존 현상 안에는 생명과
죽음이 뫼비우스의 띠처럼 얽혀있다. 그래서, 살아남은 자들은 모두
기괴하다. 김기영의 기괴 미학은 생존 미학과 같은 뿌리를 갖는다.

VI. 〈살인나비를 쫓는 여자〉

이러한 미학적 특성이 영화적 표현의 최대치에 도달한 것은
〈살인나비를 쫓는 여자〉(1978)에서다(이하 〈살인나비〉). 이 영화는
주인공 김영걸(김정철 분)이 겪은 한 사건에서 시작된다. 친구들과
소풍을 나간 주인공은 자신에게 독이 든 오렌지 주스를 권하는 한
괴이한 여자를 만난다. 동반자살을 꿈꾸며 일을 벌인 여자는 죽고,
주인공은 간신히 살아남아 경찰 조사를 받고 풀려난다. 이후 그는
삶에의 의욕을 잃고 습관적으로 자살을 시도한다. 이 과정에서
영걸은 세 가지 기묘한 환상을 체험한다.

첫째 이야기 '의지의 승리'는 죽여도 묻어도 태워도 되살아나서
'의지의 철학'을 갈파하는 불가사의한 책장수의 이야기다. 두 번째
이야기 '미녀의 환생'은 동굴에서 발견된 천년도 넘은 유골이
인간으로 다시 살아나 주인공과 짧은 사랑을 나누는 이야기다.
마지막 에피소드 '살인나비'는 유골을 수집하고 연구하는 고고학
박사와 암에 걸려 죽어가는 그의 딸을 둘러싼 이야기다. 박사는
칼에 찔려 죽은 이후 곤충(나비)으로 변신하여 딸을 발에 매단 채
퍼덕거리며 하늘로 날아간다.

세 에피소드는 모두 동일한 주제를 변주하고 있다. 그것은 죽음과
삶의 대결이다. 〈살인나비〉는 생명이 죽음의 힘을 끌어당겨
죽음마저도 삶의 운동에 포섭시켜 버리는 김기영 특유의 형이상학적
구도가 독창적이지만 난삽한 영상 언어로 표현된 작품이다. 죽음의
힘과 생명의 힘이 팽팽하게 부딪히다가 양자가 결국 뒤섞여 구별할
수 없게 되는 무차별 지대가 펼쳐진다. 비평가들은 〈살인나비〉에

대하여 그다지 호의적인 평가를 내리지 않았다. 허지웅은 이 작품이
"김기영 영화 가운데 최악의 괴작(怪作)"이며 "균질하지 않은 서사와
극단화된 색감, 난무하는 문어체 대사와 기괴한 소품(…)이 심각한
수준으로 과잉되어" 있다고 본다(허지웅, 2010: 84-85). 이효인은
"이 영화가 대단히 무성의하고 유치하며 무계획적인 작품이라는
사실"을 지적한다(이효인, 2002: 98).

실제로 〈살인나비〉는 황당무계하고, 조잡하고, 무질서하다. 그러나
이 황당함, 조잡함, 무질서에도 불구하고 〈살인나비〉는 우리를
감각적으로 동요시키고, 감정적으로 흥분시키며, 지적으로 자극한다.
〈살인나비〉는 강렬하다. 매끈하게 잘 만들어진 웰메이드 작품들의
매력을 능가하는 엉성한 '괴작(怪作)'이다. 상식을 흔드는 진동과
충격적 이미지들. 예상하지 못한 곳으로 분출하는 파격적 상상력.
예술가 김기영을 규정하는 영화 이념의 집약. 1978년 유신 정권의
어둠 속으로 쏘아 올려진, 유쾌하고 엉뚱하고 반항적인 불꽃. 이
모든 매력이 영화의 형식적 단점들을 상쇄하고 있다. 〈살인나비〉는
20세기 한국 시네마가 산출한 가장 흥미로운 텍스트 중의 하나다.
특히 여러 번 보아도 쉽게 놀라움이 사라지지 않는 첫 번째
에피소드 '의지의 승리'는 〈살인나비〉의 가장 매혹적인 부분을
이룬다.

표현주의 실내극 무대처럼 꾸며진 주인공의 허름한 자취 집에서
주인공 영걸은 삶의 의욕을 상실하고 무기력증에 빠져 있다(김금동,
2006: 40-46). 그가 자살하려 천장에 목을 매려는 순간 갑자기
어디선가 늙은 책장수가 나타났다. 그는 의지의 힘을 설파하며,
의지의 힘으로 죽음을 이길 수 있다고 맹렬히 주장하기 시작한다.

자살을 방해하는 낯선 방문객과 언쟁을 벌이던 영걸은 홧김에
그를 칼로 찌른다. 치명상을 입은 책장수는 바닥에 쓰러져 서서히
생명이 꺼져 간다. (말하는 입을 제외한) 신체 기관이 모두 정지하여
시체가 되고 나서도 그의 입은 계속 의지의 철학을 설파하며 영걸을
꾸짖는다. "인간은 뱃속에서 나올 때부터 살겠다는 의지가 강하게
작용한다. (…) 모든 인간이 살겠다는 의지로 버티고 있는데, 어째서
자네만은 인류 영원의 삶의 의지를 무시하고 죽음만을 생각하는가?"

며칠이 지나 시체가 부패하여 악취를 풍기자 영걸은 그를 뒷산에
파묻어 버린다. 하지만 얼마 지나지 않아 책장수는 온통 구더기로
뒤덮인 몸으로 자취방에 되돌아와 다시 의지를 설파하기 시작한다.
영걸은 이에 맞서 죽음의 사상을 부르짖는다. "영감은 삶의 의지만
알지 죽음의 안식, 죽음의 평등, 죽음의 광명, 죽음의 위대성은
모른다. 인간이 산다고 버텨봤자 깜빡하는 사이에 모두 죽음으로
끝나는 거야. 삶과 죽음이 앞뒤로 존재하는데 한쪽을 무시하려는
것은 거짓이다. 의지의 승리 그것은 위선이다."

이처럼 성가시게 자꾸 자신의 자살을 방해하는 책장수를 아예
소멸시키기 위해 영걸은 시체를 야산으로 옮겨 기름을 붓고
소각시켜 버린다. 타오르는 불길 속에서도 시체는 눈을 부릅뜬
채 자신의 불멸성을 주장한다. 자취방으로 돌아온 영걸은 이제야
비로소 훼방꾼 없이 목숨을 끊을 수 있게 되었다. 천장의 줄에 목을
매고 그는 이 세상에 작별 인사를 고한다. 바로 그때 살이 타버리고
남은 앙상한 해골이 또다시 영걸의 뒤에 나타난다. 이들의 대화는
이렇게 진행된다. 죽음의 예찬자와 생명의 예찬자가 벌이는 일대
회전(會戰)이다. 결국 이기는 것은 영원한 생존의 주창자 해골이다.

영걸: 삶의 의지. 그런 것은 차라리 구더기들에게
      살라고 주자. 미친 영감을 살해했으니
      그것만으로도 사형감은 된다. 잘 있거라 지구여.
      그리고 세포들의 집단이여.
(갑자기 해골이 뒤에서 나타나 영걸의 어깨에 손을
얹고 말한다)
해골: 하하하. 내가 왔다. 죽지 않고 내가 왔다. 세포의
      집단이라구? 그렇지만 그들은 몇억 년을
      이어받은 의지가 있다.
영걸: 비켜라. 방해마라.
해골: 정신 차려. 이 애송아. (…) 내가 죽어서도
      너한테 의지를 가르치고 있는 것을 모르나?
      인정해라. 내가 백골이 되더라도 의지 하나로
      살아 있다는 사실을. 항복하라. 인정해라. 삶의
      의지란 지구상의 생물이 가진 영원한 힘이고
      섭리다. 그걸 넌 모른단 말이야. 넌 언제까지
      바보고 천치란 말이야.
(영걸이 그 기세에 질려 바닥으로 쓰러진다)
영걸: 알았어. 알았어. 내가 잘못했다. (…)
해골: 삶의 의지란 수십억 년을 이어받은 고행이고
      숙제다. 결코 너 혼자만 버릴 수는 없다. 알았나?
      의지다. 의지다. 난 안 죽었다. 난 안 죽었어.
(자취방 문이 열리고, 바깥으로부터 갑자기 바람이
불어와 해골이 흩어진다)
해골: 난 죽는 게 아냐. 가루가 되는 거야. 내 의지가
      언제까지나 날 살게 한다. 의지. 의지!

부스러진 채 생명력을 잃지 않은 저 백골은 들뢰즈와 가타리가
말하는 '기관 없는 신체'를 연상시킨다. 기관 없는 신체는 우리가
흔히 관념적으로 받아들이는 생명의 이미지인 '기관들이 짜여
구성된 유기체로서의 생명' 너머에, 그 아래에, 혹은 그 이전에
존재하는 또 다른 더 강렬한 생명성을 가리킨다. 인간적 관념에
수렴되지 않는 생명력. 기관 없는 신체는 "계층화되고, 규제되고,
배치되고, 기능적인 신체"와 대립한다(그로스, 2019: 395; 콜브룩,
2008: 13). 들뢰즈는 이렇게 쓴다. "기관 없는 신체는 정동적이고,
강렬하고, 무정부주의적 신체다. 그것은 극(極), 구역, 문턱,
그리고 경사(傾斜)만을 내포한다. 그러한 신체를 가로지르는 것은
비-유기체적인 강력한 생기다"(Deleuze, 1993: 164).

심장이 멎고, 뇌도 정지하고, 살과 피도 다 사라지고, 뼈도 산화되어
모든 기관이 소실된 저 비-유기체적 존재(해골)는 역설적으로
죽음과의 근접성 속에서 더 강렬하게 자신의 활력을 드러낸다.
해골은 살아 있다. 해골이 아직 인간일 때보다 더 강력하게, 더
선명하게, 더 끔찍하게, 더 악착같이, 더 무시무시하게 살아 있다.
백골이 되어 흩어져 가는 책장수는 이런 점에서 〈양산도〉의 주검과
〈반금련〉과 〈이어도〉의 시체, 그리고 〈살인나비〉의 잘린 채 울부짖는
머리와 동일한 기능을 갖는다. 즉, 살아 있을 때보다 한층 더 강해진
괴물적 생명력의 극단적 이미지다. 이 지점에 이르면, 생명과 죽음은
대립하는 두 논리적 범주가 더 이상 아니다. 죽음 후에도 지속되는
생명은 생명 속에 파고들어 와서 생명과 비슷해진 죽음이다. 그것은
죽음을 삼킨 채 살아 나가는 절대적 생존자의 이미지다.

김기영 시네마는 말한다. 삶은 생존해 가는 것이다. 살아남는 것이며

살아 나가는 것이다. 위대한 것은 '존재'도 '실존'도 아니다. 악착같이
지속되며, 반복되며, 회귀하며, 버텨내는 '목숨'이다. 생존의 사상,
그것은 살아남는 것과 살아 나가는 것에 대한 경의의 표현이다. 삶이
한갓 꿈이라는 생각은 오만이다. 꿈에 불과한 것은 죽음이다. 죽음이
환상이고 죽음이 허상이다. 우리는 죽어도 죽지 않는다. 죽지
못한다. 불멸이다. 물질적으로, 욕망 속에서, 관계 속에서, 우리는
불멸의 존재들이다. 충동과 충동이 얽혀 부딪히는, 이 끝없는 욕망의
소용돌이 속에 죽음은 차라리 도달할 수 없는 극한이다. 죽음에
이르는 자는 없다. 생명은 죽음에 기생하여, 죽음의 힘을 탈취하고,
죽음을 파먹으면서, 죽음에 구멍을 뚫고, 죽음의 피를 빨며, 죽음을
허물어, 결국 죽음을 닮게 되고, 죽음에 빙의된 채, 죽음을 뚫고
다시 살아 나가는 것이다. 이 악착같고 잔혹한 생존 운동, 그
무자비성의 바깥에는 아무것도 없다. 살아 남고, 살아 나가고, 또
살아 나가는 삶은 끔찍하다. 살아남는 것, 살아 나가는 것, 살아내는
것, 그 삶의 본질은 기괴하다. 그 기괴함을, 그 검은 피를 직시하라.

20세기 중후반 한국사회의 지배적 정신성, 한국의 민중을 움직이고,
한국의 엘리트들을 움직인 근본적 사상이 있다면, 그것이 바로
생존주의다. 생존주의는 단순한 내세의 긍정, 쾌락주의, 혹은
낙관주의가 아닌 처절한 삶에의 충동(생존욕망)이 특수한 방식으로
조직화된 일종의 '심리-레짐(psycho-regime)'이자 통치성이다.
그 뿌리는 생명체의 자기보존 본능 속에 묻혀 있겠지만, 그 줄기는
역사적 위기와 생존 위협의 지속적 체험에 놓여져 있으며, 그
꽃은 사상과 이데올로기와 담론과 신앙과 문화적 산물의 형태를
띤다. 우리가 김기영 영화에서 보는 생존에의 열망, 생존을 향해
맹목적으로 움직이는 욕망기계들, 그리고 생존주의를 기괴하고

그로테스크한 상상력으로 풀어내는 영화적 표현들은 한국사회의 서바이벌리스트 모더니티라는 뿌리에서 피어난 꽃의 하나로 이해할 수 있는 것이다.

1 〈살인나비를 쫓는 여자〉에서 혜원(김자옥 분)의 대사.

2 김기영 영화의 독특성 중의 하나는 등장인물들이 구사하는 전형적인 어투다.
그가 그린 (특히 남성) 인물들은 상황과 주제를 막론하고, 가령 "x는 y다"와
같이 단언적이고 잠언적이고 선언적인 방식으로 말한다. 이연호는 이 특이한
발화(發話) 스타일이 "김기영의 인물들이 개인화되지 않은 채 남지와 여지,
하녀와 주인, 육식동물과 초식동물식으로 집단화, 위계화되어 있음"을
보여준다고 본다(이연호, 2007: 50).

3 안타깝게도 김기영이 각별한 애착을 보였다는 〈양산도〉의 이 마지막
장면은 소실되어, 우리는 그것을 시나리오를 통해 상상 속에서 재구성해야
한다(김기영, 1996: 54-56).

4 "그것(ça)은 도처에서 기능한다. 때론 멈춤 없이, 때론 단속적으로. 그것은
숨 쉬고, 열 내고, 먹는다. 그것은 똥 싸고 섧한다. 이드(le ça)라 불러 버린
것은 얼마나 큰 오류더냐? 도처에서 그것은 기계들인데, 이 말은 결코 은유가
아니다. 그 나름의 짝짓기들, 그 나름의 연결들을 지닌, 기계들의 기계들.
기관-기계가 원천-기계로 가지를 뻗는다. 한 기계는 흐름을 방출하고,
이를 다른 기계가 절단한다. 젖가슴은 젖을 생산하는 기계이고, 입은 이
기계에 짝지어진 기계다. 거식증의 입은 먹는 기계, 항문 기계, 말하는
기계, 호흡 기계 사이에서 주저한다(천식의 발작). 바로 이렇게 모두는
임시변통 재주꾼(bricoleur)이다. (⋯) 뭔가 생산된다. 은유들 말고, 기계의
결과들이"(들뢰즈·가타리, 2014: 23).

5 한국영화데이터베이스(KMDB)에 실린 글 "현해탄은 알고 있다"에서
김보년은 김기영 영화가 "생명을 향한 의지"와 "죽음에 대한 강박"이
대칭적으로 맞서는 양상을 보여준다는 사실을 지적하고 있다(https://
www.kmdb.or.kr/story/10/1277). 김소영은 이 불사(不死)의 존재들을
근대성과 전근대성의 경합 속에서 이해하기를 제안한다. "김기영의 영화는
60년대와 70년대의 국가적 기획인 근대화 프로젝트 속에서도 끈질기게 살아
돌아오는 잔여적 세력, 그 살아 있는 시체들이 행사하는 위협과 그 안에서
잉태되는 두려움 혹은 그것이 근대성을 향해 행사하는 부적과 같은 힘이나
주술적 힘을 보여준다"(김소영, 2000: 94).

6   이들은 (혹은 감독은) 마치 죽음에 대하여 눈멀어 있는 자들 같다.
     죽음이라는 것이 옆에 있어도, 죽음 속으로 끌려 들어가고 나서도, 죽음에
     의해 파괴를 겪었다 해도 결코 죽음의 존재를 보지 못하는 듯이, 죽음을
     지각하는 능력이 마비된 듯이, 죽음을 보지 못하는 것이다. 일종의
     사맹(死盲), 데스-블라인드(death-blind)라고 해야 할까?

7   1988년에 들뢰즈는 클레르 파르네와 대담을 나누는데, 이 영상은 피에르-
     앙드레 부탕(Pierre-André Boutang)에 의해 녹화되어 1996년 들뢰즈
     사후에 아르테 TV에서 방영된다. 〈질 들뢰즈의 A to Z〉라는 제목의 DVD로
     현재 출시되어 있다.

8   〈질 들뢰즈의 A to Z〉 중 I, 즉 이념(idée)의 한 부분. 미넬리의 '꿈의 이념'에
     대한 이야기는 1987년 5월 17일 '프랑스 국립영화/텔레비전 학교'에서 행한
     강연 "창조 행위란 무엇인가"에도 유사한 내용으로 등장한다(Deleuze,
     2003: 296-7).

9   1979년 김성동의 동명 소설을 임권택이 각색하여 만든 〈만다라〉(1981)는
     방법적 일탈을 통한 깨달음의 가능성을 추적한다.

3장

서바이벌리스트
모더니티란 무엇인가?

I. K-모던의 이론들

근대성은 한국 사회과학의 핵심 테마 중 하나다. 그간 사회과학은 다양한 방식으로 K-모던의 특성을 해명하고자 노력했다. 이중 특히 주목할 만한 것은 장경섭의 '압축적 근대성', 김덕영의 '환원근대', 문승숙의 '군사화된 근대성', 김상준과 장은주의 '유교적 근대성' 개념이다.[1] 이들은 다음 세 가지 공통점을 가지고 있다.

첫째, 이 연구들은 한국이 과거의 어느 시점에 근대로 접어들었는가라는 '역사학적' 질문이 아니라, 현재 한국사회의 문제나 모순에서 시작하여 그 기원을 찾아가는 (넓은 의미의) '사회학적' 접근법을 공유한다. 둘째, 이 연구들은 한국 모더니티의 '특이성'에 초점을 맞추면서 '무엇이 한국 근대의 특이성이냐'는 문제(특이성의 포착)와 '그 특이성이 어디에서 왔느냐'는 문제(특이성의 설명)에 천착한다. 성공 여부와 무관하게, 이는 한국 모더니티 탐구의 이론적 시좌(視座)를 설정함으로써 논의의 장을 구축했다는 중요한 의미를 갖는다. 마지막으로, 이 연구들은 서구의 개념을 한국 사례에 적용하는 것을 넘어서, 한국 모더니티에 대한 독창적이고 흥미로운 '개념'들을 창안하고 제시한다는 공통점을 보인다.

우선, 장경섭은 한국사회가 서구의 근대적 제도들을 '단축'과 '압착'의 방식으로 수용해 온 과정에 착목하면서 '압축적 근대성(compressed modernity)' 개념을 제출한다(Chang, 2010; Chang, 2022). 압축적 근대성은 "시간과 공간 차원에서 문명적 변화가 극히 응축적인 면들을 가지면서도 시·공간적으로 이질적인 요소들이 공존하며 매우 복합적인 성격의 문명이 구성·재구성되는 상태"로 정의된다(장경섭, 2009: 15). 역동성과 복합성의 이중 운동 속에서 한국사회는 전근대적인 것, 근대적인 것, 탈근대적인 것의 혼재, 즉 '비동시적인 것의 동시성'을 두드러지게 보여주고 있다는 것이다. 이것이 현대 한국의 다양한 문제와 모순들의 원인으로 제시된다(장경섭, 2023).

김덕영은 루만의 시스템 이론을 원용하여 한국 근대에 접근한다. 그의 분석에 의하면, 한국사회는 서구 근대를 특징짓는 '기능적 분화'가 그다지 원활하게 이뤄지지 않았다. 그 결과 사회의 하위 시스템들이 자율성과 독자성을 향유하며 분화하는 대신, 정치와 경제에 과도한 중심성이 부여되었으며, 정치권력과 경제적 부(富)에 과도한 가치가 집중되었다. 이것이 이른바 '환원(reduction)'이다. 한국적 모더니티의 사회구성을 규정한 이 환원적 근대화는 권위주의적 국가(정치)와 재벌(경제)의 연합을 통해서 이뤄졌다. 한국사회의 가장 큰 문제는 바로 여기서 발생한다(김덕영, 2014).

셋째, 문승숙의 '군사화된 근대성(militarized modernity)' 개념은 냉전 시기 한국사회에서 전쟁의 중요성과 군대의 중심성을 강조한다. 한국 모더니티가 보여주는 특이성의 실질적 내용을 '군사화'에서 찾고 있는 것이다. 문승숙이 주목하는 것은, 1963년에서 1987년에 이르는 냉전 시기 동안 한국이 스스로를 반공국가로 규정하고 군대 모델에 기초한 규율과 폭력 장치로 사회를 통치했다는 사실이다. 이로부터 그는 한국의 모더니티를 특징짓는 군대문화의 중요성을 도출해낸다(문승숙, 2007).

마지막으로 '유교적 근대성' 테제는 한국 모더니티의 주된 문화적 자원이 유교였다는 시각을 공유하는 학자들에 의해서 제안되었다. 김상준은 '중층적 근대성' 이론을 제안하면서 근대의 다층성을 지적하고, 동아시아 유교문명의 큰 틀 위에서 한국 근대를 고찰해야 한다고 주장한다(김상준, 2011; 김상준, 2014). 반면, 장은주는 유교가 현대 한국사회에서 여전히 중요한 문화적 하비투스를 제공하고 있다는 사실에는 동의하지만, 이를 긍정적 가능성으로 보기보다는 비판과 지양의 대상으로 삼는다. 그는 한국사회에서 쉽게 관찰되는 과도한 경쟁주의나 업적주의의 원천에서 "유교적 메리토크라시(meritocracy)"를 발견한다(장은주, 2014; 장은주, 2017).[2]

II. 꿈으로서의 근대

탁월한 성취를 보여준 저 선행연구들을 참조하면서, 나는 벤야민(Walter Benjamin)이 수행했던 서구 모더니티의 기원사 연구가 보여준 통찰을 바탕으로 한국 근대성의 문제를 고찰해 보기를 제안한다(벤야민, 2005). 잘 알려진 것처럼, 벤야민은 서구 근대를 역사적 이성의 자기실현(헤겔)이나 유물론적 변증법의 진행과정(맑스)이 아니라, 꿈과 각성의 변증법이라는 독특한 관점으로 바라보았다(김홍중, 2015a: 57-67; 고지현, 2007). 그 결과물이 『아케이드 프로젝트』다.

벤야민에 의하면, 근대는 꿈이다. 19세기 유럽 근대문명은 (정치적 이념의 좌우를 넘어서서) 더 나은 미래가 도래할 수 있다는 '진보에 대한 꿈'에 기초하고 있었다. 이 집합적 몽상은 기술, 과학,

건축, 예술, 정치, 문학의 영역에서 강력한 힘을 발휘하면서, 유럽
모더니티를 디자인한다. 말하자면, 벤야민은 '몽상(夢想)'을 역사의
생산력으로 간주하고 있다. 꿈은 환상이나 판타지일 수도 있지만,
특정한 배치에 묶일 때 강력한 행위능력(agency)을 발휘하는
변동의 동력이 될 수 있기 때문이다. 벤야민이 근대에 대한 꿈의
역사, 즉 '몽상사(夢想史)'를 기획했던 것은 바로 이런 맥락에서다.
어떤 근대를 누가, 왜 꿈꾸었는가를 묻고, 그 흔적을 탐색한 것이다.

방법적으로 벤야민은 마르셀 프루스트(Marcel Proust)가 보여준
'비의지적 기억(mémoire involontaire)'의 가능성에 착안한다.
프루스트가 과거 기억을 떠올리게 된 계기는 마들렌 과자를
베어 무는 짧은 순간이었다. 현재의 감각적 촉발이 망각되어 있던
체험들의 '의도치 않은' 회상을 가능하게 한 것이다(벤야민, 2010:
138-9). 마찬가지로, 역사 속에서 과거의 진정한 모습들은 오직
특정 상황 속에서 모습을 드러내고 사라진다. 벤야민은 과거가
가시화되는 이러한 특권적 순간을 '파국'에서 찾았다. 이는 꿈의
탐구에 결정적 의미를 갖는다. 왜냐하면, 역사적 파국의 순간에
비로소 과거의 찬란했던 꿈이 감추고 있던 어두운 실상이 드러나기
때문이다.

가령, 벤야민은 20세기 초반 유럽이 겪은 문명적 야만들(세계대전,
파시즘, 나치즘, 홀로코스트) 속에서 19세기 유럽인들이 꿈꾼
'진보'의 허상이 가시화되었다고 본다. 이처럼 역사를 움직인 꿈이
파국적으로 붕괴하며 방출하는 과거의 참된 이미지(변증법적
이미지)를 포착하는 방법이 "각성의 테크닉"이다(벤야민, 2005:
906). 꿈에서 깨어나는 순간 꿈의 파편들을 인지하게 되듯이,

역사의 환멸적 파국 속에서 이전 시대가 꿈꾼 미래의 한계와 허상, 위험과 오만을 지각하게 된다는 것이다. 환언하면, 벤야민에게 몽상사는 '각성사(覺醒史)'와 불가피하게 교차한다. 이러한 몽상사/각성사의 방법을 통해 벤야민은 서구 근대의 야만성과 한계를 비판하고자 했다.

벤야민의 통찰을 적용하면, 우리는 유럽 근대와 한국 근대의 차이를 명확하게 지각할 수 있다. 즉, 유럽의 근대는 진보의 꿈, 발전의 꿈, 문명화의 꿈으로 특징지어지는 반면에 한국의 근대는 그들의 꿈이 펼쳐지는 과정에서 한국인들이 겪어야 했던 상처와 아픔과 트라우마를 본질로 한다. 꿈의 언어로 바꿔 얘기하면, 한국 근대의 지배적 꿈은 유럽 근대가 폭력적으로 부과한 '파국적 생존위기'를 벗어나는 것, 한마디로 말해서 '생존의 꿈'이었다.

생존이 꿈이 되는 세계는 경쟁이나 투쟁에서 승리하기 위한 힘의 배양과 육성이 '합리적'이고, '도덕적'이며, '규범적'인 행위 준칙으로 승격된 세계다. 지난 100여 년간 한국사회는 '생존'과 그 의미론적 파생물들(안전, 부강, 번영, 부유, 강함)을 가장 중요한 가치로 설정하고, 주어진 자원과 에너지를 그 가치의 실현에 전적으로 투자하는 것을 정당화하는 사회로 진화해 왔다. 그 과정에서 한국사회는 한편으로 놀라운 발전과 성취를 이뤄냈지만, 그와 동시에 과도한 생존지향적 문화와 가치관으로 인한 고통과 모순과 문제들을 안고 있기도 하다. 말하자면, 내가 '생존주의'로 개념화하는 근대 한국사회의 지배적 꿈은 우리 사회의 명(明)과 암(暗), 긍정적 성취들과 부정적 문제들, 가능성과 한계, 빛과 어둠을 모두 규정하고 있는 것이다. 생존주의는 K-모더니티의 비밀을 푸는 열쇠다. 한국의

20세기를 심층적으로 이해하고 설명하기 위해서 우리가 생존주의를 탐구해야 하는 이유가 바로 거기에 있다.

III. 생존주의의 정의

이 연구의 핵심 개념인 '생존주의'를 나는 다음과 같이 정의한다. 즉, 생존주의는 '생존욕망의 흐름'을 포획하여 작동하는 '생존주의적 통치성(governmentality)'과 이 통치성이 생산한 '생존주의적 심리-레짐(psycho-regime)'의 어셈블리지다. 이 정의에는 세 가지 상이한 리얼리티가 결합되어 있다. 욕망의 흐름, 통치성, 심리-레짐이 그것이다. 아래의 그림은 이를 다이어그램으로 표현한 것이다.

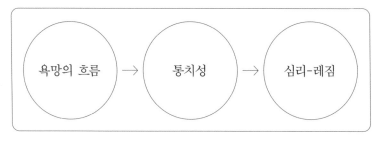

그림 _ 생존주의의 다이어그램

이 중 가장 원천적인 것은 생존욕망의 흐름이다. 생존주의적 통치성은 생존을 향해 소용돌이치며 사회 공간에 유동하는 심리-에너지(psycho-energy)를 포획하는 장치다. 국가나 기업, 교회나 군대, 혹은 가족이나 개인 수준에서 모두 작동하는 이 통치성은 생존에 대한 욕망을 코드화 혹은 영토화하고, 거기에 특정한 방향성과 합리성을 부여하여, 사회·정치적 제도나 문화로

변환시킨다. 더 나아가, 생존주의적 통치성은 국가와 사회의
'서바이벌'을 위한 기술, 담론, 정책, 이념을 생산하며, 미시적으로는
개인들의 '생존지향적' 실천을 규제하는 규범과 규칙으로 작용한다.
통치성의 이러한 자동을 통해서 조직되는 집합심리가 바로
생존주의적 심리-레짐(psycho-regime)이다. 이들을 하나씩
살펴보면 다음과 같다.

1. 욕망의 흐름

생존주의의 사회문화적 구성은 생존욕망의 흐름으로부터 시작된다.
생존욕망은 생존주의가 사회적으로 형성되기 이전에 사회체에
흘러 다니는, 탈코드화되고 탈영토화되고 탈주체화되어 있는
심리-에너지의 유동체다. 이 흐름에는 생존위기에 휘말린 인간
행위자들이 생명체로서 겪게 되는 공포와 불안, 위기에 대한
트라우마적 기억의 강박적 회귀, 생존을 향한 강렬한 열망과
꿈들, 미래에 닥쳐올 미지의 생존위기에 대한 상상과 그것을
극복하겠다는 의지 등이 모두 뒤섞여있다. 20세기 한국사회처럼,
집합적 생존위기를 반복적으로 겪은 사회에는 방대하고 통제할 수
없는 강력한 생존욕망의 흐름들이 도처에서 생성되고, 전염되고,
뒤섞이며, 퍼져간다.[3]

여기서 '욕망(désir)'은 (정신분석학이 이야기하듯이) 한 인간 개체
내면의 '결여(缺如)'와 그것을 메우려는 '판타지'를 의미하지 않는다.
반대로 그것은 리얼리티를 절단하고, 연결하고, 몽타주하면서,
다른 무언가로 변화시켜 나가는 기계적 생산력을 가리킨다. 욕망은
심리학적 극장(劇場)이 아니라 사회적 공장(工場)이다. 부단히
유동하면서, 수많은 기계적 어셈블리지들을 만들어내고 리얼리티를

만들어가는 것이 바로 욕망이다(들뢰즈·가타리, 2014: 54-60).
따라서, 욕망은 상징이나 상상이 아닌 실재에 속한다. 욕망과 사회
사이에는 아무런 매개도 없다. 들뢰즈와 가타리는 이렇게 쓴다.

> "한편에 현실의 사회적 생산이 있고 다른 한편에
> 환상의 욕망적 생산이 있는 것이 아니다 (…) 사회적
> 생산은 특정 조건들에서 단지 욕망적 생산 자체이다.
> 우리는 말한다. 사회장은 즉각 욕망에 의해 주파되고
> 있다고, 사회장은 욕망의 역사적으로 규정된
> 생산물이라고, 리비도는 생산력들과 생산관계들을
> 투자하기 위해 그 어떤 매개나 승화도 심리 조작도
> 변형도 필요하지 않다고. 욕망과 사회가 있을 뿐,
> 그 밖엔 아무것도 없다. 심지어 사회적 재생산의
> 가장 탄압적이고 가장 치명적인 형식들조차도,
> 우리가 분석해야 하는 이런저런 조건에서
> 욕망으로부터 생겨나는 조직화 속에서, 욕망에 의해
> 생산된다"(들뢰즈·가타리, 2014: 63-64).

한국사회의 생존욕망도 바로 이런 방식으로 이해해야 한다. 그것은
개체들의 내면에 감금된 개인심리의 사태들이 아니라, 사회의
생산/재생산과 직접 연결되어 있는 정동적 운동들이다. 20세기
한국 모더니티의 밑바탕에는 이름 없는 수많은 민중들이 자신들의
삶에서 겪은 트라우마와 그 체험이 촉발시키고 강화시키고
현실화시킨 생존욕망, 그리고 그 욕망들의 기계 작동 속에서 형성된
수많은 연결들(어셈블리지들)이 저류(低流)처럼 소용돌이치고 있다.
욕망의 흐름이라는 이 객관적 실재를 인지하지 못할 때, 우리는 자칫

생존주의를 이데올로기나 허위의식, 이해관계로 오인할 수 있다. 하지만, 욕망은 의식적 계산이나 언어화된 사상이 아니라, 들뢰즈와 가타리가 말하듯이, 그런 지성적이고 인지적인 형태들을 생산해 내는 "하부구조의 일부"다(들뢰즈·가타리, 2014: 187).

2. 통치성

생존욕망의 흐름은 다양한 국가 장치들과 사회 집단들의 통치에 포획되어 특정 방향으로 '지층화'된다.[4] 여기서 통치성은 푸코(Michel Foucault)의 개념을 따른다. 푸코가 말하는 통치성은 "인간들의 행동을 통솔하는 방식(la manière de conduire la conduite des hommes)"으로 정의된다(Foucault, 2004b: 192).[5]

인간행동을 통솔한다는 것은 기본적으로 권력의 작용이다. 푸코에 의하면, 권력은 폭력과 구별된다. 만일 타자의 행동을 특정 방향으로 이끌기 위해 폭력이 사용될 수밖에 없다면, 그것은 통치하는 자가 이미 권력을 결여하고 있다는 사실을 의미한다. 대신 효율적인 권력에 기초한 통치는 행위자에게 자발성을 부여하는데, 이 과정에서 '합리성'과 구체적 '테크놀로지'들이 필수적으로 요청된다. 통치성의 작동이 목표로 삼는 것은 관리 가능한 리얼리티와 특정 인간주체성의 생산이다(Lemke, 2019; Rose, 1999). 이런 맥락에서, 푸코는 서구근대의 가장 유력했던 통치성으로서 (신)자유주의를, 그리고 가장 지배적인 주체 유형으로서 '호모 에코노미쿠스'를 추출해낸다(Foucault, 2004a; Foucault, 2004b).[6]

푸코의 이러한 통찰을 한국 모더니티의 탐구에 적용하면서 나는

다음과 같은 주장을 제시한다. 즉, 한국사회의 유력한 통치성은
(자유주의처럼 서구로부터 도입되어 들어온 공식적 이데올로기가
아니라) 20세기 한국사회를 흘러 다니던 생존욕망을 '통치'하기
위해 발명되고, 고안되고, 실행되었던 '생존주의적 통치성'이며,
한국 근대의 유력한 주체성은 (호모 에코노미쿠스가 아니라)
'생존주의자'라는 주체 유형이라는 것이다.

여기서 생존주의적 통치성은 생존욕망을 코드화/영토화하여,
욕망의 운동성을 합리적 생산성으로 전환시키는 지식, 권력,
테크놀로지의 앙상블을 가리킨다. 그것은 거시적으로는 국가/사회/
민족을 '생존' 이념으로 통치하면서, 미시적으로는 개인 행위자들의
실천양식을 '생존'에 정향시키는 여러 테크놀로지들을 창설하고
이를 가동시킨다. 그리고 이를 통해 독특한 주체유형(에토스)을
생산한다. 한국사회에서 이런 생존주의적 통치성이 공고화된
것은 박정희 정권에 이르러서다. 박정희 정권이 저돌적으로
수행한 '근대화'는 생존주의 통치성을 이루는 다양한 장치들을
광범위하게 가동시키면서, '생존주의자'라는 주체 유형을 생산하고자
했던 프로그램으로 이해할 수 있다. 박정희의 통치논리를
분석함으로써(4장 참조), 나는 생존주의적 통치성의 작동방식과
생존주의적 주체성의 핵심을 드러내고자 한다.

3. 심리-레짐[7]

생존주의적 통치성은 생존욕망을 포획한다. 그 거칠고, 야생적이고,
혼란스럽고, 통제되지 않은 분출, 흐름, 유동성에 나름의 질서를
부여하는 것이다. 이를 위해 생존주의적 통치성은 '서바이벌'을
이념이자 목적으로 하는 특정 사회구성 원리들과 개인 행위의

준칙들을 설정하고, 주체화 장치들을 통하여 생존주의에
강하게 정향된 인간 행위자들을 생산한다. 그 생산물이 바로
'생존주의자(survivalist)'다.

생존주의자는 자신의 삶에서 가장 중요한 과제이자 가치를
'생존'에 고정시키고, 생존이라는 목적을 달성하기 위해 여러
실천들을 강력하게 수행해가는 인간 행위자다. 사실, 이러한
생존주의자의 주체성은 그가 추구하는 '생존(survival)'이 어떤
의미를 갖느냐에 따라서 상이한 모습을 띨 수 있다. 뒤에서 더
자세히 이야기하겠지만, 20세기 한국사회의 생존주의는 세계질서와
맺는 관계의 변화에 따라서(19세기 후반의 제국주의, 20세기
중반의 냉전, 20세기 후반의 신자유주의), 세 가지의 다른 형태로
진화해왔다. 이 과정에서 생존의 의미론은 변이해 왔고, 이는 다시
생존주의적 주체성의 구체적 양상들의 차이를 낳게 되었다.

하지만 이런 차이에도 불구하고, 생존주의자는 그 심적 태도에서
모종의 유사성을 보여준다. 그들이 사고하고, 느끼고, 욕망하고,
꿈꾸고, 자신을 성찰하고 관리하고, 자신이 사는 세계를 표상하고,
타자들을 형상화하는 방식 그 자체에, 공유된 논리와 패턴과
스타일이 발견되는 것이다. 달리 표현하면, 생존주의자들은
유사한 세계상(像), 세계관(觀), 세계감(感)을 갖고 있다고 말할
수 있을 것이다. 나는 이를 생존주의적 심리-도식이라 부른다.[8]
생존주의자들의 심리-도식들을 관장하는 '메타적 기표'는
서바이벌이다. 그들은 (생존에 대한 지향, 욕망, 정향 속에서)
마음을 쓰고, 마음을 먹고, 마음을 소통하고, 마음을 다스리고,
마음을 바라보고, 마음을 열고, 마음을 닫고, 마음을 푼다. 즉

생존주의자들의 심적 실천은 '서바이벌'을 향해 움직이는 구심적
운동을 보인다. 우리가 생존주의적 심리-레짐이라 부르는 것은
이러한 심리-도식들을 정립, 규정, 생산, 관리하는 요소들의 특정
배치를 가리키는 것이다.

욕망의 흐름이 통치성의 포획과 공정을 거쳐 심리-레짐의 형태로
지층화되면, 생존주의는 드디어 제도적이고 실정적인 형태들을
가시화한다. 예컨대, 생존주의가 '주의(主義)'라는 용어에 걸맞은
양상으로 전환되는 것은 심리-레짐이 성공적으로 조립되었을 때다.
이것이 우리가 흔히 이데올로기(ideology)라 부르는 믿음의 시스템,
독트린, 혹은 담론이다. 이 책의 다른 장에서 분석할 박정희의
통치논리나 정주영의 기업철학 같은 것이 그 실례라고 할 수 있다.
이처럼 심리-레짐으로 전환된 생존주의는 일종의 '에피스테메' 즉
세상을 바라보는 인식틀로 기능하기도 한다. 사회적으로 승인된
인식틀이 되었을 때, 생존주의는 행위자들에게 규범적 힘을
행사하며 하비투스로 체화되어 자동성을 획득하게 된다. 이 단계에
접어들면, 우리는 생존주의를 한 사회의 유력한 문화형태, 지배적
문화논리로 체감하게 된다.

IV. 한국 생존주의의 역사적 전개[9]

생존주의는 욕망, 통치성, 심리-레짐이라는 세 상이한 차원을
가로지르며 조립된 일종의 어셈블리지다. 욕망은 통치성의 작동에
포획되어 심리-레짐의 형태로 고정된다. 하지만, 이 과정은 결코
자동적이지도 기계적이지도 않다. 어떤 것도 사전에 결정되어 있는

것은 없다. 모든 욕망의 흐름이 통치성에 포획되는 것도 아니고, 모든 통치성이 성공적으로 작동하여 원하는 주체를 생산하는 것도 아니다. 지층화의 운동은 탈지층화를 동반하고, 주체화는 탈주체화와 함께 가며, 코드화는 탈코드화와 병행된다. 생존주의 레짐의 형성은 다양한 저항과 해체의 운동을 거스르면서 진행되는 것이다.

우리가 생존주의를 '구조'로 이해해서는 안 되는 이유가 바로 여기에 있다. 비록, 한국사회의 생존주의가 강력한 심성이자 문화처럼 보인다 할지라도, 이는 오랜 역사적 형성을 통해 만들어진 것이지, 초역사적 심리구조나 심층구조처럼 원래부터 주어져 있던 것이 결코 아니다. 생존주의는 불변하는 상수들의 관계망이 아니라, 변화와 변이 속에서 움직여가는 역사적 구축물이다. 이런 점에서, 우리가 한국사회의 생존주의를 정확히 이해하기 위해서는 무엇보다 생존주의의 생성, 성장, 진화를 역사적 관점에서 조망해볼 필요가 있다. 이때 중요한 요인이 바로 20세기에 걸쳐서 한국사회가 체험한 세 가지 정치·경제적 파동(波動)이다. 그것은 19세기 후반 제국주의적 국제질서에 의한 파동, 20세기 중반의 한국전쟁이라는 파동, 그리고 1997년 외환위기라는 파동이다. 약 50년을 주기로 밀려온 이 파동들은 '제국주의 → 냉전 → 신자유주의'로 이행해가는 국제질서의 변동에 조응한다.

마치 호수의 표면에 외부로부터 거대한 충격파가 가해지면, 호수 전체가 수많은 지점들에서 그 여파를 각기 다른 방식으로 겪게 되듯, 국제 정세의 대규모 변동은 한국사회의 모든 차원을 뒤흔드는 심대한 변동의 연쇄들을 야기하였다.[10] 우리가 '서바이벌리스트

모더니티'라 부르는 것은 저 세 차례 충격파에 대한 한국사회의
응전과 적응과정에서 형성된 것이다. 그렇다면, 저들에 대응하는
생존주의 레짐들은 각각 무엇이었는가? 그것이 다음의 세 가지
레짐이다. 첫째, 1894년 만국공법 생존주의 레짐. 둘째, 1950년 냉전
생존주의 레짐. 셋째, 1997년 신자유주의 생존주의 레짐. 이들에
대해 각각 살펴보면 다음과 같다.

1. 만국공법 생존주의 레짐

1894년 체제는, 조선이 중화 조공질서(사대질서)를 벗어나 만국공법
질서에 던져지면서[11] 그 변화의 파도를 넘지 못하고 결국 국권을
상실, 식민지로 전락해가는 파국적 쇠망의 과정에서 성립되었다.
이 체제에 고유한 '생존'이라는 기표는 독특한 의미론을 갖는다.
그것은 열강들이 오직 힘의 논리로 각축하는 약육강식의 세계
속에서, 외세의 침탈에 맞서 스스로 힘을 길러 국가(민족)의
주권을 회복하고 유지하는 것을 가리킨다. 이른바 외경(外競)에서의
승리, 또는 이택후가 사용한 용어를 빌려 말하자면 일종의
"구망(救亡)"이다(이택후, 1992).

이러한 '만국공법 생존주의 레짐'이 형성되는 과정에서 부상했던
지식 형태는 사회진화론이다. 주지하듯, 박은식, 주시경, 이광수,
현상윤, 송진우, 이승만, 윤치호, 유길준, 서재필, 신채호, 한용운
같은 선각자들은 가토 히로유키(加藤弘之), 량치차오(梁啓超),
옌푸(嚴復) 등에 의해 번역된 사회진화론 사상을 적극
수용하였다. 이들은 '우승열패(優勝劣敗)', '생존경쟁(生存競爭)',
'약육강식(弱肉强食)' 등의 프레임을 동원하여 문명개화를
통해 위기를 극복하려는 애국계몽의 꿈과 이념을 담론적으로

표상했다(신연재, 1991; Tikhonov, 2010).

이 시기 민중은 정치체가 붕괴해 가면서 아노미로 변화한
비상상황의 희생자가 된다. 이들에게 주어진 유일한 삶의 길은
각자도생(各自圖生)이었다. 자신들을 보호해줄 수 있는 정치적
안전망이 사라지고 홉스적 자연상태가 펼쳐졌기 때문이었다.
최정운은 신소설을 분석하면서 생존주의적 심성과 태도가 이미
당대 민중의 일상적 삶에 깊이 침투해 있었음을 발견한다. 가령,
이인직을 비롯한 다수의 신소설 작가들의 작품에 표상된 사회는
붕괴된 아노미의 모습을 보인다. 당대의 사회는 "유대가 사라지고
각자 개인들로 흩어져서 생존을 위해 자신을 지키기에 급급하고
기회만 되면 누구에게 무엇이라도 빼앗으려 하고 자신의 욕구를
채우고자 혈안이 되어 있는 모습"을 하고 있다(최정운, 2013: 93).
특히 1894년에 청일전쟁, 갑오경장, 동학농민운동과 같은 심대한
사건들을 겪어가면서 당대 사회는 "생존이라는 것이 온 사회에서
최대의 관심사"가 되는 비상적 상황을 겪는다(최정운, 2013: 112).

이처럼 "하루하루가 살아남기 다급한 시대"에 한국 민중은
"생존의 대가(survivalist)"로 재탄생하게 된다. 최정운은 이렇게
쓴다. "우리는, 현대 한국인은 이 '지옥 같은' 시대의 자연상태의
불구덩이에서 태어났다. 현대 한국인은 이 자연 상태의
불구덩이에서, 다 닳아버린 빈 가죽 주머니에서 시작하여, 생존을
위한 투쟁을 거쳐, 드디어 몇 년 후에는 끈질긴 생명력과 고집스런
생존의 대가로 태어났다. (…) 그들은 누군가 구상하고 설계하여
인위적으로 창조한 존재가 아니라 아무도 도와주지 않는 정글에서
진화되어온 '최적(fittest)'의 생명체였다"(최정운, 2013: 172-3).

구한말의 충격은 현대 한국인의 마음에 치욕과 공포가 뒤섞인
이중의 각인을 남긴다. 하나는 강한 국가에의 열망이며, 다른 하나는
강한 자기(自己)에의 열망이다. 양자는 기묘한 방식으로 공명하면서
생존주의적 심리-레짐의 기원을 구성한다.

2. 냉전 생존주의 레짐

1950년 체제는, 한국전쟁의 재앙이 형성한 심리-레짐으로서,
냉전 지역구도의 최전선에 위치한 남한이 공산권의 위협으로부터
살아남아야 한다는 소위 '냉전적 생존주의'의 의미론 위에 구축되어
있다. 이 레짐은 (초반기에는) 전쟁의 충격이 야기한 심리적 상처로
특징지어지며, (후반기에는) 산업화가 가져온 상대적 안정과
번영으로 특징지어진다. 삶의 터전은 초토화되었고, 사회질서는
아노미적 혼란에 빠져 있고, 극렬한 이념갈등(점령, 피난, 학살)으로
인륜의 기초가 흔들린 상황은 당대의 한국인들이 모두 겪어야 했던
고통의 시간이었다.

이처럼 "인명과 재산의 손실로 인한 심리적·정신적 손상, 북한
공산주의자들에 대한 공포심, 전후의 급격한 사회변동 속에서
적응의 어려움"등이 복합적으로 뒤얽힌 상황에서, 기초적인 존재론적
안전을 향한 구난(救難) 심리가 형성되어 갔던 것이다(김홍수,
1999: 40). 정성호의 분석에 의하면 한국전쟁은 생존을 중시하는
새로운 가치체계를 형성시킨 결정적 계기로 작용한다. "한국전쟁은
한국인들로 하여금 명분과 예의를 중시하던 종전의 가치관을
버리고, 생존을 위해 실용적인 것과 물질적인 것을 중시하는 새로운
가치관을 갖게 했다. 살아남기 위한 막바지 몸부림에 접어들
수밖에 없었던 한국인들에게 있어 체면이나 염치, 예의 등은 오히려

거추장스러운 굴레로 인식되게 되었고 오직 생존해야겠다는 목적을
위해 수단과 방법을 가리지 않는 관행만이 정착되어 갔다"(정성호,
1999: 34).

전쟁은 살아남는다는 것의 의미를 좀 더 극단적인 것으로
변화시켰다. 이강천 감독의 반공영화 〈피아골〉(1955)에는 다음과
같은 장면이 등장한다. 지리산에 숨어 활동하는 빨치산 부대는
인근 마을을 습격해서 '반동분자'를 체포하고 식량을 수습하여
다시 산으로 올라가며 버티고 있다. 어느날 이들은 한 부락의
구장(이장)을 체포하는데, 밀고자로 의심하여 그를 즉결처분하려
한다. 그런데, 빨치산 부대는 마을 청년들의 손으로 구장을 죽이도록
강제한다. 부락의 청년들에게 최악의 선택지가 주어진 것이다.
즉, 빨치산의 총에 맞아 죽느냐 아니면 구장을 죽창으로 죽이고
사느냐. 살해냐 피살이냐. 이 질문은 사회주의냐 자본주의냐, 혹은
남한이냐 북한이냐 라는 질문보다 더 극단적이다. 살해당할 위협
앞에서 타자를 죽여야 자신이 사는 상황. 내가 생존하기 위해서
타자를 죽여야 하는 상황. 이때 생존한다는 것은 홀로 살아남는
것이 아니라, 누군가를 죽이는 것을 의미한다. 김종삼의 작품 중에
〈민간인(民間人)〉이라는 시가 있다.

"1947년 봄
深夜
黃海道 海州의 바다
以南과 以北의 境界線 용당포

사공은 조심조심 노를 저어 가고 있었다

울음을 터뜨린 한 嬰兒를 삼킨 곳
스무 몇 해나 지나서도 누구나 그 水深을
모른다"(김종삼, 2005: 123).

월남하던 사람들이 살아남기 위해 울고 있는 어린애를 바다에 던져
죽인다. 그 죽임으로 그들이 살아서 남한으로 건너올 수 있었다.
비상상황이 극단화될 때, 서로의 물리적 현존을 부정하는 전쟁
상황이 벌어졌을 때, 생존은 죽임과 이렇게 얽힌다. 살아남는 것은
어떤 재난을 요행히 겪어 냈다는 그런 의미가 아니라, 자신의 생명을
위협에 빠뜨리는 누군가를 제거하는 참혹하고 극악한 형태를 띠게
된 것이다. 냉전 생존주의 레짐은 이런 체험들 위에 설립된다.

한편, 1960년대 이후 군부 쿠데타로 성립된 권위주의 국가는 민중의
이런 생존불안을 십분 활용하면서 자신들의 통치 논리를 구축했다.
박정희 정권은 냉전 자유민주주의 이념과 공산화의 위협으로부터
스스로를 보호하는 '안보 생존주의'로서의 반공주의를 표방하면서,
산업화와 근대화에 박차를 가했다. 1970년대를 거치면서,
한국사회는 원초적 생존주의로부터 진화된 개발주의와 발전주의적
양상을 보이기 시작했다. 한편, 이 시기의 민중은 새롭게 등장한
대항 공론장의 주체로 성장하기도 하고, 소시민적 속물주의에
경사되어 이기적이고 세속적인 욕망의 거친 흐름에 자신들을
내맡기기도 했다(소영현, 2014: 173-6).

3. 신자유주의 생존주의 레짐

1997년의 외환위기와 그에 이은 전방위적 구조조정 과정에서
한국사회는 '신자유주의적 생존주의'라 부를 수 있는 새로운 유형의

심리-레짐을 형성시켜 나간다. 이 시기 한국사회에서는 민주화의
정치적 열정이 퇴조하고, 노골적인 경제적 합리성이 중시되는 시대적
분위기가 강화된다. 금전적인 것에 부가되던 소위 '완곡어법'이
약화되고, 성공과 치부에 대한 욕망이 가감 없이 표현되기 시작한
것도 이 시기이다. 신자유주의적 생존주의는 '서바이벌'의 개념과
상상계를 이전의 생존주의들과 비교해서 훨씬 더 복잡하고 다양한
방식으로 전개시켜나간다.

생존주의 문화의 꽃이라 할 수 있는 '서바이벌 프로그램'은 과거에는
경쟁의 문법으로 이해되지 않던 삶의 필드들(예술, 음악, 무용, 요리
등)을 치열한 경연 상황으로 재구성했다. 자기계발의 하위 장르인
서바이벌 가이드(서적)들은 조기유학, 자녀양육, 회사생활, 연애생활,
대학생활, 세계여행, 주식투자, 마케팅 등 한국인의 일상적 삶의 거의
모든 부문들을 서바이벌 메타포가 적용되는 대상으로 번역해 냈다.
모든 것은 경쟁의 상상계에 의해 채색되었고, 인간 행위는 고도의
도구적 성찰성에 포획되었다.

생존문화가 이처럼 강력한 사회문화적 규범으로 자리잡게 된
1997년 레짐에서 '생존'의 의미는 현저하게 개인화되고 경제화된다.
즉, 국가와 민족이 주체가 되는 거대서사적 생존주의가 여전히
잔존하고 있었지만,[12] 결국 가장 중요한 생존단위로서의 '나'라는
주체가 전면에 등장하며, 경제적 생존이 심대한 중요성을 획득하게
된 것이다. 이제 살아남는다는 것은 정교한 자기통치를 통해
이뤄나가야 하는 자아의 프로젝트가 되며, 이때 생존과 실패를
가르는 결정적인 요인은 순전히 개인의 능력에서 찾아진다.
벡(Ulrich Beck)이 '개인화'라 부른 후기 근대사회의 특성이

신자유주의적 생존주의와 맞물리게 된 것이다(홍찬숙, 2015).

이런 과정에서 신자유주의적 생존주의가 전면화시키는 새로운 '서바이벌'의 의미론은 다음과 같은 특징들을 갖는다. 첫째, 새롭게 나타난 생존의 의미론은 경쟁 상황에서 도태되거나 낙오되지 않는 상태를 가리킨다. 둘째, 생존은 경쟁의 바깥으로 초월해 나가는 것이 아니라 이번 라운드에서 탈락하지 않고 여전히 경쟁 상황에 머물게 된 것을 가리킨다. 셋째, 경쟁 상황에서 살아남기 위해 개인은 자신의 모든 현행적/잠재적 역량을 생존자본으로 전환시켜야 한다. 넷째, 새로운 생존은 굉장한 성공이 아니라 평범한 생활을 영위할 수 있는 상태를 지향한다. 마지막으로 생존은 자아의 실현이라는 진정성의 추구와 긴밀하게 결합한다(김홍중, 2015b: 193-7).

4. 전체적 조망

이상에서 살펴본 것처럼, 20세기를 관통하면서 한국사회의 생존주의 레짐은 국제정세가 가져온 파장과 연동되어, 만국공법적 생존주의에서 냉전적 생존주의로 그리고 다시 신자유주의적 생존주의로 전환된다. 또한 생존이라는 이념이 지시하는 의미망(網)도 전체적으로 이에 맞추어 변화하게 된다. 19세기 후반의 생존이 '국가적 구망(救亡)'에 집중되어 있었다면, 20세기 중반에 이르면 생존이 '냉전적 구난(救難)'을 중점적으로 지시하게 되며, 신자유주의 시대에는 말하자면 '전방위적 구생(求生)'이라는 의미를 띠게 된다.

그런데, 이러한 전환은 사실 과거의 것이 완전히 철폐되거나 소멸되고 그 자리에 완전히 새로운 무언가가 들어서는 것이라기보다는, 어떤 공통성을 유지하면서 새롭게 제기된 문제 상황에 맞추어 일어나는 변이와 변형의 과정, 차이를 동반하는 반복 과정에 더 가깝다. 가령, 세 차례의 변화에도 불구하고, 생존주의 레짐들은 거의 유사한 서사구조를 공유하고 있다. 즉, 세계는 생존 주체가 적응해야 하는 환경(정글)으로 인지되며, 주체는 최대한의 자원을 동원하고 조직하여 이 냉혹한 투쟁에서 승리해야 하며, 결국 살아남는 것에 전적으로 정향된 이런 실천들은 도덕적이고, 선하고, 바람직한 것, 혹은 적어도 불가피한 것으로 여겨지는 것이다.

실제로 세 레짐을 관통하는 '국가/민족/국민'의 불안은 한국의 엘리트 그룹에게 지배정당성을 제공하는 사회심리적 원료가 되어왔다. 국가생존의 프레임(경제와 안보)은 정책판단의 논리로 기능하면서, 민주주의, 인권, 문화, 삶의 질 같은 가치들은 당장 실현될 수 없는 이상(理想)으로 간주하게 만들었다. 따라서 언제나 위기상황이 닥치면 그런 이상적 가치들은 우선적 고려대상에서 배제되곤 했다. 생존이라는 가치가 (사실 그것이 합리성의 차원을 넘어서는 트라우마적 경험들에 뿌리를 내리고 있다 하더라도) 가장 큰 현실성과 합리성을 갖고 있는 것으로 인지되어 온 것이다.

개인 행위의 수준에서도 사태는 크게 다르지 않다. 근대 한국인들은 소위 일상화된 아노미 상태를 지속적으로 체험해 오면서, 결국 이 세상에서 가장 중요한 것은 '서바이벌'이라는 뼈저린 민중적 지혜를 체화하였다. 한국의 비정상적인 교육열의 원천에는 무능력한 자들이 겪어야 하는 굴욕과 모멸에 대한 상처의 기억들이 숨어 있다. 장은주가 지적하듯이, "우리에게는 '생존'만이 '신성한 것'이며, 지상의 과제"이고 "격렬한 경쟁 속에서 어떻게든 살아남는 것만이

삶의 가장 중요한 목표"가 되어 왔으며, "'먹고 살기 위해서는
어쩔 수 없다'는 비루함이 사회적 삶의 가장 중요한 진리"였던
것이다(장은주, 2014: 175). 한국사회의 '우승열패 신화'의 기원에
대한 연구에서 박노자는 이렇게 쓴다.

> "결국 인생을 '생존전쟁'으로 개념화하는 오늘날의
> 한국인은 식민지에서 벗어났어도 거시적 의미의
> '식민성'을 벗어버리지 못한, 시민사회가 전지전능한
> 국가에게 늘 압도당해 온 세계체제 주변부라는
> 구체적인 사회경제적 현실 속에서 태어난 셈이다.
> 수출을 통한 경제 성장을 맹목적으로 신봉하는
> 권위주의 국가가 국내의 복지, 교육 예산을
> 무자비하게 깎으면서 재벌의 경제력과 독재정권의
> 국방력을 키우는 등 국제적 경쟁에만 매달리는
> 상황에서, 권력과의 극히 불평등한 관계와 살아남기
> 위한 생존경쟁에 내몰린 "밟혀도 밟혀도 뻗어가는
> 잡초"(박경리, 「시장과 전장」)처럼 한국의 서민들은
> 하루하루의 삶에서 '적자생존'의 원칙을 체득해야
> 했다"(박노자, 2005: 28-29).

한국 모더니티를 깊이 이해하기 위해서 우리는 한국 근대의
형태론적 변동 논리로 제시된 '압축'(장경섭)이나 '환원'(김덕영)보다
더 실체적인 수준에서 작동하는, 저 도저한 생존주의의 심리-문화적
위력을 남+해 들어가야 한다. 같은 맥락에서, 문승숙이 말하는
'군사화' 역시 냉전 생존주의가 보여준 여러 통치성의 전략들 중
하나로 간주될 수 있다. 즉, 군사화는 생존주의라는 보다 포괄적인

통치성 혹은 집합심리의 맥락 속에 위치해야 하는 것이다. 또한 한국
모더니티의 도덕적 자원으로 과연 유교가 얼마나 중요한 역할을
수행했는지를 생존주의의 관점에서 좀 더 냉철히 살펴보아야 할
필요가 있다(김상준, 2014; 장은주, 2014). 오히려 무교(巫敎)가
한국 근대의 생존주의 문화를 이해하는 데 더 중요할 수 있다는
점도 지적되어야 한다.[13]

한국인들은 생존주의를 삶의 동력이자, 가치이자, 행위준칙으로
삼아 자신들의 근대를 창조해왔다. 생존주의는 반복적 리듬으로
몰아쳐 온 세계사적 격랑에 휘말렸던 한국사회가 초계급적,
초지역적, 초종교적, 초시대적 수준에서 구축해 낸 메타적 통치
원리이자, 서구적 제도와 가치를 한국적인 것으로 번역해 들어오는
'변환장치' 혹은 사회제도들의 '운영체제(operating system)'였다.
생존주의의 강력함은 그것이 생존욕망이라는 정동적 차원에
뿌리내리고 있기 때문이다. 정동의 흐름, 사회심리적 에너지의
흐름은 이념이나 지식, 상징이나 표상의 격자들을 범람하는 야생적
힘을 동반한다. 생존욕망의 거친 유동체 속에는 (20세기 사회과학의
기계론적이고, 구조주의적이고, 환원론적인 방법들로는 결코
표상하지도, 청취하지도, 인지하지도, 분석하지도 못할) 수많은
평범한 한국인들의 삶의 체험, 고통, 고뇌, 분투, 좌절, 환멸, 욕망,
불안, 공포의 이야기들이 흐른다. 생존욕망의 거대한 흐름들. 생존을
향한 욕망기계들의 연결과 단절. 충돌과 폭력. 삶과 죽음. 기쁨과
슬픔. 이 모든 망각된 이야기들과 체험들이 한국 모더니티의 참된
실재다.

V. 쟁점들

생존이란 모든 생명 있는 것들의 절대 과제다. 그러나 인간이 유기체로서 자신 삶의 존속을 욕망하는 '자연적' 사태와, 그런 삶을 바람직하며 정당한 것으로 인정하는 '사회적' 사태는 구별되어야 한다. 특정 조건하에서 어떤 사회는 구성원들의 생존과 그 비유적 파생물들(안보, 안전, 발전, 번영, 성장 등)에 절대적 가치를 부여하는 정당화 시스템을 승인한다. 생존이 '주의(主義)'가 되었다는 것은 삶이 생존으로 환원되었다는 서글픈 사실을 의미하는 동시에, 생존을 향해 소용돌이치던 에너지가 사회·정치적 과정에 흡수되었다는 것을 의미하기도 한다. 즉, 삶을 살아내기 위한 민중의 강한 마음의 힘이 사회적 현실에 투입됨으로써 사회를 움직이는 동력이나 변동의 원인으로 작용했던 것이다. 이 과정에서 생존에의 꿈은 빛나는 성취들과 짙은 어둠들을 동시에 창출했다. 생존주의에 대한 탐구는 이러한 다면성과 아이러니를 조심스럽게 고려해야 한다. 이와 연관된 두 가지 이론적 쟁점을 살펴보고자 하는 이유가 거기에 있다.

1. 생존주의의 역사성

우리가 지금 논하고 있는 한국 모더니티의 생존주의는 근대 유럽의 사회철학이 말하는 '자기보존'의 원리나 형이상학적 인간 본성(nature)을 가리키는 것이 아니다. 생존주의 테제는 성악설(性惡說)이나 유전자의 이기성(利己性)과는 아무런 연관도 갖고 있지 않다. 앞서 언급한 것처럼, 이 연구가 말하는 생존주의는 욕망, 통치성, 심리-레짐의 특수한 연합이다. 즉 역사적으로 형성된 어셈블리지다. 이런 점에서, 생존주의의 발생이나 구성에는 어떤 필연성도 보편성도 없다. 그것은 특정 조건에서 특수한 방식으로 생성된 역사, 사회, 정치, 문화, 심리적 구축물이다.

잘 알려진 것처럼, 서유럽의 근대 사회사상(마키아벨리, 홉스, 루소)은 인간의 자기보존 본능을 가정하고, 이해관계와 욕망에 추동되는 인간상을 이론적으로 상정했다(정미라, 2020; 호네트, 2011: 35-40; 알튀세, 1992: 127-8).[14] 홉스가 그 대표적인 실례다. 그는 『리바이어던』의 1부 11장에서 이렇게 쓴다. **"나는 모든 인간에 발견되는 일반적 성향으로서 죽을 때까지 지속되는, 힘(power)에 대한 끊임없는 욕망을 제일 먼저 들고자 한다.** 이것은 인간이 이미 획득한 것보다 더 강렬한 환희를 구하기 때문에 그런 것이 아니요, 보통 수준의 힘에 만족할 수 없기 때문에 그런 것도 아니다. 잘 살기 위한 더 많은 힘과 수단을 획득하지 않으면, 현재 소유하고 있는 힘이나 수단조차 확보할 수 없기 때문이다"(홉스, 2008: 138. 강조는 저자).

"모든 인간에 발견되는 일반적 성향"으로 홉스가 제시하는 것은 거의 니체적 어조를 풍기는 '힘에의 욕망', '힘에의 의지'다. 인간은 자신의 생존을 유지하고, 존재를 존속시키려는 관심 속에서 힘을 추구하려는 보편적 성향을 갖는다는 것이다. 하지만, 생존주의적 근대성 테제에서 이야기하는 '생존주의'는 홉스가 말하는 인간의 '유적(類的) 본성'을 가리키지 않는다. 반대로 생존주의는 인간의 공존과 협업, 사랑의 능력에 제한을 강제하는 문화적 패턴에 더 가깝다. 생존주의자는 진화적으로 획득된 자신의 능력(타인의 고통에 대한 공감적 감응, 환대의 능력, 이타적 희생의 능력)을 억제하고 회피하도록 훈련된 주체인 것이다(최정규, 2009).

이런 점에서, 생존주의자를 단순한 이기적 존재나 비도덕적 존재로
파악하는 것은 단견이다. 사실, 생존주의자는 생존주의적 규범과
도덕률에 매우 충실한 존재다. 그에게 생존주의는 '선택'의 대상이
아니라 '강제'의 대상이다. 자신이 처한 환경과 그 환경에 대한
해석과 그 해석의 사회적 제도화가 야기한 압력이 그를 움직인다.
하여, 생존주의자는 자신의 능력과 자원을 '생존' 혹은 그것의
비유적 파생물들(번영, 성공, 승리 등)을 위한 실천에 공격적으로
집중시킨다. 그에게 존재는 생존이며, 생존이 아닌 존재의 다른
차원은 망각되거나 유보되거나 보류되거나 억압된다.

뒤에서 더 자세히 살펴보겠지만, 실제로 20세기 한국사회의
생존주의는, 리더에게나 민중에게나, 고도의 생존강박을
부과했다(전인권, 2006: 246). 강박은 의식으로 통제할 수
없는 충동의 작용이다. 즉, 지금 당장 생존을 위협하는 문제가
현존하지 않을 때조차도, 강박적 주체는 생존해야 한다는 내면화된
정언명령으로부터 자유롭지 않다. 그는 합리적 계산과 판단을
벗어난 곳에서도 반복된 행위를 수행할 수밖에 없는 독특한
수동성을 보여준다. 그의 의식과 존재는 생존주의적 공리계에
깊이 묶여 있다. 생존주의자는 생존주의를 수행하는 자인 동시에,
생존주의를 겪는 자이기도 하다. 생존주의자는 행위자(agent)이면서
감수자(patient)인 것이다.

2. 민중의 생존주의

우리가 생존주의를 탐구함에 있어서 반드시 고려해야 하는
또 다른 이론적 쟁점은, 생존주의가 한국 근대를 가로지르며
강력한 헤게모니를 발휘했음에도 불구하고 언제나 그것에

저항하는 힘들과의 투쟁 속에서 존립해 왔다는 점이다. 20세기
한국사회의 정치적, 사회적, 문화적 운동의 역사는 생존주의가
발휘한 헤게모니에 대항했던 저항적 투쟁의 역사이기도 하다.
서바이벌리스트 모더니티는 생존주의의 형성과 균열의 역사이지,
단순히 생존주의가 일방적으로 승리를 구가해 온 역사가 아니다.[15]

이런 점에서 중요한 쟁점으로 부각되는 것이 바로 민중의
생존주의다. 민중과 생존주의의 관계는 양면성을 띤다. 우선,
지적되어야 하는 것은 민중의 강렬한 생존지향성이다. 민중은 그
자체로 진보주의적이지도 보수주의적이지도, 좌익을 지향하지도
우익을 지향하지도, 민주주의적이지도 권위주의적이지도 않다.
민중은 그 모든 극단들을 품고 있으며, 그런 양자택일적 방식의
사고를 통해서는 쉽게 포착될 수 없다. 민중의 생존주의는 위와
같은 이념적 경계들을 넘어서는 깊은 현실성을 갖고 있다. 민중에게
생존은 관념이 아닌 현실 그 자체의 문제다. 매일매일 고투하며
살아가는 일상적 삶의 절박함은 민중의 생존지향성과 분리할 수
없다. 이런 점에서 민중신학자 안병무의 다음 진단은 의미심장하다.

> "민중은 줄곧 생존의 위협에 시달려왔습니다.
> 구체적으로 의식주의 문제 해결이 삶 전체를
> 차지했습니다. 그러므로 관념적이라기보다
> 물질적일 수밖에 없습니다. 글자 그대로 '금강산도
> 식후경'입니다. 그렇다고 민중은 유물론자도 아닙니다.
> 유물론은 관념에서 생긴 것입니다. 그러므로 일반성을
> 면할 길이 없습니다. 민중은 '논'하지 않습니다. 삽니다.
> '논(論)'하면 삶은 추상화할 수밖에 없고, '관(觀)'을

세우면 관념에서 탈피할 수 없습니다. 민중은 삶을
'관(觀)'하지 않습니다. 그들은 삶을 삽니다. 그들은
어떤 가설을 갖고 그것이 맞는지를 실험하지 않습니다.
그들은 삶의 경험에서 지혜를 낳습니다"(안병무,
1993c: 27).

민중이 보여주는 악착같은 생존 열망은 스콜라적 이성이 한가한
상태에서 쉽사리 비판하거나 폄하할 수 없는 절박성을 품고 있다.
생존에 대한 '지성적'이고 '관념적'인 언어들은 그 체험의 '비상성'
앞에서 모든 위력과 적절성을 상실한다. 안병무가 위의 인용문에서
말하고자 하는 바가 그것이다. 잘 알려진 것처럼 민중신학자로서
그는 민중을 역사변동의 자기-희생적 주체로 중시했다. 하지만
이와 동시에 안병무는 민중의 속악성(俗惡性)을 인지하고 있었다.
민중은 생존위협에 매몰되어 때로 이기적이고 때로 비도덕적인
행태를 보인다는 것이다. 하지만 안병무는 이런 생존주의적 경향을
경멸하거나 무시하지 않는다. 그가 놀랍게 여기는 것은 생존에
함몰되어 있는 듯 보이던 저 민중들이 생존주의적 통치성에
대항하는 저항운동으로 솟아오르는 자기초월의 역량을 지속적으로
보여주었다는 사실이다.

"민중에 관해서 내가 특별히 주목하고 있는 한
가지 점은, 민중은 '자기초월'을 할 능력을 가지고
있다는 사실입니다. 우리 역사에서, 특히 1970년대와
1980년대에 민중들이 자기초월하는 것을 나는
많이 봤어요. 근로자들, 학생들, 그들의 어머니들을
봐요. 그들은 그 고통을 자기가 당할 필요가 없는데,

그리로 뛰어들어가지 않나요? 그것이 자기초월의
사건입니다"(안병무, 1993b: 33).

"반면에 동학의 민중봉기나 3.1운동 같은 것, 현재
우리가 경험하는 1970년대와 1980년대의 민중운동은
성령운동과 일치시킬 소지가 충분히 있습니다. 이렇게
말하면 어떤 기준에서 그렇게 구별할 수 있느냐고
할 것인데, 지나친 단순화일지는 몰라도 다음의
두 가지 점을 주목해야 할 것 같습니다. 하나는
자기초월입니다. 자기 이익, 자기 능력, 결국 자신을
초월하는 것입니다. 이것은 해방의 극치상태이지요.
이는 그 어떤 기존의 것일지라도 그로부터 자유한
힘의 발휘입니다"(안병무, 1993b: 273-4).

민중의 자기초월. 이때 자기(自己)란 무엇인가? 민중의 어떤 힘이
생존에 강박된 자기 자신을 파열시키고 생존-너머의 존재로 향하게
하는가? 사실 이 질문은 서바이벌리스트 모더티니 이론이 던지는
가장 중요하고 난해한 질문이라 하지 않을 수 없다. 우리가 생존-
너머, 생존주의-너머의 가능성을 절박하게 찾아내야 하는 이유는
생존주의로 점철된 20세기 한국 모더니티의 한계가 지금 우리가
사는 21세기 한국사회에서 너무나 자명한 것으로 드러나고 있기
때문이다.

돌려 말하자면, 우리는 생존을 위해 모든 것을 바쳐야 한다는
신념으로 매진하며 수많은 성취를 이뤄냈지만, 정작 그렇게
만들어진 사회는 지금 어떤 모습을 하고 있는가? 21세기 한국사회는

이제 더 이상 다음 세대를 생산하지 않겠다는(사상 최저의 출생률) 암묵적 사회계약을 맺어 나가고 있지 않은가? 수많은 사람들이 스스로 목숨을 끊고, 삶과 죽음의 경계선에서 헤매고 있지 않은가? 빛나고 아름답고 능력있고 유복한 소수가 사회적 무대를 독점하고 있지만, 이들을 제외한 다수의 민중들은 고통스럽고 위태로운 삶을 살고 있지 않은가?

생존주의의 성공이 만들어낸 현(現)사회를 수많은 한국인들은, 인간다운 생존이 지극히 어렵고 심지어는 불가능한 사회로 인지하고 있다. 말하자면, 생존주의가 오히려 생존을 불가능하게 한 것이다. 생존주의가 생명이 아닌 죽음을 생산하고 있다. 이것이 생존주의의 비극적 역설이다. 그리고 이 역설이 우리로 하여금 '생존주의에 저항하는 생존주의자들'인 민중의 역량에 다시 주목해야 할 필요성을 제기하는 것이다. 민중의 생존주의는 박정희의 생존주의와 다르고, 정주영의 생존주의와 다르다. 그것은 미지의 생존주의, 다른 생존주의, 미래의 생존주의다. '욕망의 흐름 → 통치성 → 심리-레짐'으로 전환되는 사회역사적 지층화 과정에 잉여로 남아 떠도는 힘. 생존주의의 바깥을 지향하면서, 생존주의의 바깥으로 가는 출구를 뚫어내는 존재들. 유목민들처럼 생존주의적 국가의 홈 파인 공간들을 다시 매끈한 공간으로 전환시키는 전쟁기계 같은 생존주의자들(들뢰즈·가타리, 2003: 671-812). 이들이 민중이다.

우리는 아직 이 민중들의 정체를 알지 못한다. 이들은 때로 오순절 교회의 강력한 번영신학에 휘감겨 치부와 안녕을 꿈꾸는 강력한 현세적 생존주의자가 되기도 하고, 박정희 정권의 개발적 생존주의에 감응되어 반공주의적 국민으로 살아가기도 하고,

신자유주의적 경쟁주의를 체화한 채 소진된 삶을 살 수도 있다.
하지만, 그런 영토화가 이들의 주체성을 완벽하게 생존주의라는
지층에 가두어 놓지 못한다. 민중은 탈지층화하고, 탈주체화한다.
생존주의의 외부를 찾아나간다. 역설적으로 민중에게 그것이 가능한
이유는, 그들이 철학적 성찰을 통해서 생존주의를 이념석으로
거부하기 때문이 아니라, 그들을 휘감은 생존욕망 그 자체가 근원적인
탈주가능성, 탈주체화와 탈영토화의 힘을 내포하고 있기 때문일지도
모른다. 한국 모더니티의 참된 비밀은 사실 박정희 정권이 추진했던
'생존주의적 통치성'의 논리나 정주영이 보여준 독특한 '자본주의
정신'에서 발견되는 것이 아니라, 이처럼 민중들이 육성하고 실천하고
보여준 일종의 미지의 생존주의에서 찾아져야 한다.

VI. 마치며

한국 근대성에 대한 탐구는 사회학과 한국학이라는 두 얼굴을 가진
야누스여야 한다. 서바이벌리스트 모더니티 테제가 취하는 학문적
스탠스가 바로 이것이다. 그것이 사회학이어야 하는 이유는 한국
모더니티의 탐구가 그 역사적 '발생(genesis)' 지점을 묻는 것이
아니라 (앞에서 원용한 벤야민의 고고학적 방법에서처럼), 우리
사회가 지금 싸우고 있는 문제들의 '기원(origin)'을 묻는 연구여야
하기 때문이다. 문제의식의, 탐구의, 사유의 시발점은 과거가 아니라
현재여야 한다. 현재에서 과거로 가는 것이다. 지금 우리를 만든 과거
꿈들의 파산(覺醒史)으로부터 그 꿈들의 생산(夢想史)을 추적하는
것이다. 사회학이 역사를 다룰 때에도 사회학은 '지금'을 놓치면
생명력을 상실한다. 이것이 사회학의 운명이다. 둘째, 한국 근대성에

대한 탐구가 한국학이어야 하는 것은 그것이 한국인들의 삶에
대한 '증언'이어야 하기 때문이다. 한국은 서구의 팽창 과정에서
고통스러운 식민화와 전쟁을 겪었다. 이 참담한 삶의 상처들을
괄호에 묶고 사회학의 차갑고 형식적인 개념만으로 한국 근대성을
말하는 것은 공허하다. 한국 근대의 형태학적 변형논리가 중요한
것이 아니라 우리가 실제로 살아온 삶의 내용이 중요한 것이다.
한국인들은 무엇을 욕망하며 근대를 만들어냈는가? 이 질문이
팽팽하게 살아 있어야 한다. 체험과 마음의 역동이 개념에 녹아
들어와야 한다. 한국의 근대성 연구는 본질적으로 한국학이어야
한다. 한국적인 것의 실재에 최대한 밀착해 들어가야 한다. 생존주의
개념에는 이런 학문적 의미가 실려 있다.

1   이외에도 한국 근대에 대한 다수의 연구들이 있다. 특히 다음에 주목할 것(유선영, 2017; 한석정, 2016; 김경일, 2003, 신기욱·로빈슨 (편), 2006; 송호근, 2011; 함재봉, 2000; 나종석, 2024).

2   유교적 근대성 개념에 대한 비판으로는 다음을 볼 것(나종석, 2015).

3   사회는 건물이나, 도로, 집, 혹은 개인의 총체가 아니다. 제도나 규범이나 언어나 법체계의 총체도 아니다. 이미 시스템 형태로 굳어진 '몰적(molar)' 제도와 구조의 하부에는, 지각되지도 않고 언어화되지도 않으며 '분자적(molecular)' 수준에서 역동적으로 사회를 구성하는 심리-에너지, 즉 욕망의 흐름이 있다. 사람들 사이에서 흐르면서, 서로를 변용시키고, 행위와 실천을 촉발하여, 리얼리티에 차이를 가져오게 하는 정동들이 그것이다(타르드, 2012: 200-9). 사회적 리얼리티는 이런 미분적, 미세지각적, 분자적 변화들을 통해서 끊임없이 변화해간다. 예를 들어, "어떤 농민이 남프랑스의 어떤 지역에서 이웃의 지주에게 인사를 하지 않기 시작"하는 순간 이미 혁명은 발생한 것이다(들뢰즈·가타리, 2003: 412). 지금 우리 눈에 견고하고 변화시킬 수 없는 것처럼 보이는 제도와 구조와 현실은 이러한 미시적 흐름들이 취하는 최종형태에 불과하다.

4   들뢰즈와 가타리의 분열분석적 존재론에서 지층과 지층화의 개념은 중요한 의미를 지닌다. 『천개의 고원』에서 지층은 존재자들(어셈블리지들)이 취하게 되는 고정되고 안정화된 상태를 지칭한다. 좀 더 기술적으로 정의하면 지층은 "평형에 가까워진 상태에서 작동하는 균질화된 구성요소들로 이뤄진 현행화된 시스템"을 가리킨다(Bonta & Protevi, 2004: 150).

5   딘(Mitchell Dean)은 이 개념을 좀 더 구체적으로 다음과 같이 풀어낸다. "통치성은 어느 정도 계산된 합리적 활동으로서, 다수의 단체나 에이전시(agencies)에 의해 수행된다. 통치성이 시도하는 것은 이것이다. 즉, 다양한 테크닉과 지식을 사용하여, 여러 행위자들의 욕망, 열망, 이해, 관심, 믿음을 통해 작용하여 행동(conduct)을 주조하는 것이다"(Dean, 1999: 18).

6   1970년대 후반에 콜레주 드 프랑스에서 행해진 일련의 강의에서 푸코는
     자유주의적 통치성과 신자유주의적 통치성을 집중적으로 분석한다.
     전자는 18세기 후반에 성립되어 시장을 통해 인간 행위를 통솔하는 독창적
     가능성을 이론화한다(가령 애덤 스미스). 20세기 미국 시카고학파의
     신자유주의는 기업운영원리를 개인의 행위통솔에 적용한 대표적
     실례를 이룬다. 정리하자면, 푸코는 서구 근대의 가장 유력하고 강력했던
     통치성으로 (신)자유주의적 통치성을, 가장 대표적인 주체 형식을 호모
     에코노미쿠스에서 발견하고 있는 것이다. 푸코에 의하면, 사회주의는 '통치
     합리성'을 창출하지 못했다(Foucault, 2004b: 93-95).

7   2014년의 논문 "마음의 사회학을 이론화하기"에서 나는 이처럼 사회적인
     것과 심리적인 것을 교차시키면서, 일종의 심리사회적 연구(psychosocial
     studies)의 가능성을 실험한 적이 있다. 이 연구에서 정립한 세 가지의 중요한
     개념이 있다. 첫째가 마음(heart). 둘째, 마음가짐(heartset). 셋째, 마음의
     레짐(regime of the heart)다. 우선, 마음은 "사회적 실천들을 발생시키며,
     그 실천을 통해 작동(생산, 표현, 사용, 소통)하며, 그 실천의 효과를 통해
     항상적으로 재구성되는, 인지적/정서적/의지적 행위능력의 원천"이라고
     정의되었다(김홍중, 2014: 184). 마음가짐은 "마음의 작동을 규정하는
     공유된 규범과 규칙의 총체"로, 그리고 마음의 레짐은 "마음의 작동과
     마음가짐의 형성을 가능하게 하고 조건짓는 사회적 실정성들의 배치"로
     정의되었다(김홍중, 2014: 184-5). 이 글에서는 2014년 논문의 용어들을
     다음과 같이 조정한다. 즉, '마음'은 '심리(psyche)'로, '마음가짐'은 '심리-
     도식'으로, 그리고 '마음의 레짐'은 '심리-레짐'으로 일관적으로 변경하여
     사용한다.

8   심리-도식의 대표적 실례가 바로 '감정 규칙들'이다. 우리가 감정을 사용하고,
     표현하고, 통제하는 것은 심리-도식의 규제를 따른다. 뒤르케임은 장례식에서
     우리가 어떻게 감정을 처리하는지를 보여준다. "한 가지 중요한 사실은
     불변이다. 그것은 장례식이 개인감정의 자발적 표현이 아니라는 것이다.
     (…) 사람들은 단지 슬퍼서가 아니라 그렇게 하도록 강요당하기 때문에 우는
     것이다. 그것은 사람들이 관습을 존중하기 때문에 적응해야만 하는 의례적인
     태도이다. 그러나 이것은 대개 개인의 감정 상태와는 무관하다. (…) 따라서
     관례에 따르기 위해서, 사람들은 때로 인위적인 방법에 의하여 억지로 눈물을
     흘려야만 한다"(뒤르케임, 1992: 546-7).

9   이 장의 논의는 필자가 쓴 "성찰적 노스탤지어"의 다음 부분에 기초하여 수정,
     보완하였다(김홍중, 2015c: 59-63).

10 생존주의는 이런 관점에서 카스텔스(Manuel Castells)가 동아시아
    발전국가들(남한, 홍콩, 싱가포르, 타이완)의 정책을 결정하는 요소로
    지적했던 "생존정치(politics of survival)"(Castells, 1992: 52-53), 혹은
    클래팜(Christopher Clapham)이 아프리카 국가들을 대상으로 사용했던
    "국가생존 정치(politics of state survival)"(Clapham, 1996: 3-14)와 깊은
    연관을 갖는다.

11 '만국공법'이라는 용어는 중국의 서양학술 전습기관인 북경동문관을
    통괄하던 마틴(William A. P. Martin)이 휘튼(Henry Wheaton)의
    『국제법요강(Elements of International Law)』(1836)을 1864년에
    『만국공법』으로 한역(漢譯)한 것이 그 최초의 용례로서, 청일 전쟁 이후
    동아시아 전역에 퍼져나간다. 만국공법의 질서는 모든 국가가 준수해야 할
    국제사회의 규범으로 소개되었으나 실제로는 "국력에 따라 지배, 복종관계가
    결정되는 약육강식의 세계"에 다름 아니었다(야마무로 신이치, 2010: 22,
    27-28. 김용구, 2014: 57-77).

12 외환위기는 단순한 경제위기로 간주되었던 것이 아니라 경제 '주권'의
    상실이자 제2의 국망으로 인지되었다. 그래서 금모으기와 같은 심리적
    동원이 가능했다. 또한 아직도 분단 모순이 해소되지 않은 상황에서 냉전적
    생존주의의 의미론 역시 소멸되지 않은 채 효력을 발휘하는데, 이는 특히
    정치와 안보의 영역에서 그러하다. 이런 관점에서 보면, 1894년 체제, 1950년
    체제, 2007년 체제의 세 레짐은 앞선 것이 뒤의 것으로 대체되고 극복되지
    못한 채 항존하는 방식, 즉 근본모순이 변주되며, 차이를 가진 채로 반복되는
    역동을 보인다.

13 한국사회의 문화적 문법에 대한 탁월한 연구에서 정수복은 유교와 무교가
    한국사회에서 어떻게 결합하여(그는 이를 "무교-유교 결합체"라고 부른다)
    문화적으로 기능해 왔는지를 분석하고 있다(정수복, 2012: 329-32). 한편,
    조선시대의 무교와 유교의 대립에 대한 흥미로운 연구로는 한승훈의 저서가
    있다(한승훈, 2021). 2014년의 논문에서 나는 한국 근대의 생존주의적
    특징들이 샤머니즘과 갖고 있는 유사성을 분석한 바 있다(Kim, 2014:
    51-54).

14 다른 형태이기는 하지만, 이런 관점은 현대 사회생물학에서도
    발견된다(도킨스, 2018). 이에 관해서는 다음을 볼 것(최정균, 2024).

15   흥미로운 것은 서바이벌리즘의 심화와 성공이 역설적으로 그 기반을
     허무는 탈(脫)-생존주의나 반(反)-생존주의를 지향하는 사회그룹, 사고,
     가치, 이념과 상상계를 생산했다는 역설이다. 가령, 생존주의의 문법이
     가장 가시적인 성공을 이루어 낸 1970년대 한국사회는 산업화를 넘어서는
     민주화의 거센 흐름의 시작을 목도한다. 생존주의가 동원한 절박한 에너지로
     근대화된 세계에서 태어난 새로운 세대는, 인간 실존을 생존으로 환원시켜,
     모든 중대한 가치들을 미래로 유예하는 생존주의 논리에 저항했으며, 그것을
     넘어서는 새로운 가치들을 추구했다.

4장

생존주의적 통치성과
근대의 꿈 -
박정희를 중심으로

I. 근대라는 꿈

서구 모더니티에 대한 문화적 탐색 중 가장 독특한 작업은 벤야민(Walter Benjamin)이 시도했던 '꿈의 고고학'이다(고지현, 2007). 유고 형태로 오랜 기간 세상의 빛을 보지 못하다가 1980년대에 비로소 출판된 『아케이드 프로젝트』는 '꿈의 고고학'의 전모를 드러내는 인상적인 흔적들로 가득하다.[1] 프랑스 역사학자 미슐레(Jules Michelet)의 "모든 시대는 다음 시대를 꿈꾼다"는 명제를 지도 원리로 삼아, 벤야민은 19세기의 수도 파리를 배경으로 다양한 환몽과 유토피아의 징후들을 섬세하게 발굴해 나간다(벤야민, 2005: 93).

그런데, 꿈의 고고학이라는 이 발상은 벤야민이 참조하는 맑스주의적 역사유물론을 불가피하게 굴절시킨다. 왜냐하면, 몽상을 상부구조적 현상(허위의식)으로 보는 역사적 유물론과 달리, 벤야민은 인간의 몽상력(夢想力)을 역사의 주된 동력의 하나로 간주하고 있기 때문이다. 벤야민은 묻는다. 유럽 모더니티 역시 하나의 꿈이 아니었던가? 자본주의라는 것도 몽환적 요소들을 내포하고 있지 않은가?[2] 파리의 아케이드에는 얼마나 많은 꿈의 편린들이 흩어져 있는가? 도시의 건축물들, 기차역들, 온천, 박물관들, 그리고 파리의 거리와 군중들, 만국박람회장은 얼마나 몽상적이고 신화적이었던가? 현실과 역사는 집합체가 만들어내는 미래의 꿈들과 얼마나 밀접하게 연결되어 있는가?(김홍중, 2015a) 요컨대 꿈은 역사를 움직이는 생산력이 아닌가?

흥미롭게도 벤야민이 이 작업을 수행했던 시기(1927-1940년)는 정확히 파시즘, 홀로코스트, 세계대전 같은 재앙들이 발생하여, 유럽 모더니티의 낙관주의가 처절하게 훼손된 "어둠의 시대"였다(Arendt, 1970). "19세기의 기원사(Urgeschichte)"라는 이름으로 기획된 꿈의 역사학은 정작 19세기 유럽의 꿈들이 다 환멸로 귀결하는 것을 목도한 20세기적 인간의 휘둥그레진 두 눈을 통해 이뤄진 것이다(벤야민, 2005: 1057). 이것이 바로 '꿈과 깨어남의 변증법'이다. "변증법에 대한 참으로 독특한 경험이 있다. (⋯) 바로 꿈에서 깨어나는 것이다. 중국인들은 종종 민담이나 소설에서 이러한 과정의 근저에 놓여 있는 변증법적인 도식을 극히 적절하게 표현해왔다. 역사를 연구하는 새로운 변증법적 방법은 현재를 깨어 있는 세계(⋯)로 경험하기 위한 기법이다. 과거에 존재했던 것을 꿈의 상기를 통해 철저하게 경험하는 것(durchmachen)!"(벤야민, 2005: 907).

벤야민의 몽상사(夢想史)는 이렇게 각성사(覺醒史)로 이어진다. 꿈은 찬란한 유토피아지만, 그것이 부서질 때 비로소 유토피아가 숨기고 있던 디스토피아적 양상들이 나타난다. 몽상의 역사가 꿈의 내용들을 기술한다면, 각성의 역사는 꿈의 어둡고 아이러니한 실패들을 직관한다. 디스토피아의 참혹성을 직시함으로써 과거의 꿈과 결별할 수 있는 가능성을 주는 것이다. 꿈의 고고학을 통해 드러난 과거의 꿈, 지나간 세대의 꿈, 선조의 꿈, 아버지의 꿈은 이제 더 이상 우리를 움직이지 못한다. 벤야민에게 근대란 그런 것이었다. 포스트모더니즘이 등장하기 훨씬 전에 벤야민은 서구 근대에 대한 가장 가혹한 시선을 던지고 있었다. 사상이나 이념이 아니라 꿈이 폐기될 때, 한 시대는 종언을 고한다. 그렇게 한 시대가 종언을 고할 때, 비로소 우리는 다음 시대로 나아갈 수 있다. 근대는 끝났다.

나는 벤야민의 이 작업이 서구뿐 아니라 비서구 모더니티에
대한 탐구에 큰 영감을 준다고 생각한다. 이는 다음의 두 가지
통찰에서 나온다. 첫째는 모더니티를 '꿈'으로 간주한다는 발상
그 자체가 야기하는 지적 충격이다. 우리는 언제나 근대를 비장한
거대 서사 속에서 이해해 왔다. 역사이성의 자기실현(헤겔), 비극적
합리화(베버), 미완의 계몽 프로젝트(하버마스), 혹은 계몽의
에토스(푸코). 하지만, 벤야민은 저 숭고한 이미지를 해체한다.
근대성은 역사이성이 아니라, 작은 꿈들에서 발원한 것이다. 수많은
근대성들이, 수많은 꿈들이, 수많은 모더니티의 몽상들이 유럽이
아닌 다른 지역들에도 흩어져 있다.

둘째, 꿈의 역사는 인식론적 혁신을 요청한다. 벤야민은
과거가 이미 고정되고 굳어진, 변화 불능의 사태라고 보지
않았다. 과거는 현재의 사건이 불러일으킨 충격에 의해 새로운
이미지들을 방출하는 만화경과 같다.3 특히 꿈의 역사가 다루는
과거는 (각성의 순간 생산된) 파편과 징후로 부스러진 채 우리
앞에 던져진다. 벤야민의 방법은 시대적 꿈의 내용을 풍부하게
담고 있는 특권적 대상인 모나드(monad)에 집중하는 일종의
'단자론(monadology)'이다(Benjamin, 2009: 47-48). 여기서
모나드는 한 편의 작품이나 한 명의 작가일 수 있으며, 건축물,
이미지나 장소, 혹은 강력한 힘을 발휘했던 한 인간일 수도 있다.
이들 특권적 케이스들은 자신들이 구현하는 시대적 몽상의 대표적
'표현물'로서 집중적 해독의 대상이 된다(벤야민, 2005: 913-4).

이 두 가지 통찰을 나는 한국 모더니티의 탐색에 적용한다. 우선,
한국의 근대성에 대한 사회심리적 접근을 시도한다. 그것은 근대를

끌고 간 집합 열망, 신화, 상상계, 욕망을 탐구하는 것이다. 우리
사회가 어떤 꿈을 품고 여기에 이르렀으며, 어떤 언어와 이미지와
논리로 그 꿈을 표현했는지를 질문하는 것은 한국 근대성 연구의
중요한 테마를 이룬다(김홍중, 2015a).

주지하듯, 우리는 현기증 나는 변화를 겪어낸 사회를 산다.
1960년대 이후 자본주의적 산업화를 체험했고, 1980년대에는
민주화를 겪었으며, 1997년 이후에는 신자유주의적 세계화의 물결에
휩쓸려 있다. 상이한 시대들, 상이한 정신들, 상이한 가치들과 꿈들이
한 인간에, 한 세대에, 한 그룹의 행위자들에 내적으로 공존한다.
말하자면, 많은 한국인들은 발전주의자이며, 민주주의자이며,
동시에 신자유주의자다. 자신의 삶에서는 발전을 꿈꾸며, 자신의
권리는 민주주의적으로 주장하고, 자식들은 신자유주의적으로
교육한다. 어떤 점에서는 지독하게 경쟁적이며, 다른 점에서는 평등
지향적인 사고방식을 갖고 있으며, 내심 은밀하게 여전히 개발과
발전을 욕망한다. 이러한 분열증적 다각성은 한국적인 것의 중요한
특성이다.

거기에는 매력도, 위험도, 피로도 있다. 이 복합성, 모순성, 유연성이
이른바 'K-컬처'에 짙게 배어 있다. 우리는 빠른 적응, 빠른 발전,
빠른 포기, 빠른 변형에 능하며, 그런 생존의 고단한 고투를
겪어내면서, 도태된 수많은 약자들을 또 빠르게 망각하며, 자신은
이 광기 어린 속도의 대열에서 낙오되지 않기 위해 분투하면서, 지금
여기에 이르렀다. 하지만 지금 '여기'란 과연 어디인가? 한국사회의
21세기는 과연 어떤 시대인가? 근대가 꿈이라면, 우리는 그 꿈에서
진실로 깨어났는가? 우리는 발전과 민주주의와 신자유주의 이후의

21세기적 유토피아를 발명했는가? 아니면, 여전히 근대의 잠에 빠져 있는가? 이 질문들은 우리에게 박정희라는 강력한 몽상가를 돌아보게 한다. 어떤 문제, 어떤 상처, 어떤 욕망, 어떤 사상이 그로 하여금 그러한 '근대성'을 꿈꾸게 하였는가? 박정희의 근대에 대한 꿈의 실체는 무엇이었는가?

Ⅱ. 박정희라는 케이스

1. 비상상황(非常狀況)

벤야민이 보여주었듯, 유럽 근대는 진보의 꿈이라는 엔진으로 가동되었다. 팽창의 꿈, 문명의 꿈, 해방의 꿈. 더 나은 미래는 그들에게 믿음의 대상이었다. 이런 이유로, 서구 모더니티의 아카이브는 기술적, 혁명적, 공상적 유토피아로 가득하다. 반면, 한국 모더니티를 이끈 몽상적 엔진은 저 유럽적 근대가 밀고 들어오는 과정에서 발생한 상처, 굴욕, 폭력의 자리에서 형성된다. 트라우마적 비상상황.[4] 생존위기를 타개하기 위해서, 비상상황에 던져진 인간은 자신의 존재를 하나의 생물학적 목숨으로 인식하고, 이를 유지하고 보존해야 하는 급박한 과제와 씨름한다. 이른바 '서바이벌'의 꿈이다.

존재 소멸의 위기감에서 솟아 나온 이 꿈은 한국이 근대로 진입하던 과정에서 겪은 아노미적 체험들을 모태로 한다. 19세기 후반 제국주의 질서하에서 만들어진 '만국공법 생존주의 레짐'을 시작으로, 20세기 중반에 한반도가 냉전에 휘말려 전쟁을 겪은 이후 '냉전 생존주의 레짐'이 형성된다. 이어 20세기 후반, 글로벌 신자유주의 시스템에 편입되는 과정에서 체험한 경제위기의 여파

속에서 한국사회는 '신자유주의 생존주의 레짐'으로 이행한다. 약
50년을 사이에 두고 물결처럼 반복되어 간 이 세 차례 레짐들은
다각적 차이들을 갖고 있다. 가령, 어떤 국면에서 '생존'이라는
단어는 민족의 구망(求亡)이나 국가의 존립을 의미하는 기호로
사용되었다. 하지만 20세기 후반에 이르면, 동일한 용어가 가족이나
개인의 경쟁에서의 승리, 혹은 경제적 삶에서의 최소한의 보장을
지시하기도 했다.

그런데 여기서 중요한 것은 생존의 '단위'나 '의미'가
무엇이냐가 아니라, 생존이 문제가 되는 비상상황 그 자체의
경험적 강도와 물질성이다. 비상상황에서 인간은 자신에게
부과된 '불안정성'이 자신의 행위능력을 초과하면서, 존재가
파괴될 수 있다는 불안과 공포에 노출된다. 버틀러(Judith
Butler)는 두 가지 불안정성을 개념적으로 구분한다. 하나는
'실존적 불안정성(precariousness)'이며 다른 하나는 '사회적
불안정성(precarity)'이다.[5] 전자는 인간이 생물학적 존재라는
사실에서 비롯되며, 후자는 이러한 실존적 취약성을 타개하기
위해 만든 정치사회적 디자인의 실패가 야기하는 불안정성이다.
어떤 종류이건, 그 기원이 무엇이건, 비상상황에 휘말린 인간은
자신의 기초적 생존에 강박된다. 그는 비상상황에서 탈출하기
위해 사력(死力)을 다한다. 생존을 위한 분투가 시작된다. 이를
정식화하자면, 생존이란 비상상황이 인간에게 강제하는 특수한
생명의 형태라고 말할 수 있다.

인간은 자신이 겪은 바의 총체다. 강렬한 비상상황과 대면했던
자는, 나머지 인생 전체를 그런 경험을 가져 본 적 없는 자와는

현저히 다른 방식으로 살아가게 된다. 비상상황은 경험을 절대화한다. 경험을 망각 불가능하게 하며, 경험의 힘을 극단화한다. 한국의 20세기를 가로지른 저 세 차례의 재앙적 파동들은 한국인들의 마음에 집합적 생존불안이라는 정서적 각인을 새겼다. '서바이벌'이라는 기표는 이런 역사성과 리얼리티의 무게를 탑재하고 있다.

'서바이벌리스트 모더니티' 개념은 이러한 비상상황의 역사적 체험과 그에 기초하여 사회가 통치(건설, 구성, 조직)되어 갔던 경로, 그리고 이 과정에서 만들어진 특수한 '심리-도식(psycho-scheme)'과 '심리-레짐(psycho-regime)'을 지칭한다. 이는 한국 근대성을 탐구함에 있어서, 그것이 무엇을 성취했느냐를 묻기에 앞서서, 그것이 무엇에 대한 상처를 갖고 있느냐, 무엇을 겪었느냐를 묻는 것이다. 이런 점에서 '생존주의'는 인간 본성이나, 이데올로기, 의식형태, 혹은 사상보다 더 깊은 수준에서 인간들을 움직여간 절박한 '꿈'이다. 정치는 이 '꿈'을 통치성 논리로 전환시켰다.[6] 생존의 꿈은 20세기 중반 다수의 한국인들에게 최상급의 문제였고, 이 문제를 극복할 수 있는 비전과 행위능력을 보여주는 '인물'들의 역할은 매우 중요했다.[7] 그 대표적 인물이 박정희다. 한국 근대를 꿈으로 파악할 때, 그 핵심을 이루는 '생존의 꿈'을 이해하기 위해서 박정희를 깊게 들여다보아야 하는 이유가 거기에 있다.

2. 왜 박정희인가?

일반적으로 20세기 사회과학은 예외적 '인간 행위자'보다는 구조나 시스템의 논리에 더 큰 설명력을 부여해 왔다. 특히 한국 같은 비서구 발전국가의 역사에서 정치 지도자와 엘리트의 행위능력은

별다른 고려의 대상이 되지 못했다(정윤재, 2001: 11-12). 그러나
꿈의 영역으로 들어가 보면, 우리는 거기서 민중의 욕망에 언어와
상징을 부여하여 그들을 이끌고 간 강력한 리더들을 만난다.
이들은 랜들 콜린스(Randall Collins)가 말하는 이른바 "에너지
스타"(콜린스, 2009)들이다. 타인에게 정서적 에너지를 제공하고,
그들의 욕망을 청취하고, 꿈을 조형하고, 매력적인 미래 비전을
제시하는 존재들이다. 특히 20세기 한국처럼 전후의 폐허에서
시작하여 거의 한 세대 만에 급격한 발전을 성취한 사회에서 이러한
인물 유형들은 사회학적으로 매우 중요한 의미를 지닌다.

이런 관점을 취하는 이유는 20세기 사회과학을 지배했던
구조주의적 관점을 넘어서기 위함이다. 구조라는 관념은 인간
행위를 무의식적으로 혹은 원격적으로 결정하는 힘의 시스템을
가리킨다. 그것은 사회·경제적 관계(맑스, 부르디외)이거나 심층적
마음의 질서(라캉, 레비-스트로스, 프로이트)이거나 혹은 언어,
법, 규범과 같은 상징적 질서(소쉬르, 뒤르케임)이다. 그런데, 한국
근대성을 만들어간 결정적인 요인은 서구 사회과학이 '구조'로
지칭하는 사회, 경제, 심리, 상징의 질서라기보다는 오히려 그런
질서를 끊임없이 교란시키고 변화시키기를 강요했던 일련의
'사건들'에서 발견된다.

국제질서의 변화 속에서 '난리'의 형식으로 체험된 이 사건들(국망,
식민화, 한국전쟁 혹은 외환위기)은 사회 전체를 일종이
'비상싱태'로 전환시키고, 수많은 행위자들의 삶에 결정적인 영향을
끼쳤다. 20세기 한국은 구조의 힘이 중력처럼 안정적으로 작용하는
세계라기보다는, 충격적 사건들이 지속적으로 들이닥치면서 기왕의

구조적 안정성을 동요시키고 심지어 파괴해갔던, 그러한 세계에
더 가깝다고 보여진다. 비상상황에서 비상적(非常的)으로 신장된
특정 행위자들의 실천들에 주목하는 것이 한국 모더니티의 이해와
설명에 매우 중요한 의미를 띠는 이유가 거기에 있다. 박정희가 바로
그런 존재다.

그는 1917년 경상북도 구미에서 태어나, 식민지 치하에서 교육을
받고, 1937년 대구사범을 졸업한 이후, 문경소학교에 3년
동안 재직한다. 이후 1942년에 만주의 신경군관학교에 입학,
우수한 성적으로 졸업하고, 1944년에 만주군 소위로 임관한다.
해방 이후 1949년 용공 혐의로 사형선고를 받았으나 동료의
구명운동으로 풀려나, 육군본부의 정보과장을 역임하고, 1953년
준장으로 진급한다. 1961년에 군사쿠데타를 일으켜, 그해 7월
국가재건최고회의 의장직을 맡아 2년 7개월 동안 군정을 실시한다.
1963년 10월 15일 제5대 대통령 선거에서 당선되어, 제3공화국을
이끌었다. 1972년에 유신헌법을 제정하고 1979년에 암살당한다.

박정희에 대한 후대의 평가는 이념적 지형에 따라서 현저한 차이를
보인다. 하지만, 이런 차이에도 불구하고, 박정희가 집권했던 약
18년의 시간이 그 이전과 그 이후를 가르는 분수령이라는 사실에
대해서는 이견이 있기 어렵다. 박정희 시대에 형성된 "통치방식과
경제운영 시스템, 생활양식, 사고방식"의 총체(황대권, 2005:
260) 또는 그가 민(民)과 공유했던 발전 신화(임지현, 2004:
27)는 한국 모더니티의 가장 중요한 운영 프로그램의 하나였다.
뒤에서 더 자세히 이야기하겠지만, 그 프로그램의 사상적 근거가
무엇이었는지에 대해서는 다양한 논의들이 존재한다(전재호,

2000; 강정인, 2014; 손호철 외, 2003). 하지만 이 글에서 나는
생존주의 개념을 중심으로 그의 통치성을 이해하기를 제안한다.
내가 보기에, 박정희는 매우 일관적이며 선명한 통치 논리를 구사한
인물인데, 그것은 '생존'이라는 의미소(意味素)를 중심으로 한다.
'생존'은 그에게 통치 정당성과 리더십의 효율성을 보장하는 핵심
레토릭으로 활용된다. 나는 박정희가 남긴 저서들과 연설문을
분석함으로써 이를 좀 더 구체적으로 논의해 보고자 한다.

박정희의 공식 연설문집은 1965년에 대통령공보비서관실이
편찬하기 시작하여, 1966년부터 1979년까지는 대통령비서실이
편찬했다. 이 책에서 그의 연설문집을 인용할 때는 편의상 '(PCS3:
22)'처럼, 발간 호수와 페이지 수를 병기하는 방식으로 한다. 여기서
'PCS'는 Park's Collected Speeches의 약어다. 예컨대, PCS1은
1965년에 발행된 『박정희대통령연설문집 제1집』의 약호이고,
PCS14는 1978년에 발행된 『박정희대통령연설문집 제14집』의
약호다. 박정희 연설문집의 서지사항은 모두 참고문헌에 표시를 해
놓았다.

III. 생존주의적 통치성

박정희가 얼마나 생존 지향적인 인간이었는지를 보여주는 논의들이
산발적으로 존재한다. 가령, 김종태는 그의 선진국 담론이 "힘에
대한 갈망을 바탕으로 한 민족주의"의 성격을 띠고 있다는 사실을
지적하고 있고(김종태, 2013: 88-89), 김현철은 1960년대 후반에
접어들면서 박정희의 국제정치 상황에 대한 인식이 사회진화론적

우승열패의 관점으로 기울어가고 있었다는 사실을 밝힌다(김현철, 2004: 84).

그런데, 박정희 개인의 생애사적 체험으로부터 그의 국가 정책과 철학에 이르기까지 일관적으로 그를 관통하는 '생존 강박'을 예리하게 지적한 연구자는 역시 전인권이다. 2006년에 출간된 『박정희 평전』에서 그는 박정희의 삶의 여러 국면에서 일관되게 관찰되는 도저한 권력의지가 도대체 어디에서 비롯되었는지를 묻고, 그 기원을 "생존(가난)에 대한 불안과 이를 극복하려는 강력하면서도 심리적인 생존 의지"에서 찾는다(전인권, 2006: 161). 그에 의하면, 박정희는 유아기로부터 유기불안(遺棄不安), 가난, 안전과 풍요에 대한 갈망, 그리고 신체의 왜소함에 대한 콤플렉스 등에 시달렸다. 이 콤플렉스가 그에게 고질적인 "생존의 문제"를 야기한다. 따라서, 박정희에게는 "가난의 극복과 자립의 달성이 강박적일 정도로 뿌리 깊은 심리적 목표"가 된다(전인권, 2006: 15, 45).

전인권의 연구는 생존이라는 테마가 박정희 통치 스타일에 어떻게 삼투되어 들어갔는지에 대한 풍부한 암시를 제공한다. 특히, 그의 분석이 돋보이는 지점은 박정희의 유년 체험과 감수성 형성 과정에 초점을 맞추는 부분이다. 박정희가 남긴 시편(詩篇)들과 수채화 그리고 『나의 소년 시절』 같은 회고담을 분석하면서, 전인권은 그의 사고와 행동의 기저에서 "허무를 배경으로 한 행동주의"를 읽어낸다(전인권, 2006: 136-7). 무척 설득력 있는 논의임에 틀림없지만, 전인권은 이러한 통찰을 박정희의 담론 세계로 확장시키는 본격적 연구를 수행하지는 않았다. 우리는 바로 이

지점에서, 어린 박정희의 저 강렬한 '생존주의자'의 면모가 후일 정치가로서 그가 수행했던 '언술 활동' 속으로 어떻게 전개되어 갔는지를 물어야 한다. 말하자면, 여기에서 중요한 것은 그의 (생존주의적) '인격'이라기보다는 그가 구사한 (생존주의적 통치성의) '언어'다.

문정인과 전병준이 지적한 것처럼, 박정희는 "행위의 인간"일 뿐만 아니라 "아이디어의 인간"이기도 했다(Moon & Jun, 2011: 115). 하지만, 이와 동시에 그는 '언어의 인간'이었다. 박정희에게 언어는 대단히 중요한 정치적 수단이었다. 쿠데타로 정치 무대에 등장한 이래 재임 기간 18년 동안, 그는 끊임없이 지시하고, 명령하고, 권고하고, 계몽하고, 교육하고, 훈계했다. 3,201회의 지방 순시를 통해 전국을 누비고 다니며 사람들을 만났고(김우철, 2015: 36), 자신의 메시지와 사상을 표현하는 약 1,200점의 휘호(揮毫)를 전국의 주요 공간에 전시하도록 지시했다(정재경, 1991). 그가 발표한 공식 연설문은 모두 1,541개에 이르는데(구경서, 1998: 8-9), 이들을 읽어보면 우리는 군인 특유의 명료하고, 정보제공적이며, 강압적이면서도, 설명적이고, 동시에 도식적인 스타일을 느끼게 된다.

그는 김대중처럼 열정적이고 유창한 선동가 유형이 아니라, 조용하고 침착하게 대중을 설득하는 카리스마적 발화자였다. 그의 연설문들은 박정희 체제가 구상하고 기획하고 꿈꾼 세계가 무엇인지를 생생하게 보여준다. 대통령의 연설은 관료, 정치가, 언론인, 교사, 군인, 기업가 등의 매개 집단을 거쳐 증폭, 확장, 적용, 실현되면서 한국사회의 리얼리티를 조형해 간 일종의

화용론적 '언표(énoncé)'들인 것이다. 이런 점에서 그의 연설문들은
그가 한국사회를 어떤 사회로 변화시켜 가고자 했는지, 그가
한국인들을 어떤 존재로 주체화하기를 욕망했는지, 그러한 자신의
통치성의 원리를 어떻게 정당화하고 서사했는지를 명확하게
보여주는 매뉴얼과도 같은 가치를 갖는다.

이제까지 다수의 연구들은 박정희 통치 담론의 분석을 통해 그의
지배 이데올로기가 무엇이었는지를 탐구했는데, 그들이 발견한 것은
대개 국가주의, 민족주의, 반공주의, 권위주의, 군사주의, 발전주의
같은 사상 형태들이다(이우영, 1991; 강정인, 2014; 황병주, 2008;
전재호, 1997). 그러나 나는 박정희 사상을 이루는 저 다양한
형태들을 '메타적으로' 통합시키는 서사적, 이념적, 정치적 논리가
존재한다고 주장한다. 그것이 바로 생존주의다.[8]

실제로 우리는 박정희의 연설문과 그가 남긴 저술에서 놀라울
정도로 일관적인 사고패턴을 발견할 수 있다. 마치 강박증
환자의 끝없이 반복되는 담화에서처럼, 생존과 연관된 테마들은
박정희의 언어 공간에 지속적으로 출현하고 회귀한다. 생존주의는
박정희 통치성의 지배적 논리이자 최상급의 이념으로 여겨진다.
그는 노골적이고, 단호하고, 확신에 가득 찬 어조로 당대
한국, 한국인들의 중심 문제를 '생존'으로 환원시켰고, 이에
기초하여 자신의 통치 논리를 정립해 갔다. 박정희의 통치는
생명정치(biopolitics)도 죽음정치(necropolitics)도 아닌
생존정치다. 거의 절대적인 가치가 '생존'에 부여되고 있다. 그의
연설문의 독해를 통해 나는 이러한 박정희식 생존주의적 통치
논리를 다음과 같은 다이어그램으로 압축하여 제시하고자 한다.

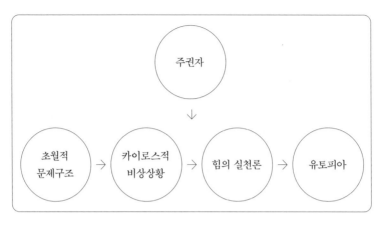

그림 _ 생존주의적 통치성의 논리

위의 다이어그램은 구조론, 시간론, 실천론, 지도자론으로 이루어져
있으며, 그 네 가지 요소는 각각 초월적 문제구조, 카이로스적
비상상황, 주권자의 개입, 힘의 실천론과 조응한다. 그 의미를
하나씩 살펴보자.

첫째, 구조론은 생존 문제가 발생하게 되는 인간-초월적 역사
구조의 불가항력에 대한 박정희의 인식 체계다. 박정희가 바라보는
인간의 삶이란, 원하지도 행하지도 않았지만, 출생에 의해서
자신에게 저절로 부과되어 있는 '초월적 문제구조'의 강제력
아래 펼쳐져 가는 무엇이다. 한국인들에게 이 초월적 문제구조는
한반도라는 지정학적 상황과 냉전이라는 역사적 상황을 핵심으로
한다. 지리와 역사의 초월성, 혹은 그 초월성이 발휘하는 불가항력적
성격은 박정희 생존주의 논리의 시발점을 이룬다.

둘째, 시간론은 이러한 초월적 구조 아래 살아가는 인간에게 부과된
'카이로스적 비상상황'에 대한 인식이다. 환언하면, 해결해야 하는

문제의 심각성 속에서, 행위자의 삶의 시간은 무사태평한 시계의 시간, 기계적으로 흘러가는 양화(量化)된 시간으로부터 질적으로 변화된 특수한 국면으로 변화한다. 절박성과 위급성이 지배하는 이 비상상황은 한편으로는 위협적이지만 다른 한편으로는 독특한 기회를 제공하기도 한다.

셋째, 바로 이 시간의 형질 변화 논리로 인해 박정희 특유의 실천론이 등장할 수 있다. 즉, 압도적 구조의 힘에 노출된 행위자는, 생사의 기로를 가르는 비상상황 속에서 무엇을 해야 하는가? 무엇을 할 수 있는가? 여기서 그는 생존이라는 절대가치를 실현하기 위한 행위, 실천, 감행(敢行)을 요청한다. 죽음, 소멸, 멸망, 쇠락, 고통을 앞에 두고 시급히 움직여야 한다는 것이다. 생존을 향한 극한의 분투를 향한 결단이 그것이다. 그렇다면 무엇을 향한 결단인가? 해답은 힘(力)이다. 모든 문제의 해결책은 결국 힘이다. 박정희의 실천론은 궁극적으로 '힘의 실천론'을 향한다.

넷째, 그렇다면 불가항력적 힘을 발휘하는 초월적 역사 구조와 인간 행위자의 실천 사이에 존재하는 근본적 간극은 그렇다면 어떻게 해결될 수 있는가? 즉, 구조가 인간을 압도하는 상황에서 인간 행위자는 어떻게 힘의 실천을 수행할 수 있는가? 그 실천은 어떻게 성공할 수 있는가? 박정희는 이른바 '지도자'의 이론을 통해 이 질문에 답한다. 실천의 가능성은 지도자의 주권적 선택과 영도(領導)에 있다. 주권자가 비상상황 속에 빠져 있는 국가/민족에 개입한다. 박정희 통치 논리의 문제적 성격이 이것이다. 후일 이 논리는 유신헌법으로 구체화된다.

요컨대, 그가 형성시킨 생존주의적 통치성은 다음과 같이 요약될
수 있다. 국가와 민족이 마주한 '초월적 문제구조'와 '비상상황적
카이로스'에 대한 냉정한 인식과 주권적 지도자의 개입을 통해, 힘을
통한 생존을 추구하는 주체들이 위기를 타개해 나간다는 것이다.
위의 다이어그램은 박정희가 발명한 (들뢰즈와 가타리의 용어를
빌려 말하자면) 생존주의 '추상기계(abstract machine)'라고 말할
수 있다.[9] 이 추상기계는 국가를 이루는 수많은 어셈블리지들,
장치들, 인적 네트워크와 물질적 연결망들의 원리로 이해할 수
있다. 실제로 그가 통치하던 시기, 한국사회의 군대, 공장, 학교,
마을, 교회, 가족 등의 단위들에서는, 생존주의 추상기계의 작동
원리에 부합하는 조직과 실천과 동원이 집중적으로 이뤄졌다. 달리
말하자면, 박정희 시대는 생존주의 기계들이 창안되고, 조립되고,
작동하며, 욕망의 모든 흐름을 생존주의적 공리계로 수렴시키고자
했던 폭력적 시도들로 특징지어진다고 이야기할 수 있다.

IV. 네 가지 공리들

1. 초월적 문제구조론

박정희의 통치 서사는 "냉전 시기 한반도에서 살아간다는 것이
무엇을 의미하는가?"라는 질문을 출발점으로 한다. 말하자면,
소박한 의미의 존재론적 물음이 거기에 있다. 그의 해답은 운명적
불안정성이다. 모든 이야기는 거기서 시작된다. 박정희에게
운명적 불안정성은 두 가지 구체적 차원을 갖는다. 하나는
강대국에 둘러싸인 한반도라는 위치성, 즉 지정학(地政學) 또는
지경학(地經學)적 구조다. 다른 하나는 무기력했던 조상으로부터

상속받은 빈곤과 가난, 즉 민족의 역사다. 분리할 수 없는 방식으로
중첩된 이 두 구조는 20세기 중반 한국인들의 삶을 '선험적으로'
규정하는 강제력으로 인식되고 있다.

우선 역사의 관점에서 보면, 박정희는 1960년대 초반부터 한국의
과거에 대하여 가혹할 정도의 비판적 평가를 제출해왔다.[10]
박정희는 "민족생존의 투쟁사"(PCS12: 193)라는 각도에서 역사를
조망하는데, 이때 다른 무엇보다 더 큰 심각성 속에서 부각되는
이야기가 바로 망국과 수난의 역사다.『우리 민족의 나아갈 길』에서
그는 "망조든 나라의 역사, 혼돈의 역사, 실패의 기록"(박정희,
2005a: 99)을 개탄하며 "슬픔과 굴욕만이 있던 우리의 과거사"에
분노한다(박정희, 2005a: 168). 그는 주권 상실에 대한 울분을
감추지 않으며, 그 원인을 지배계급의 무기력과 무능력에서
찾는다.『국가와 혁명과 나』(1963)에는 "퇴영과 조잡과 침체의
연쇄사"(박정희, 2005b: 385), "외세의 강압과 정복의 반복 밑에
생활 아닌 생존을 영위"해 온 역사(박정희, 2005b: 386)라는
표현이 등장한다. 패망에 이른 치욕스런 과거는 박정희에게
한국인들의 어깨에 올려진 '부정적 유산'으로 여겨지고 있으며, 이는
한국사회의 저발전과 고통의 원인으로 지목된다.

그런데 흥미롭게도 그가 이런 역사의 배후에서 읽어내는 것은
'지리(地理)'의 규정력이다(김정렴, 1997: 84-85). 그는 쓴다.
"우리의 역사가 만일 고되고 어려운 고비의 역사이며 침략을
당해온 역사라면, **그것은 우리의 지정학적인 위치에서 그것이
결정되어 있었을 것이다.** (…) 우리의 지정학적인 위치를 펴놓고
살펴보면, 한반도는 세 곳에서 다가오는 세 가지 큰 세력 앞에

언제나 둘러싸여 있었음을 알 수 있다. 바꾸어 말하면 서쪽에는 중국, 북쪽에는 소련 및 만주, 동쪽에는 일본이 바로 그것이라 할 수 있다. (…) 바로 이것이 **역사상에 나타난 한국인의 위치였다**"(박정희, 2005a: 105-7. 강조는 저자).

이런 인식은 그의 연설문에서 더욱 도드라진다. 예컨대, 그가 남긴 다수의 담화들은 대개 '국제 정세'를 언급하거나, 운명공동체로서의 '한민족'이 처해 있는 객관적 상황을 환기시키면서 시작하는 경우가 많은데, 이 언급들 속에서 다음의 두 가지 사항이 반복적으로 제시된다. 첫째, 국제 정세는 일개 약소국에 불과한 한국의 힘으로 변화시킬 수 없는, 이미 주어진 규정적 환경이라는 것. 환언하면, 국제정치는 일종의 자연 상태라는 것. 둘째, 특히 냉전적 국제 정세는 한민족이 처한 생존 위협 상태를 '선험적으로' 결정한다는 것.

> "지금 우리의 북쪽, 서쪽, 동쪽의 그 어느 곳을 보나, **생존을 건 치열한 경쟁**이 벌어지고 있으며, 국내적으로는 자립경제달성을 위한 힘겨운 시련을 이겨나가는 과정에 있는 것입니다"(PCS1: 354. 강조는 저자).

> "지금 우리는 치열한 경쟁과 놀라운 변화와 무한한 발전을 거듭하는 국제사회 속에서 살고 있습니다. **우승열패(優勝劣敗)하고 적자생존(適者生存)하는 생존경쟁이 그 어느 때보다도 준엄한 국제환경**속에 살고 있는 것입니다"(PCS4: 74. 강조는 저자).

"오늘날 강대국들 틈바구니 속에서 살고 있는 이 지구상의 모든 약소국가들은 오늘날과 같이 국제 정세가 격동하고 급변하는 속에서, **그들 스스로의 생존과 독립과 평화**를 추구하고 또 그들 스스로의 진로를 개척해 나가는 데 있어서는, '그들 민족 스스로의 슬기롭고도 현명한 판단과 처신이 있어야 한다'는 문제를 우리는 생각하게 됩니다. (…) 이것은 한 민족이 생존해 나가는 데 있어서의 민족 생존의 불변의 철칙이요, 또한 철리라고 나는 생각합니다"(PCS10: 27. 강조는 저자).

"더군다나 오늘날과 같이 세계의 모든 나라들이 국가이익을 위해서는 어제의 적국을 오늘의 우방으로 삼고, 피도 눈물도 없는 **적자생존의 논리**를 내세우고 있는 냉혹한 생존경쟁의 시대에 있어서는 힘없는 민족은 세계 무대에서 영원히 낙오되고 만다는 것을 우리는 깊이 명심해야 합니다"(PCS8: 18. 강조는 저자).

"국제정치 사회에서의 '힘'은 언제나 높은 곳에서 얕은 곳으로 흐르게 마련이며, 더욱이 제국주의 시대는 거대한 몇 갈래의 조류가 '세계의 얕은 곳'을 향해서 노도와 같이 밀려들어 간 역사의 과정이 있다. 지금도 그렇지만 '세계의 얕은 곳'이란 **'힘의 진공 상태(power vacuum)'**를 의미한다. 그렇기 때문에 한 국가가 '힘의 진공상태'에 놓여 있다는 말은 강대국들의 세력 투쟁

무대가 된다는 뜻이기도 하다. 우리나라가 4천수백
년을 면면히 이어 내려오던 주권과 독립을 상실하고
예속과 정체의 먹구름 속에 휘말려 들어가지 않을 수
없었던 비운과 시련도 여기서부터 시작된다"(박정희,
2005d: 95. 강조는 저자).

박정희의 서사 속에서 당대 한국인은 "약육강식의 열강이 각축하는
분쟁의 희생"(PCS1: 122)을 겪은 약자로 나타난다. 특히 냉전
시대 남한에서 살아가는 사람들은 "능력 있는 자만이 살아남을
수 있는 냉혹한 세계"(PCS13: 91)에 던져져 있는 위태로운 삶을
사는 것으로 간주된다. 실제로 박정희는 1960년대부터 이미
사회진화론적 관점을 드러내기 시작했는데(김현철, 2004: 84),
주지하듯 그 핵심에는 힘을 통한 생존이라는 박정희 특유의
라이트모티프(Leitmotiv)가 자리 잡고 있다. 이러한 생존주의적
사고는 박정희 정치이데올로기의 좀 더 공식적 표현이라 할 수
있는 발전주의, 국가주의, 민족주의, 반공주의 같은 형태들을 상호
연결시키고, 소통시키고, 통합하는 정치철학적 근거로 작용한다. 즉,
생존주의는 왜 발전인가, 왜 국가인가, 왜 민족인가, 왜 반공인가,
왜 유신인가라는 질문에 대한 궁극적 해답을 제공한다. 우리가
발전해야 하는 이유는 명약관화하다. 발전을 통해 힘을 확보하여
'생존'하기 위해서인 것이다.[11]

2. 카이로스적 위급성
이러한 초월적 문제구조 속에 행위자들이 던져져 있을 때 그 시간은
평범하게 흘러가는 연대기적으로 "공허하고 동질적인 시간"(벤야민,
2008a: 345)이 될 수 없다. 그것은 고밀도의 긴장으로 충전된

위급성의 시간으로 변모한다. 이처럼 변화된 시간은 행위자의
결단과 실천을 요구한다. 생존주의 통치성의 두 번째 논리는
문제구조로부터 도출되어 나오는 시간의 특이성과 연관되어 있다.

사실, 이런 카이로스적 시간에 대한 인식은 5·16 쿠데타에 대한
박정희의 정당화 과정에서 이미 엿보인다. 군부의 정치개입은 최후의
비상 수단인 '외과수술'에 비유되고 있다. 민족이라는 유기체의
신체가 병들고, 치명적 질병에 빠져 있기 때문에, 군사개입은
불가피한 '수술'이었다는 것이다(박정희, 1961: 26-27; 박정희,
2005a: 167-8; PCS3: 293; PCS1: 42; PCS12: 19). 이 비유가
사용될 때마다 강조되는 것은 수술적 개입이 이루어져야 하는
시간의 비상성(非常性)이다.

공교롭게도 우리가 시간의 질적 성격을 강조하기 위해 종종
사용하는 '카이로스(kairos)'라는 그리스어 단어는 실제로 위급한
의료적 개입이 이루어져야 하는 적시(適時)를 가리켰다(Agamben,
2000: 114-5; Trédé-Boulmer, 2015). 고대 그리스 의학에서
카이로스는 환자의 질병을 치료하기 위한 가장 적합한 시점,
그러니까 의학적 개입이 이루어지지 않으면 환자가 사망할 수
있는 '최적의 시간'을 의미하는 용어였던 것이다. "인생은 짧고
예술(기예)은 길다"라는 히포크라테스의 경구 뒤에는 사실
"카이로스는 어렵다"라는 또 다른 구절이 있었다(Pigeaud, 1988:
73).

박정희는 연설을 통해 민족 전체의 시간적 현실을 사망 직전의
환자가 처해 있는 (카이로스적) 상황과 동일시하고 있다. 환자를

살리기 위해 무언가가 시도되어야 한다. 결단이 이뤄져야 하고, 그
결단은 지금 당장 결행되어야 한다. 수술이 행해져야 한다. 그렇지
않으면 사망이다. 생존의 실패다. 이러한 위급성(emergency)의
감각은 박정희 통치 논리의 알파이자 오메가다. '지금 이 순간'의
위급성은 생존 외의 어떤 문제도 사소한 것으로 만들어 버린다.
헌정적(憲政的) 변화나 국가 정책의 정당성도 이 위급성에 의존한다.
쿠데타 이후 1960년대부터 시행된 '경제개발'이 그러했으며, 유신
이후의 계엄 상태와 일련의 긴급조치도 사실 1968년 이후 북한과의
군사적 긴장이라는 비상사태적 상황에 의해 정당화되고 있었던
것이다.[12]

흥미로운 것은 이러한 카이로스적 위급성에 모종의 양가성이
부여되고 있다는 점이다. 무엇보다도 박정희에게 '지금'은 "생존과
자유에 대한 도전이 날로 격화되고 있는 중대한 시점"(PCS13: 80),
"준전시 초비상 사태"(PCS7: 61), "역사상 미증유의 난국"(PCS12:
133)이다. 지금은 "사느냐, 죽느냐, 일어서느냐, 쓰러지느냐, 겨레가
살고 죽는 판가름 길에 선 엄숙한 순간"(박정희, 2005a: 13)이다.
그런데 이러한 절체절명의 위기는 동시에 역설적인 기회를 동반한다.
박정희는 강변한다. '지금'은 '생사의 갈림길'로 주체를 끌어내어,
거기에서 도리어 민족중흥이나 근대화의 역군(役軍)이 된다는
소명을 발견할 절호의 기회이기도 하다는 것이다. 위기를 잘
극복한다면 고통스러운 현재는 "민족사의 새로운 전환점"(PCS2:
297)이 될 수 있다. "역사적 분수령"(PCS2: 319) 또는 "새 역사의
관문"(PCS3: 127)이 열릴 수 있다. 희망이 보이기 시작한다.
박정희는 이런 논리를 밀고 나간다.

"발전하는 민족으로서의 긍지와 자신과 용기를 가지고
일치단결 전진할 때는 **바로 지금**입니다. 조국의
근대화와 경제자립, 그리고 자조적인 국토통일의
그날은 하루하루 우리의 목전에 다가오고 있습니다.
바로 우리의 손이 미치는 가까운 거리로 육박해 오고
있습니다"(PCS3: 19. 강조는 저자).

"일 년–그것은 영겁 속의 한순간, 실로 짧은
순간입니다. 그러나 이 1년 동안 우리가 어떠한
자세로, 무엇을, 얼마나 이룩하느냐 하는 것은 조국의
근대화 과정에 중대하고도 결정적인 영향을 주게 될
것입니다"(PCS3: 45).

"우리 **역사상 오늘처럼 희망적인 때는 없었음을
명심**하고, 다시 없는 이 **기회**를 잡아 우리 모두가
일해야 하겠다는 결의를 새로이 가다듬는 이것이 바로
오늘의 의의를 살리는 길입니다"(PCS2: 276. 강조는
저자).

생존의 갈림길을 주재하는 카이로스적 위급성은 벤야민이 말하는
"메시아가 들어올 수도 있는 작은 문"으로의 의미론적 전환을
겪는다(벤야민, 2008a: 350). 하지만, 생존이 극단적 위기에 빠져
있고, 선험적 문제구조가 결정적이라면, 어디에서 행위의 힘이,
행위의 능력과 가능성이 나온단 말인가? '바로 지금' 혹은 '영겁
속의 한순간'에 미래가 달려 있다면, 달리 말해서 절대적 위기
상황이 희망적 미래와 연결될 수 있다면, 그 질적 도약은 도대체

어떻게 가능한 것인가?

3. 주권적 개입

이 질문과 연관해서, 박정희 통치 서사는 미묘하고 위험한,
그러나 결정적인 주인공을 내세운다. 그것이 바로 주권적 리더다.
생존위기라는 카이로스적 상황에 던져진 대중을 위기에서 끌어내어
미래를 향한 실천에 돌입하도록 하는 결정적 모멘텀을 창조하는
이 리더는, 여러 관점에서, "예외상태를 결정하는 자"(슈미트, 2010:
16)로 정의되는 칼 슈미트의 '주권자'의 풍모를 띠고 있다. 잘 알려진
것처럼, 슈미트의 주권자는 "(지금이─저자) 극한적 긴급상황인지
아닌지를 결정할 뿐 아니라, 그것을 평정하기 위해 무엇을 해야
하는지도 결정"하는 자다(슈미트, 2010: 18). 비상상태의 존재
여부와 그것을 극복할 수 있는 해답을 '결정'하는 자, 이것이 사실상
18년간 박정희가 추구했던 극단적 리더십의 핵심이다.[13]

1963년 『국가와 혁명과 나』에서 그는 5·16 군사쿠데타가
당대 한국사회를 위해 불가피하게 요청되었던 "초비상
수단"이었으며(박정희, 2005b: 314), "**법 이외의** 강력한 체제와
'힘'의 발동"이었다는 사실을 인정하고 있다(박정희, 2005b: 352.
강조는 저자). 그렇다면 이처럼 '법의 외부'에서 수행된 군사적
개입의 정당성은 어디에 있는가? 그것은 당시의 한국사회가 그러한
예외적 개입이 없다면 생존할 수 없는 '극도의 비상상황'에 처해
있었다는 쿠데타 세력의 '결정'에 기초하고 있다. 실제로 그는 5·16을
"존망의 벼랑길에서 조국과 민족을 건져낸 구국 운동"(PCS8: 244-
5)으로 자평한다. 쿠데타 이전의 한국사회는 "내일 없는 파국전야"
혹은 "완전한 무정부상태"(박정희, 2005b: 253)였다. "국가의 주권

자체가 파멸 일보 전에 있던"(박정희, 1961: 25) 이런 상황에서
수술과 같은 극단적 처방을 불가피했다는 것이다.

바로 이 맥락에서 검토되어야 하는 텍스트가 바로 5·16 쿠데타
이후 약 한 달이 지난 1961년 6월 16일에 출판된 소책자인
『지도자도(指導者道)』다. 1961년 6월 27일과 28일 이틀에 걸쳐
《조선일보》에 연재되기도 하는 이 짧은 문건은 "후기까지 지속된
박정희의 사상 체계를 원시적인 형태로 잘 보여주는" 텍스트로 잘
알려져 있다(전인권, 2006: 157). 여기서 그는 다음과 같이 쓰고
있다. "의사는 환자의 완전한 건강 회복을 위하여 신체활동을
일시적으로 제한할 뿐만 아니라 고통스러운 수술까지도 강요할
때가 있다. (…) 이번 군사혁명은 수술이었다. 국가가 파멸에
직면하고 국민이 주권이 비참히 유린되었을 때 여기에 일대
수술을 가하여 국가와 국민의 자유와 권리를 소생시키고자 한
것이 이번 군사혁명이다. (…) 국가가 파멸하는 순간에 처해 있을
때, (…) 국가와 민족의 수난을 피하기 위해 취해진 행위는 정당한
것이다"(박정희, 1961: 26-27).

문제는 이 수술의 불가피성을 누가 결정할 수 있느냐는 것이다. 누가
정상/예외를 결정하는가? 이 질문은 5·16부터 유신에 이르기까지
박정희 레짐을 관통하는 가장 근본적인 질문이자, 한국 근대
정치사의 핵심 질문이다. 누가 주권자인가? 대한민국 헌법은
"대한민국의 주권은 국민에게 있고, 모든 권력은 국민으로부터
나온다"고 명시하고 있다.[14] 그러나 박정희는 이 헌법 규정을
넘어서는 '실질적 주권'이라는 관념을 갖고 있었다.[15] "군사혁명은
법실증주의의 견지에서 볼 때 **현존 법질서에 대한 침범**일지도

모른다. 그러나 그것은 **법질서 이전에 있는 또 실제로 현존 법질서의 기저에 있는** 아무에게도 양보할 수 없는 국민의 기본권의 행사이며, 기본적 의무의 이행인 것이다. 이러한 관점에서 혁명은 정당성과 합법성을 가진다"(박정희, 1961: 27-28. 강조는 저자).

현행법을 넘어서는 비상사태에서 자신의 정당성을 발견하는 '초헌법적 주권자'로서 박정희는 스스로를 '생사를 초월한 자'라는 신화로 치장한다.[16] 『국가와 혁명과 나』에서 그는 5·16의 결단에 임한 자신에 관해서 "본인은 한강을 건너올 때 이미 개인적인 생사는 초월하였다"(박정희, 2005b: 313)고 진술한다. 이처럼 '목숨을 초개(草芥)처럼 버리는' 태도는 그가 군인의 삶을 묘사할 때 주로 사용한 레토릭이다(PCS3: 116). 박정희는 군인적 희생을 미학화하고 있다. "본인은 평소 한 용감한 무명의 병사가 적탄에 맞아 신음하며 그의 충성과 청춘과 꿈을 안은 채 애처롭게 숨을 거두는 '죽음'에 관해 생각해 보았습니다. (⋯) 생과 사의 극한에서 감히 사(死)를 초극(超克)하는 군인의 '죽음'은 정의와 진리를 위해 소아(小我)를 초개같이 버리는 희생정신의 극치로서 군인만이 가지는 영광된 신성한 길인 것입니다"(박정희, 2005c: 38-39).

여기서 중요한 것은 박정희가 스스로를 생존의 문제 회로에서 벗어난 유사-초월적 존재로 연출하고 있다는 점이다. 박정희는 자신에게 예외성을 부여한다. 이것은 앞서 언급한 주권적 리더의 자리에 부여되는 신화적 특권이기도 하다. 주권이 예외상태에서의 결성권이라면, 주권적 리더 역시 비상사태 속에서 생존을 규정하는 기본 코드인 생/사(生/死)로부터 벗어난 예외적 지점에 위치하고 있어야 한다. 따라서 문제가 되는 것은 박정희가 연출하는 죽음의 미학의 '연원'이나 '진실성'이 아니라 그 '효과'다. 말하자면, 죽음을 초개와 같이 여기는 냉혹할 정도의 냉담성을 과시함으로써 얻어지는 효과는 박정희의 영웅화가 아니라 그의 주권화였던 것이다.

4. 힘의 실천론

주권적 리더는 현 상태가 예외상태인지 아닌지를 결정할 뿐 아니라, 그러한 예외상태로부터 벗어나기 위해서 대중을 특수한 존재로 '주체화'하고 그들에게 행위의 비전을 제공한다. 박정희의 유토피아는 민족중흥, 근대화, 자립경제의 건설, 승공(勝共) 통일 등으로 다양하게 표현되지만 그 핵심에는 "민족 생존권"의 확보라는 부동의 목표가 자리 잡고 있었다. 이 용어는 특히 1970년대에 집중적으로 운위된다(PCS10: 97-98; PCS11: 26; PCS12: 72; PCS14: 128). 그렇다면 유토피아로 가기 위해 해야 할 일, 즉 구체적 실천론은 무엇인가? 그것은 '힘'이다. 박정희는 때로는 기능주의자의 어조로, 때로는 니체를 연상시키는 어조로 끊임없이 '힘'을 역설하였다.

> "우리에게 필요한 것은 집결된 '민족의 힘'
> 그것입니다"(PCS2: 37).

> "모든 것은 힘입니다. 힘을 길러야 하겠습니다"
> (PCS6: 141).

> "문제는 우리의 힘, 즉 국력에 달려 있는 것입니다.
> 국력이 약하면 나라가 기울고, 나라가 일어서려면
> 국력을 길러야 한다는 것은 흥망성쇠의 기복이
> 무상했던 인류 역사의 산 교훈입니다. 더군다나

오늘날과 같이 세계의 모든 나라들이 국가이익을
위해서는 어제의 적국을 오늘의 우방으로 삼고, 피도
눈물도 없는 적자생존의 논리를 내세우고 있는 냉혹한
생존 경쟁의 시대에 있어서는 힘없는 민족은 세계
무대에서 영원히 낙오되고 만다는 것을 우리는 깊이
명심해야 합니다"(PCS8: 18).

"우리의 주권을 존중받고 우리의 영토를 지키기
위해서는 무엇보다도 먼저 우리 자신의 힘, 즉
국력을 튼튼히 배양해야 하는 것입니다. 이 국력
배양이야말로 평화유지의 첨경이며 또한 그 전부인
것입니다"(PCS10: 110).

"그동안 우리도 우리의 생존을 위해서, 우리가
살기 위해서 지난 10여 년 동안 참기 어려운 것을
참아가면서, 그야말로 와신상담, 피나는 노력으로
우리의 힘을 기르고 국력을 배양해 왔습니다. 이것은
우리가 살기 위해서는 이 길밖에 없다고 믿기
때문입니다"(PCS14: 45).

"그것이 있으면 살고, 그것이 없으면 죽는 생사의 분기점"(PCS7:
165)을 결정하는 힘은 말하자면 '모든 것'이다. 힘이 있어야 생존,
번영, 미래가 가능하다. "국력의 뒷받침 없는 평화의 부르짖음은 한낱
공허한 메아리"에 불과하다(PCS9: 225; PCS9: 306; PCS13: 98).
민족에게서나 개인에게서나, 힘은 존재의 총체적 역량이다. 박정희는
냉전 상황에서 요구되는 두 가지 대표적 힘의 양태를 경제와

국방으로 파악한다. 가장 원천적인 생존을 위해 요구되는 두 요소다. "먹여놓고, 살려놓고서야 정치가 있고, 사회가 보일 것이며, 문화에 대한 여유가 있을 것이기 때문"(박정희, 2005b: 396)이라는 말은 이를 잘 표현한다. 정치, 사회, 문화는 생존에 기능적인 힘의 형태인 경제(먹이는 것)와 국방(살려놓는 것) 이후로 유예된다. 이것이 박정희식(式) 생명 정치의 요체다.

1960년대 후반부터 그는 "싸우면서 일하고, 일하면서 싸우자", 혹은 "일면건설(一面建設), 일면국방(一面國防)"(PCS5: 96; PCS6: 13; PCS8: 105; PCS10: 273) 같은 구호를 내세우면서, 경제발전과 반공을 양대 중축으로 하는 국력의 총화를 시도한다. 그는 "힘의 양성(養成)"(PCS7: 61), "힘의 배양(培養)(PCS7: 233)", "힘의 결집(結集)(PCS2: 120)"이라는 과제를 수행할 수 있는 인간 행위자의 생산을 도모한다. 생존을 위해서 힘을 추구하고, 욕망하고, 축적하는 자들, 그것이 박정희가 꿈꾼 근대 한국인이다.

> "땀을 흘려라!
> 돌아가는 기계 소리를
> 노래로 듣고 (…)
> 2등 객차에
> 프랑스 시집을 읽는
> 소녀야.
> 나는, 고운
> 네
> 손이 밉더라"(박정희, 2005b: 405).

『국가와 혁명과 나』에 실려 있는 이 시에서 박정희는 자신이
꿈꾼 주체성에 반하는 인간형을 묘사하고 있다. 그가 노골적으로
표현하는 증오심은 프랑스적인 것, 시적인 것, 문화적인 것, 아름다운
것, 피상적인 것, 그리고 부유한 것을 향해 있다. 이것은 "경제
지상, 건설 우선, 노동 지고(至高)"(박정희, 2005b: 401)의 가치로
살아가는 '생존주의자'와 극적인 대비를 이룬다.

박정희가 구상했던 근대화는 물질과 문명의 근대화라기보다는
일종의 "정신 혁명"(PCS1: 10; PCS8: 374; PCS11: 64)
혹은 "마음의 혁명"(PCS14: 56)이었다. 그는 인간을
'주지주의적(voluntaristic)' 존재로 파악하고 "주관적 정신"과
"의지의 결정성"을 중시했다(김보현, 2011: 54). 집권 이후부터
지속적으로 "정신자세"와 "마음가짐"을 강조하면서 국민
정신개조운동을 시도했고, 생활과 습관과 의식의 변화를
시도했다(신형기, 2012; 이상록, 2011). 민중의 "발전하려는
의지"(PSC7: 138)와 "잘 살아보겠다는 의욕"(PCS8: 447)을
동원하는 '마음의 통치'를 구현하고자 했다.[17] 경제개발 5개년계획,
국민교육헌장, 새마을운동은 그 대표적 사례들이다. 그는 '강한
한국'의 미래상을 제시하고, 그에 조응하는 '강한 한국인'을
만들어내고자 하였다. 그것은 생존을 위한 힘의 획득과 육성에
전력을 기울이는 건설적이고 생산적이고 명랑한 인간, 이른바 숭고한
생존주의자라는 주체성이다.

박정희가 욕망한 숭고한 생존주의사는 민족/국가라는 거대서사에
스스로를 동일시한다. 그는 삶의 어둠이나 모순이나 부정성을
응시하지 않고, 오로지 발전/건설/생산의 프로파간다를 수행하면서,

미래를 구성해 나가는 '절박한 낙관주의자'다. 그에게 비관주의, 허무주의, 멜랑콜리는 싸워야 하는 심리적 적이다. "전진에의 의욕을 좌절시키는 회의와 냉소와 부정"은 모두 거부되어야 한다(PCS4: 48).[18] 그는 '필사적으로' 낙관적이며 희망적이고 명랑하다(PCS2: 81; PCS6: 52; PCS7: 136). 긍정으로 가득 찬 채 힘의 생산적 축적에 인생을 던지는 숭고한 생존주의자. 이 박정희적 주체의 종교가 바로 '건설'과 '생산'이었다. 건설과 생산이 참된 힘이며, 그 힘의 실천을 통해 생존위기를 넘어갈 수 있다고 믿었기 때문이다. 박정희가 꾼 생존의 꿈은 이처럼 군대, 공장, 학교, 농촌으로 전파되며, 한국 발전주의 시대의 독특한 심리풍경(psychoscape)을 구축해 나간다(김영미, 2009; 이영재, 2016; 김원, 2006).

V. 마치며

역사를 꿈으로 본다는 것은 무엇을 의미하는가? 그것은 이중의 함의를 내포한다. 하나는 역사의 근원적 덧없음을 사회학적 사고 안으로 포용해 들어오는 것이다. 아무리 격렬하고, 비장하고, 숭고하고, 황홀하고, 비참했던 드라마도 오랜 시간이 지나면 몽상처럼 '지나간 현실'로 변화한다. 꿈의 리얼리티는 잔인하다. 하지만 이를 인정해야 한다. 이와 동시에 역사가 꿈이라는 것은, 사회변동이 꿈에 의해 추동된다는 것을 뜻하기도 한다. 현실은 인간의 꿈이 실현되어 간 결과물이다. 꿈은 덧없는 허상이기도 하지만 변동의 엔진이기도 하다. 꿈의 사회학은 꿈 현상에 내포된 이러한 양가성에 대한 감수성을 유지하면서, 한국 모더니티를 '생존주의'의 관점에서 다시 바라보기를 제안하는 실험적 탐구다.

우리가 살펴본 것처럼, 한국의 20세기를 관통한 지배적 꿈은
'생존의 꿈'이었다. 개인, 가족, 조직, 민족, 국가를 연합시켰던 생존의
꿈은 정치공동체와 삶의 기본적 가능성을 위협받았던 비상상황의
체험 속에서 한국인들의 육체와 마음에 새겨진 꿈이다. 그것은
비판되지 않는다. 꿈은 이데올로기가 아니다. 의식이 아니다. 지식도
아니다. 꿈이 생산되는 지점은 인간의 살(肉)과 무의식에 박혀 있는
흔적들, 무늬들, 상처들이다. 그것들이 존속하는 한, 꿈은 사라지지
않는다. 말하자면, 꿈의 소멸은 비판이 아닌 파상(破像)을 통해서
일어난다. 파상 속에서만 꿈의 효력은 사라지고, 오직 그때 비로소
꿈은 기억의 폐허 속으로 부서져 내릴 것이다.

박정희의 꿈은 20세기 중반 이후 한국사회의 강력한 청사진으로
작용하였고, 민주화를 거치면서 망각되었다가, 세계화의 시대에
유령처럼 부활한 바 있다. 꿈은 어떻게 소멸하는가? 혹은 꿈은
왜 부활하는가? 한국의 21세기에 박정희의 꿈은 얼마나 강인한
네트워크를 이루며 잔존하는가? 아니면 유령처럼 실효성을 상실한
채 소멸해 가고 있는가? 우리는 박정희의 꿈을 파상(破像)하고
새로운 "몽상구성체(夢想構成體)"(김홍중, 2015a: 57)를 창설하는
데 성공했는가? 아니면, 우리는 여전히 박정희의 꿈 바깥으로 가는
출구를 찾지 못한 채, 그 안에 갇혀 있는가?

보론 I. 서커스 통치성

1975년 5월 13일부터 1979년 10월 26일까지 이어진 '긴급조치 9호 시대'는 유신체제의 폭력성이 최고조에 달했던 동시에 박정희 통치에 대한 저항이 정점으로 치달아간 때이기도 하다. 말하자면 그 4년 남짓한 시간은 박정희의 꿈과 저항의 꿈이 충돌한 시기다. 당대 문화의 스크린에는 이 두 힘의 충돌 과정에서 만들어진 징후들이 투사되었다. 조세희의 '난장이', 추송웅의 '빨간 피터', 공옥진의 '병신', 하길종의 '바보'가 그들이다. 이 형상들이 어떻게 긴급조치 9호 시대의 문화적 스크린에 등장하게 되었는가?

조세희(1942-2022)는 1965년 《경향신문》 신춘문예에 〈돛대 없는 장선(葬船)〉이 당선된 이후 10년간 글을 쓰지 않았다. 이 침묵의 시기에 쓰여진 『난장이가 쏘아올린 작은 공』은 1970년대 한국 소설의 가장 빛나는 성취로 기억되고 있다. 그런데 이 소설의 집필 시기가 긴급조치 9호 시대와 거의 일치한다. 1975년에 조세희는 〈칼날〉을 쓰고, 1976년에 〈뫼비우스의 띠〉, 〈우주여행〉, 〈난장이가 쏘아올린 작은 공〉을 쓴다. 1977년에는 〈육교 위에서〉, 〈궤도 회전〉, 〈은강 노동 가족의 생계비〉, 〈잘못은 신에게도 있다〉를 발표하고, 1978년에 〈클라인 씨의 병〉, 〈내 그물로 오는 가시고기〉, 〈에필로그〉를 발표한다. 이들을 묶어 1978년에 『난장이가 쏘아올린 작은 공』을 낸다.

1978년에 중앙대 명예교수 정병호는 각 지방의 민속춤 연구를 위해 전국을 여행하다가 국악인들의 제안을 받는다. 전남 영광에 뛰어난 춤꾼이 있으니 만나 보라는 것이다. 무용가 최승희의 식모로 팔려

가 일본에서 생활하다가 귀국, 일인창무극(一人唱舞劇)을 창안한
공옥진(1931-2012)이 그였다. 정병호는 공옥진 춤의 독창성과
예술성을 발견하고 이를 세상에 널리 알릴 계기를 마련한다. 1978년
4월에 서울 '공간사랑'에서 열린 '한국 전통무용의 밤'에서 공옥진의
'병신춤'은 최초로 공연된다(안미아, 2004: 410-1; 조해인, 1984).
1976년 겨울, 삼일로 창고극장에서 〈바다풍경〉 공연을 마치고
극장 대표 이원경을 만난 자리에서 추송웅(1941-1985)은 우연히
독일에서 돌아온 최일영의 일인극 대본 〈어느 학술원에 제출된
보고서〉를 읽게 된다(추송웅, 1981; 안치운, 1995: 51 이하;
안치운, 1999). 이 대본에 매료된 추송웅은 배역을 소화하기 위해
창경원에서 직접 원숭이들을 관찰하며 유인원의 몸짓을 연구한다.
극은 1977년 8월 20일 처음 상연된다.

〈바보들의 행진〉은 하길종(1941-1979)의 작품으로서 최인호의
동명 소설을 원작으로 한다. 이 영화는 1975년 5월 13일, 그러니까
긴급조치 9호가 발표되던 날 심의되어, 5월 31일에 국도극장에서
개봉되어 큰 흥행을 거두었고(관람 인원 15만 3,780명),
비평가들로부터도 호평을 받는다(강성률, 2005: 151).

'난장이', '병신', '빨간 피터', '바보'라는 네 형상은 박정희가
꿈꾼 숭고한 생존주의자와 상당한 차이를 보이는 주체들이다.
들뢰즈와 가타리의 표현을 빌려 말하자면, 이들은 일종의
소수자(mineur)다(들뢰즈·가타리, 2004). 숫자가 적다는 의미가
아니라 지배적 규범에 비추어 언제나 소수적 위치를 차지하고
있다는 의미다. 이들은 장애를 갖고 있거나, 사회에서 낙인찍힌 자들,
부적응자들, 혹은 아예 인간이 아닌 동물이다. 이들은 강렬한 정치적

저항성을 보여주지도 않지만, 그렇다고 지배적 통치성이 욕망하는
주체화에 적극 협조하는 자들도 아니다. 열사(烈士)나 투사(鬪士)는
아니지만 체제 순응적 인간, 국가와 민족에 충성하는, 박정희
이데올로기의 추종자들도 아니다. 정확하게 말하자면, 일종의 불온한
'탈주자(脫走者)' 혹은 '도주자(逃走者)'들이다. 이들은 도망친다.
샌다. 새어 나간다. 권력의 영토에서, 국가의 통제에서, 혹은 (빨간
피터의 경우) 인간의 권역으로부터 스스로를 탈영토화한다. 국가가
파놓은 홈들, 범주들, 구획들을, 생존주의적 공리계를 벗어나고자
한다. 정치-문화적 헤게모니의 바깥을 모색한다. 긴급조치 9호
시대의 바깥은 어디인가? 1970년대 후반의 대중문화의 스크린에서
만나는 저 형상들이 던지는 질문은 바로 이것이다.

가령, 〈빨간 피터의 고백〉은 이를 적나라하게 테마화한다. 잘 알려진
것처럼, 대본의 원작은 카프카(Franz Kafka)의 단편 〈학술원에
드리는 보고〉다. 이 소설에서 카프카는 인간 문명의 허위와 억압과
허구성을 예리하게 고발하는데, 그중 특히 비범한 인식이 빛나는
부분이 있다. 피터가 아프리카에서 유럽으로 이송되는 과정에
대해 이야기하는 부분이다. 그는 이렇게 말한다. "저는 자유를
원하지 않았습니다. 단지 하나의 출구만을 원했습니다. 왼쪽이든
오른쪽이든 어디든 관계없이. 저는 그 밖의 다른 요구는 하지
않았습니다"(카프카, 1997: 261).

피터의 저 대사는 (카프카의 표현을 빌려 말하자면) 우리 머릿속에
굳어진 얼음 바다를 쪼개는 망치 같은 파괴력을 발휘한다. 사람들이
진정으로 욕망하는 것은 과연 자유일까? 피터는 말한다. 아니다.
자유가 무엇인가? 당신은 자유를 욕망하는가? 당신이 진정

강력한 권력에 의해 속박되고, 구속되어 있을 때 당신은 무엇을
욕망하는가? 피터는 속삭인다. 출구(出口)다. 자유는 관념이다.
도망칠 구멍 하나. 바깥의 공기. 숨을 쉴 수 있는 외부의 공간.
이것이 전부다. 생명의 흐름을 따라서, 존재와 생명을 옥죄어 오는
권력의 망을 벗어나 새는 것. 도주하는 것. 유신의 바깥, 박정희의
바깥, 박정희 통치성의 바깥으로 가는 도주선.

〈바보들의 행진〉은 또 어떠한가? 이 영화는 낭만적인 1970년대
청년문화의 상징들(통기타, 블루진, 생맥주, 장발, 미팅, 하이킹,
스트리킹)을 동원하고 있지만, 청년의 상처와 좌절을 동시에 그린다.
그의 영화에서 대학생들은 꿈꾸는 자였지만, 그 꿈에는 무기도
방향성도 리얼리티도 없다. 이들의 유토피아는 '고래'라는 용어로
표상된다. '고래'는 말하자면, 박정희 독재 통치에 눌린 청년들이
허구적으로 설정한 통치성의 외부다. 하지만, 이 바깥은 실체가
묘연하다. 고래를 찾아 동해바다로 떠난 주인공은 결국 자살하고,
허망하게 복학한 병태는 텅 빈 교정에서 방황한다.

결국, 우리는 『난장이가 쏘아올린 작은 공』에 나오는 '뫼비우스의
띠'와 '클라인씨 병'의 테마를 이런 각도에서 다시 묻게 된다.
"이 병에서는 안이 곧 밖이고, 밖이 곧 안입니다. 안팎이 없기
때문에 내부를 막았다고 할 수 없고, 여기서는 갇힌다는 게 아무
의미가 없습니다. 벽만 따라가면 밖으로 나갈 수 있죠. 따라서 이
세계에서는 갇혔다는 그 자체가 착각예요"(조세희, 2024: 300).
안과 밖이 하나로 묶여 있다는 저 이야기는 긴급조치 9호 시대의
한국인들에게 축복이었을까 아니면 저주였을까?

도망치려 하지만, 결국 내부에 머물고 마는 저들이 서커스 극단에서
조련(調練)당하는 존재들을 연상시키는 것은 왜일까?[19] 박정희의
생존주의적 통치성의 본질은 일종의 서커스적 조련 권력, 서커스
통치성이 아니었을까? 규율하고, 길들이고, 틀에 가두어, 바깥을
가로막아 버리는 권력. 혹은 반대로 말하자면, 1970년대 후반
한국인들은 스스로를 권력에 의해 조련당하는 자들로 상상하고
있었던 것은 아닐까? 그 정치적 무의식이 '난장이', '병신', '빨간
피터', '바보'의 형상으로 '표현'되었던 것은 아닐까?

보론 2. 식물적 생존주의

박정희에게 죽음의 미학이 있다면, 그에 대한 저항적 투쟁 속에서 1970년대를 감옥에서 보낸 김지하로부터는 생명의 사상이 싹튼다. 김지하에게 생명이란 무엇인가?

1970년대 중반, 김지하는 인혁당 고문 사실 폭로와 옥중메모 사건으로 재투옥된다. 김지하는 독방에서 이른바 벽면증(壁面症)을 겪는다. 벽이 다가오고 천장이 내려오는 환각. 그 답답함과 공포를 이기지 못하고 소리를 지르고 싶은 충동에 사로잡히는 병증이었다. 당시 감방에는 카메라와 모니터가 장착되어 있었고, 김지하의 일거수일투족은 감시되고 있었다. 뭔가 이상한 기미가 보이면 정보부 요원들이 들어와 타협을 종용하던 시절이었다. 김지하는 그들에게 항복하지 않기 위해서, 무시무시한 벽면증과 내면적인 싸움을 벌이고 있었던 것이다. 그러던 어느 봄날, 쇠창살 틈으로 민들레 꽃씨가 감방에 날아 들어온다. 꽃씨는 창살과 시멘트 받침 사이의 틈에 앉아서 싹으로 터올라 자라기 시작한다. 그는 그때를 이렇게 회상한다.

> "개가죽나무라는 풀이었어요. 새삼스럽게 그것을 발견한 날, 웅크린 채 소리 죽여 얼마나 울었던지! 뚜렷한 이유도 없었어요. 그저 '생명'이라는 말 한마디가 그렇게 신선하게, 그렇게 눈부시게 내 마음을 파고들었습니다. 한없는 감동과 이상한 희열 속으로 나를 몰아넣었던 것입니다. '아, 생명은 무소부재로구나! 생명은 감옥의 벽도, 교도소의

담장도 얼마든지 넘어서는구나! 쇠창살도, 시멘트와
벽돌담도, 감시하는 교도관도 생명 앞에서는 걸림돌이
되지 못하는구나! (…) 만약 내가 이 생명의 끈질긴
소생력과 관대한 파급력, 그 무소부재함을 깨우쳐
그것을 내 몸과 마음에서 체득할 수만 있다면 내게
더 이상 벽도 담장도 감옥도 없는 것이다' 나는 그때
이렇게 생각하며 이 생명이라는 말 한마디에 매달리기
시작했습니다"(김지하, 2003: 61-62).

사상이란 이런 것이다. 그것은 시(詩)이며, 벽과의 싸움이며, 벽을
뚫고 나가는 한 조각의 크랙이다. 균열이다.

김지하는 심리적 공황상태와 싸우면서, 벽과 싸우면서, 박정희를
넘어선다. '김지하-풀' 리좀이다. 들뢰즈와 가타리가 말하는 난초와
말벌이 이루는 '생성의 블록'. 김지하의 풀-되기, 그리고 풀의 죄수-
되기. 갈 곳 없이 날아 들어와 감방과 그 바깥 사이에서 싹튼 이름
없는 풀포기와 인간 죄수는, 그 어떤 관계보다 더 내밀하고 치열한
교감 속에서, 하나로 얽혀 어셈블리지를 이룬다. 이 어셈블리지가
창발하면서 그와 동시에 하나의 단어, 하나의 언표, 하나의 상징이
세상에 태어난다. 김지하가 떠올린 '생명'이라는 말이 그것이다.

언표는 단순한 의미나 기호에 불과한 것이 아니다. 저렇게
발생하는 언표는 리얼리티를 변화시키는 사건이다. 물질이다.
생명이라는 말로부터, 늘 사용되었고, 늘 발음되었을 그 단어의
새로운 배치로부터 뭔가가 새롭게 시작되고 있다. 박정희 통치성의
근원에 깔려 있는 죽음의 세계, 트라우마의 세계, 그 비상상태를

극복하기 위해서 박정희가 구상한 힘의 세계, 강한 것들의 세계,
낙관과 명랑성의 세계를 이겨 넘어설 수 있는 어떤 원리, 단순하고
연약하지만, 부드러움과 미소함 그 자체만으로 사람의 마음을 녹여
사람을 움직일 수 있는 원리가 슬며시 태어나 버린 것이다. 생명의
사상.

사상의 차원에서 보면, 김지하가 풀잎을 보고 깨달음을 얻은
바로 그날 '김지하-풀' 리좀은 박정희 생존주의 레짐을 극복한다.
그 레짐에 구멍을 뚫었다. 출구가 생겼다. 그 출구로 인해서
김지하는 감옥의 벽면증에 굴복하지 않고 벽들을 이겨냈다. 감금의
중압감에서 살아남았다. 생존주의라는 벽에 생명이라는 구멍을
뚫었다.

박정희와 싸우던 김지하는 죽음을 말하지 않는다. 죽음이나 고통을
미학화하지 않는다. 대신 생명의 사상, 생존의 사상을 발효시켜
나가고 있었다. 그것은 주권자의 사상이 아니라 식물의 사상, 풀잎의
사상이다. 씨앗 한 알이 시대의 벽(壁)과 폭력의 벽과 감옥의 벽에
가로막혀 있는 한 시인에게 출구를 제공한다. 식물이 인간에게
도망칠 구멍을 하나 뚫어 준다. 권력에 실금을 낸다. 풀잎.

우리는 김수영의 〈풀〉(1968)을 떠올린다. 김수영은 풀의 수동성에
내재된 역량을 놓치지 않았다. 그저 바람에 누워 바닥에 깔리는
풀잎에서, 김수영은 바닥으로부터 다시 솟구쳐 일어나는 탄성과
속도를 본다. 그게 전부다. 일어날 수 있으면 된다. 바람을 이기는
생존력이다. 김수영도 식물적인 것에서 가능성을 보았다. 민중신학자
서남동이 김지하에게서 읽어내는 한(恨)과 단(斷)의 변증법. 수동과

능동의 변증법. 겪음과 행위의 변증법. 탈주 혹은 리좀.

풀잎이란 무엇인가? 그것은 끝없이, 끝없이 옆으로 퍼져가는 생성, 막을 수 없는 생성의 흐름이다. 약하지만 누구도 결코 절멸시킬 수 없는 것, 끝없이 새어 나가는 것, 그래서 권력이 가장 두려워하는 것. 식물적인 것, 풀처럼 미끄러져 가는 것. 1984년의 글 "생명의 담지자인 민중"에서 김지하는 '민중=생명'이라는 확장된 방정식을 제출한다.

> "살아 생동하는 민중의 실상을 살아 생동하는 방법에 의해 생동성 있게 인식하려고 하는 때는 중생, 즉 생명 받은 모든 것, 계속 유기적으로 상호관계를 가지며 협동적으로 공생하는 이러한 생명계 전체에 대한 인식을 기초로 해서만 민중의 실체를 이해할 수 있다"(김지하, 2002a: 203).

민중이 중생(衆生)이고 중생이 민중이라면, 권력과 싸우는 것은 소수의 인간들만이 아니다. 인간-너머의 생명체 전체가 생명을 죽이는 권력과 싸운다. 생명체들은 얼마나 악착같이 생존을 향해 움직이는가? 하지만, 그것은 박정희가 꿈꾼 그런 생존이 아니다. 중생의 생존은 협소한 생존주의에 저항한다. 아무 곳에나 날아가고, 아무 곳에서나 자리 잡고, 아무 곳에서나 싹트고, 어떤 것과도 함께 연결된다. 쫓겨나도 다시 시작하고, 짓누르면 눌렸다가 서서히 다시 일어난다. 틈을 파고들며, 기다림과 인내 속에서 굳은 권력을 허물어뜨린다. 아무도 풀을 이길 수 없다. 풀의 생존을 막을 수 없다. 풀의 생명력을 통치할 수 없다. 풀의 생존은 단순히 '살아남는 것'이 아니기 때문이다.

살아내는 것으로서의 생존.

살아가는 것으로서의 생존.

살아감과 살아냄은 언제나 다른 생명체와의 공생 속에서 일어난다. '생존=공생'이라는 새로운 도식. 일종의 함께-생존하기(survive-with). 박정희의 생존주의적 공리계에 갇히지 않는 탈주하는 생존, 저항하는 생존, 연결되는 생존, 그것이 무엇일까? 이 질문이 어쩌면 20세기 한국 모더니티의 가장 중요한 사상적 질문이 아니었을까?

1   벤야민은 1940년에 파리를 떠나 나치를 피한 망명길에 오른다. 이때
     자신이 1927년부터 아케이드 연구에 집적해 놓은, 독일어와 불어로 구성된
     거의 천여 페이지에 달하는 거대한 자료 더미를 조르주 바타유(Georges
     Bataille)에게 맡긴다. 벤야민은 그 망명길에서 자살로 생을 마감하고, 원고는
     아도르노(Theodor Adorno)에게 넘어간다. 결과적으로 벤야민 사후 40여
     년이 흐른 1982년에 이르러서야 독일의 쥬르캄프(Suhrkamp) 출판사에서
     벤야민 전집의 제5권으로 출판된다.

2   "자본주의는 꿈을 수반한 새로운 잠이 유럽을 덮친 하나의 자연 현상으로,
     이러한 잠 속에서 신화적 힘들이 재활성화되었다"(벤야민, 2005: 911).

3   그는 이렇게 쓴다. "과거를 역사적으로 표현한다는 것은 그것이 '원래
     어떠했는가'를 인식하는 일을 뜻하는 것이 아니다. 그것은 위험의 순간에
     섬광처럼 스치는 어떤 기억을 붙잡는다는 것을 뜻한다"(벤야민, 2008a: 334).

4   비상상황에 대한 인식은 벤야민의 "역사철학테제"의 여덟 번째 테제에
     다음과 같이 묘사되어 있다. "핍박받는 자들의 전통은 우리가 살고 있는
     '예외상태'라는 것이 예외가 아니라 바로 법칙임을 깨닫게 한다. 우리는
     이 같은 통찰에 상응하는 역사의 개념에 도달해야 한다"(벤야민, 2008a:
     336-7).

5   "생물학적 불안정성(precariousness)과 사회적 불안정성(precarity)은
     상호교차적인 개념들이다. 생명은 정의상 불안정한 것이다. 생명은 의지에
     의해서 혹은 사고로 인해서 삭제될 수 있다. 생명의 지속은 보장되어 있지
     않다. 어떤 의미에서, 이것은 모든 생명의 특성이다. (…) 경제적이고 사회적인
     제도들을 포함하는 정치적 질서들은, 그것이 없다면 사망의 리스크가
     증대하는 바로 이런 욕구들에 대처하기 위해 디자인된 것이다. 사회적
     불안정성은 이처럼 정치적으로 유발된 조건을 가리키는데, 그 조건 속에서
     어떤 인구집단들은 실패하는 사회적, 경제적 지원 네트워크에 의해 고통받고
     상해, 폭력, 죽음에 차별적으로 노출되어 있다. 그런 인구집단들은 질병, 가난,
     기아, 이주, 그리고 보호 없는 폭력에의 노출의 높은 위험 속에 있다"(Butler,
     2009: 25-26).

6   통치와 꿈의 관계에 대해서 푸코는 여러 인상적인 언급을 남긴다. 특히
『감시와 처벌』에 묘사된 통치자들은 기본적으로 인간을 특정 상태로
변형시키는 것을 열망하는 "몽상가(rêveur)"로 그려진다(Foucault, 1975:
157). 이 책에서 푸코는 페스트를 둘러싼 "정치적 꿈"과 "규율이 확립된
사회의 꿈"을 언급한다(Foucault, 1975: 199-200). 특히, 파놉티콘은
일종의 유토피아로 이해되고 있다. "사람들은 종종 이 시설을 완벽한 감금의
유토피아적 형태로 생각해왔다. (…) 파놉티콘은 잔인하고 교묘한 동물원
우리의 모양이다. 오늘날에 이르기까지 그 시설이, 계획으로 그쳤건 아니면
실현되었건, 그것의 여러 가지 변형을 만들어냈다는 사실은, 거의 2세기 동안
그 시설에 대한 상상적 강렬함이 어느 정도였는지를 말해준다"(Foucault,
1975: 207). 다른 곳에서 푸코는 파놉티콘을 "주권자의 가장 오래된 꿈"이라
표현한다(Foucault, 2004a: 68).

7   정주영의 기업가정신에 대한 연구에서 나는, 마치 구조적 힘의 진공상태에서
활동하듯이 괴력을 과시하면서 미래의 구조를 무모하게 보일 만큼의
행위능력을 발휘하면서 만들어 나간 인간들을 '구조-창설적 행위자'라 부른
바 있다. 이와 유사한 관점으로 다음을 참조할 것(Tsurutani, 1973).

8   박정희에게 생존주의는 한국사회에 수입된 서구적 제도와 이념을 변용시키는
'변환장치'이자 그 제도와 이념을 실질적으로 작동하도록 만드는 일종의
'운영체제(operating system)' 같은 것으로 기능했다. 앞서 언급한 여러
사상체계들은 생존주의라는 변환 장치를 거치면서 이른바 '한국적인
것'으로 변이하게 된다. 가장 대표적인 것이 이른바 '한국적 민주주의'에 대한
박정희의 관점이다(PCS10: 104; PCS9: 334).

9 추상기계는 분열분석(schizoanalysis)의 기술적 개념 중 하나로서,
욕망기계들(혹은 어셈블리지들)의 작동 원리, 힘의 관계, 요소들의 결합
양식을 규정하는 일종의 다이어그램이다(들뢰즈·가타리, 2003: 971-6;
Sauvagnargues, 2016: 192-3). 따라서, 추상기계는 독립된 하나의 기계나
구조가 아니라 욕망기계들의 작동에 내재적이며, 다양한 어셈블리지들을
만들어내는 원리다. 들뢰즈와 가타리는 추상기계를 통해 사물들의
세계(내용의 형식)와 언표들의 세계(표현의 형식)가 하나로 접합된다고
본다. 푸코가 분석한 파놉티콘이 그 실례로 제시된다(들뢰즈, 2019: 60-
78). 파놉티콘은 그것을 구성하는 사물적 요소들의 특정 관계를 규정하는
설계도이기도 하지만, 주체화의 논리이기도 하다. 감옥이라는 사물의 세계와
형법이라는 담론의 세계를 결합함으로써, 파놉티콘이라는 추상기계는
규율적 주체들을 생산한다. 그리고 이는 반드시 감옥에만 적용되는 것이
아니라, 학교와 공장 혹은 병원 같은 다른 사회적 장소들로 확산되어
구현되어 유사한 작동을 수행한다. 푸코가 파놉티콘을 추출함으로써 보여준
것은 서구 근대성의 자유주의적 통치 논리 그 자체였던 것이다.

10 이런 비관적 관점은 1970년대에 이르면 상당히 완화된다. 1971년의 『민족의
저력』은 『우리 민족의 나아갈 길』의 개정판이지만, 역사를 보는 어조가
긍정적인 것으로 전환되어 있다. 이러한 변화는 1960년대 경제성장의 결과에
박정희가 고무되었기 때문에 발생한 것이다. 한편, 윤정란의 연구에 의하면
박정희의 역사관은 19세기 후반 이후 서북지역(평안도와 황해도)의 지역사에
기초하고 있는데, 이 지역사는 신채호(申采浩, 1880-1936)의 민족주의적
역사학을 통해서 민족사로 확대, 팽창된 것이다(윤정란, 2015: 246-7).

11 1972년 한국헌법연구회에서 유신을 지지하면서 출판한 "안정, 번영, 통일에의
길"이라는 문건에 유신 헌법의 목적은 다음과 같이 규정되어 있다. "새
헌법안의 목적은 한마디로 민족의 생존권을 보위하는 데 있다. 적과 동지의
구분이 없는 열강정치의 냉혹한 현실에서 한국 민족의 생존권을 주장하고
보위하려는 몸부림과 절규를 결코 외면할 수 없다. (…) 이 기본적 위협에
대처하여 민족생존권을 보위할 수 있는 길은 오직 힘뿐이다. 힘이 있으면
살고, 없으면 오욕을 되풀이할 뿐이다. (…) 민족생존권의 보위는 우리 민족의
정당한 권리이자 의무며 사명이다"(한국헌법연구회, 2003: 132-3).

12   북한은 1966년부터 무장세력의 남파를 통해 민심을 교란시키는 모험주의적
      군사전략을 감행한다. 1968년에는 김신조 일당의 청와대 기습사건, 미
      해군 정보함 푸에블로호 나포 사건, 미 정보기 EC-121기 격추 사건, 울진
      삼척 지역 북한 무장 게릴라 침투 사건이 발생한다. 이에 대응하기 위해서
      박정희는 향토예비군을 창설하고 사회를 병영화한다. 1969년에 이르러
      북한의 군부 강경파 모험주의 지도자들이 대거 숙청되면서 대남 도발은
      감소하기 시작하였다(마상윤, 2003: 181). 사실 1970년대에 강대국의 긴장
      완화와 데탕트 무드가 시작되었지만, 박정희는 이것이 도리어 약소국에게
      불확실한 상황을 야기할 수 있다는 불안을 갖고 있었다(PCS12: 205; PCS13:
      24-27, 55, 83). 특히 1969년 7월 29일에 닉슨 독트린이 발표되고 1971년
      8월 27일 주한미국 7사단이 철수하기 시작하면서, 야당을 비롯하여 많은
      국민들에게도 안보상의 위기감은 큰 설득력을 갖고 전파되었다(김민배, 1997:
      30-31). 실제로 박정희 통치 18년 동안 한국사회는 다음과 같은 준전시
      상태를 약 열다섯 차례나 경험한다. 1961년 5월 쿠데타, 1961년 5월부터
      1962년 12일까지 비상계엄령, 1963년 10월, 1964년 6월 비상계엄령, 1965년
      4월 휴교령, 1965년 8월 서울 위수령, 1967년 6월 대학 휴교령, 1971년 5월
      대학 휴업령, 1971년 10월 서울 위수령(garrison decree), 대학에 무장 군인
      진주, 1971년 12월 국가 비상사태 선포, 1972년 10월 유신 선포, 1974년 4월
      긴급조치 4호, 1975년 2월 비상계엄령, 1975년부터 1979년까지 긴급조치
      9호, 1979년 10월 부산에 비상계엄령(조희연, 2007: 144).

13   후일 칼 슈미트에 영향을 받은 한태연(韓泰淵, 1916-2010)이나
      갈봉근(葛奉根, 1932-2002)에 의해 유신 헌법이 만들어지면서 박정희는
      문자 그대로 '주권적 독재자'의 자리에 등극한다(슈미트, 2010). 그러나 이미
      1960년대 초반부터 주권적 리더에 대한 그의 관점은 명확히 확립되어 있던
      것으로 보인다.

14   박정희가 '주권자'라는 용어를 명시적으로 사용하는 경우 그것은
      대개 '유권자'를 지칭한다. 박정희는 선거 국면에서 유세할 때 주로
      '유권자=국민=주권자'의 도식을 사용한다(PCS4: 178; PCS6: 243; PCS8:
      72; PCS12: 74, 77; 박정희, 1961: 25).

15   박정희는 1978년에 '비상대권(非常大權)'이라는 용어를 사용한다. "오늘날
      어느 민주 국가에 있어서나 국가 원수는 비상대권을 갖고 있으며, 이것은
      국가의 위기에 처하여 민주주의 자체를 수호하는 과정에서 발전된 제도적
      관행이다"(박정희, 2005e: 253).

16   이는 특히 한국 우파의 박정희에 대한 기억의 주요 모멘트를 이룬다. 1979년
      10월 26일 밤, 박정희가 김재규(金載圭, 1926-1980)가 쏜 탄환에 맞고
      "난 괜찮아"라는 말을 마지막으로 남기고 죽어가는 장면을 신화화하면서
      보수언론인 조갑제는 이렇게 쓴다. "그는 (…) 죽음과 대면할 때는 항상
      의연했다. (…) 1961년 5월 16일 새벽 한강 다리 위에서 혁명군 선발대를
      저지하는 헌병들의 사격이 쏟아질 때도 박정희는 태연했다. 1974년 8월
      15일 국립극장에서 문세광(文世光)의 총탄이 날아올 때, 육영수(陸英修,
      1925-1974)가 피격되어 실려가고 나서 연설을 계속할 때 그는 비정하리만치
      냉정했다"(조갑제, 1998: 138).

17   박정희에 의하면, 제도와 역사를 움직이는 것은 인간의 마음이다(PCS1: 170;
      PCS5: 37; PCS7: 259). 그는 이렇게 쓴다. "모든 문제는 그 근본이 중요한
      것입니다. (…) 근본이란 무엇이냐? 우리들의 정신적인 자세, 이것이 근본이
      되는 것입니다. 우리의 근대화 작업에 있어서 가장 바탕이 되고 근본이 되는
      것도 우리들의 정신적 자세인 것입니다. 이것만이 이 과업의 성패를 좌우하는
      관건이 된다는 것입니다"(PCS2: 436).

18   "우리가 진실로 두려워하여야 할 것은 이 시련과 고난이 아니라 이 시련과
      고난 앞에 굴복하는 실의와 비관인 것입니다"(PCS1: 242).

19 흥미로운 것은 조세희의『난장이가 쏘아올린 작은 공』에서 아버지 난장이가
서커스(곡마단)에 가기를 결심하는 장면이 등장한다는 점이다. 또한
공옥진은 곡마단과 유사한 유랑극단 생활을 했으며, 추송웅의 빨간 피터는,
카프카의 원작에 보면 동물원에 포획된 원숭이다.

5장

한국 자본주의 정신 –
정주영을 중심으로

I. 벼룩과 욕망

정조 치하의 문인 이옥(李鈺, 1760-1812)이 남긴 산문 중에
흥미로운 대목이 등장한다. 살에 달라붙어 피를 빨려는 벼룩(蚤)을
손톱으로 잡아 죽이면서, 이옥은 그 '파렴치한' 흡혈의 욕망을
다음과 같이 호되게 꾸짖는다.

> "너는 사람의 고혈을 빨 수 있다고 생각하고, 구멍을
> 뚫어 들어갈 수 있다는 것을 알아, 티끌 속에 서식하고
> 틈 사이에 들어차서는, 한밤에는 으스대고 한낮에는
> 숨어 지내지. 그러다가 형세를 타서 나아가는 것은,
> 굶주린 쥐가 욕심이 많은 것과 같고, 이익을 보면
> 재빨리 달려가는 것은 가을 모기가 나면서부터 아는
> 것과 같구나. (…) 어쩌면 너는 네 입만을 사랑하고
> 네 몸뚱이는 사랑하지 않아서, 허겁지겁 말리(末利)를
> 좇다가 그 본진(本眞)을 잃어버리는 자가 아니냐?
> 아니면, (…) 물욕에 덮여 눈앞이 어두운 자가
> 아니냐?"(이옥, 2001: 92-94).

선비의 어투에는 경멸과 분노가 엿보인다. "말리(末利)"라는 단어가
그 감정적 반응의 연유를 밝혀준다. 이옥은 지금 빈대를 '도덕적'
대상으로 우화하고 있다. 빈대에게서, 사리(私利)에 매몰된 '소인'의
마음, 우리에게 좀 더 익숙한 용어로 말하자면, 호모 에코노미쿠스의
마음을 읽어내고 있는 것이다. 이해관계(interest)를 향한 욕망이
성리학적 도덕주의에 의해 질타되고 있다.

아산(峨山) 정주영(1915-2001)도 빈대에 관한 흥미로운 일화를 하나 남긴 바 있다. 1933년경에 그가 인천 부두에서 막노동하던 시절, 고된 노동을 마치고 돌아온 인부들이 몸을 눕히던 막사에 빈대들이 출몰한다. 빈대를 피해 밥상 위에 올라가 잠을 청하면, 악착같은 빈대들은 거기까지 기어 올라와 인부들을 물었다고 한다. 꾀를 내어, 밥상 네 다리에 물을 담은 양재기를 고여 놓고 자면 빈대들은 벽을 타고 천정으로 몰려와 그의 몸으로 떨어지는 것이었다. 이 광경을 본 정주영은 "소름 끼치는 놀라움"을 느낀다. 이 경악은 후일 자신의 삶과 기업 현대의 스타일을 규정하게 될 다음과 같은 깨달음으로 이어진다.

> "하물며 빈대도 목적을 위해서는 저토록 머리를 쓰고 저토록 죽을힘을 다해 노력해서 성공하지 않는가. 나는 빈대가 아닌 사람이다. 빈대한테서도 배울 건 배우자. 인간도 무슨 일에든 절대 중도 포기하지 않고 죽을힘을 다한 노력만 쏟아붓는다면 이루지 못할 일이 없다. 돌이켜보면 내 인생은 줄곧 '더 하려야 더 할 게 없는 마지막까지의 최선'의 점철이 아닌가 한다"(정주영, 1991: 66-67; 정주영, 1998: 41).

이옥과 마찬가지로 정주영 역시 빈대의 행태에서 인간 세상에 적용 가능한 '모럴'을 끌어내고 있다. 그런데, 양자 사이에는 현격한 차이가 존재한다. 이옥에게 빈대가 사욕에 매몰된 소인배의 알레고리였다면, 정주영에게 빈대는 배워야 하는 행위의 전범이다. 그가 빈대로부터 배우고자 한 것은 아이러니하게도, 이옥이 비판했던 그 맹렬한 흡혈의 욕망, 생존에의 충동, 그리고 실행의 무모함과 끈질김이었다. 이옥이 살았던 조선 후기와 청년 정주영이 빈대와 씨름했던 20세기 초반 사이 약 150년의 시간. 이 짧은 기간 동안 도대체 어떤 일들이 한반도에 벌어진 것인가? 어떤 변화가 있었기에, 똑같은 작은 곤충에 대해서 저처럼 상이한 태도와 관점이 생겨날 수 있었는가? 한 사람이 경멸하는 바로 그 모습을 다른 사람이 배워야 할 것으로 생각하는 이 아이러니를 우리는 어떻게 이해해야 하는가? 참으로 흥미로운 콘트라스트가 아닐 수 없다.

실제로 저 두 사람 사이에 놓여 있는 150년의 시간 동안 한국은 전근대로부터 근대로 진입하는 일대 드라마틱한 변동을 겪는다. 그 변동은 일본 제국주의에 의한 침탈과 식민화로 강제된 것이었는데, 이 과정에서 한국사회에 이식된 서구의 근대적 제도 중 하나가 바로 '자본주의'다. 이옥이 빈대를 보는 시각으로부터 정주영이 빈대를 보는 시점으로 나아가는 궤적의 어딘가에서 우리는 한국 자본주의 정신의 기원을 탐지할 수 있다. 성리학적 도덕이 아니라 생기론적(vitalist) 시각으로 생명체의 '생존 욕망'을 긍정하는 태도, 그것은 이옥에게는 상상하기 어려웠을 근대적인 감각이다. 하지만 정주영이 남긴 빈대의 일화에서 우리는, 세속적 이익을 향한 갈망을 승인하고, 오히려 그것을 극대화하는 것을 높게 평가하려는 태도, 즉 자본주의적 인간이 보편적으로 보여주는 특수한 심리-도식들의 작동을 발견하게 된다. 정주영과 한국 자본주의 정신. 이것은 한국 근대성에 대한 탐구에서 반드시 논의되어야 하는 흥미로운 주제가 아닌가?

II. 구조-창설적 행위자

정주영에 대한 탐구를 위해서 우리가 주로 사용할 수 있는
자료는 그의 자서전적 서사다. 그런데, 이 경우 섬세한 방법적
고민이 요청된다.[1] 일반적으로 인문·사회과학이 분석 대상으로
삼는 자서전은 "실제 인물이 자기 자신의 존재를 소재로 하여
개인적인 삶, 특히 자신의 인성의 역사를 중점적으로 이야기한,
산문으로 쓰인 과거 회상형의 이야기"로 정의된다(르죈, 1998: 17).
자서전의 핵심 의미 구도는 '고해(confession)', '회고(memoir)',
'변명(apologia)'으로 나누어진다(Hart, 1970). 프리먼과
브로크마이어는 여기에 '윤리적 의도'를 추가하기도 한다. 자서전
저자가 공동체의 가치에 부합하는 방식으로 형성시킨 '좋은 삶'에
대한 평가를 독자에게 설득시키려는 의도 역시 자서전의 중요한
요소를 이룬다는 것이다(Freeman & Brockmeier, 2001: 83).
이러한 맥락에서, 정주영의 자서전을 자료로 사용할 때 진지하게
고민되어야 하는 점들을 지적하면 다음과 같다.

우선, 정주영의 자서전은 '고해'의 성격이 매우 약하다. 삶의 과오를
공적으로 토로함으로써 참다운 자아를 회복하려는 실존적 몸부림이
고해의 본질이라면, 정주영의 자서전에는 이런 종류의 회한, 반성,
성찰 등은 별로 나타나지 않는다. 그의 삶은, 독자를 때로 아연하게
만드는 패기와 낙관으로 점철된다.

둘째, 대신 부각되는 것은 그의 회고가 사업의 영역에 현저하게
집중되어 있다는 점이다. '현대' 그룹의 역사와 정주영 개인의
역사는 거의 분리할 수 없는 일체를 이루고 있다. 경우에 따라서

그의 개인사는 국가나 민족과 같은 거대 단위의 역사와 섞이기도 한다. 이처럼 개인, 기업, 국가의 역사가 종종 어우러지면서 서사가 전개되는데, 이는 거의 대부분 '난관의 극복사(克復史)'라는 서사적 축으로 수렴된다. 연속되는 위기를 극복하고 전진해 나가는 "서술된 자아(storied self)"가 그의 자서전의 주인공이다(Eakin, 1999: 99-100).

세 번째 관찰되는 특이성은 자기신화화 경향과 아폴로기아(변명) 경향의 공존이다. 그의 자서전에는 성취를 극화하는 다양한 에피소드들이 반복된다. 이 서술들에는 시대적 감격(感激)이 있다. 고난을 극복해 간 20세기 한국의 발전 현장에 대한 이야기이기 때문이다. 그러나 이와 동시에 그의 자서전에는 여러 형태의 '아폴로기아'가 나타난다. 정경유착, 문어발식 경영, 노사갈등에 대한 사회적 비판을 의식하면서, 나름의 방식으로 해명을 제시하고 있는 것이다. 이는 정주영이 한국사회로부터 자신에 대한 도덕적 인정을 욕망했음을 보여준다.

이런 요소들은 이 연구에 제약과 더불어 도전을 제기한다. 무엇보다 자료와 접근법에 내재하는 제한으로 인해서, 연구는 정주영의 심층적 내면에 대한 '경험적' 접근 대신, 그가 자신의 삶을 회고하고 서사하는 방식 자체의 의미에 대한 '해석학적' 접근의 성격을 띨 것이다. '서사의 방식' 자체가 정주영의 윤리를 구성하며, 그의 가치관을 보여주고, 그의 서사적 정체성을 구현하기 때문이다(Holstein & Gubrium, 2000).

정주영의 자서전은 한국 자본주의에 특유한 '심리-도식(psycho-scheme)'들을 보여주는 한 좋은 사례다. "가난하고 학벌이 없어도 큰 사업을 할 수 있다는 '견본'이 된 나를 현재 어려운 여건 속에서 큰 미래를 꿈꾸는 사람들이 다소 부러워하고 좋아할 것이다"(정주영, 1991: 255)라는 정주영의 단언은 시사하는 바가 크다. 즉, 그는 기업가로서 성공한 자신의 인생이 '좋은 삶'이라는 사실을 전시하고자 하며, 그것이 사회적 귀감이 되기를 희망한다.

실제로, 정주영이라는 인물은 20세기 한국사회를 이끈 중요한 리더다. 즉, 아직 근대성의 하드웨어와 소프트웨어를 갖추지 못한 전후 상황에서, 이후에 전개될 한국사회의 기본적 틀을 형성시킨 '구조-창설적 행위자' 중의 한 사람인 것이다.[2] 미국 자본주의 정신의 예시를 프랭클린(Benjamin Franklin)의 자서전에서 발견하는 막스 베버를 따라서(베버, 2010: 71-82), 나는 정주영의 자서전에서 그가 〔현대〕의 창시자이자 경영자로서 꿈꾸고, 디자인하고, 언표하고, 구현했던 '한국 자본주의'의 심적 엔진을 찾아내고자 한다.

Ⅲ. 자본주의라는 심리 시스템

1. 자본주의 정신이란 무엇인가?

자본주의에 대한 다양한 관점들(맑스, 좀바르트, 슘페터, 브로델, 월러슈타인) 중에서 이 연구는 특히 막스 베버의 자본주의 정신(Geist) 개념에 주목한다. 자본주의의 작동에 있어서 그 정신의 중요성에 착안하는 베버의 입장은 사뭇 독특하다. 그에 의하면, 자본주의는 단순한 사회경제적 시스템이 아니다.

그가 주목한 것은 오히려 자본주의적 실천을 수행함으로써 그러한
시스템을 가동시키는 행위자의 마음이라는 문제(에토스, 모티프,
심리적 동인)였다. 즉, 베버는 자본주의를 심리 시스템으로 보았던
것이다.

이러한 통찰은 베버의 이론적 지향과 깊은 연관을 갖는다. 주지하듯,
베버는 거시적 사회구조가 아니라 미시적 행위에 주목하는 이해
사회학을 구상했으며, 이를 기초로 자본주의를 "규칙화된 행동들의
총체" 혹은 "구성원들의 행태에 영향을 주는 요소들의 총체"로
간주했다(푸코, 2012: 236; Heilbroner, 1985: 20). 이런 관점에서
보면, 자본주의는 (거대한 사회시스템이기 이전에) 생존을 위해
투쟁하는 인간 주체들(기업가와 노동자)을 특수한 방향으로
행동하도록 강제하는 행위 준칙들의 집합으로 나타난다. 그는
이렇게 쓴다.

> "오늘날의 자본주의적 경제 질서는 개인들이 태어나
> 그 안으로 내던져지는 거대한 우주인 바, 이 우주는
> 개인들에게 – 적어도 개인들로서 – 그들이 살아가야만
> 하는 사실상 불변적인 껍데기로서 주어진다. 그
> 우주는 개인들이 시장에 관련되는 한 자신의 경제적
> 행위의 규범을 강요한다. 이러한 규범에 적응할 수
> 없거나 적응하려고 하지 않는 노동자는 실업자로
> 길거리에 내던져지듯이, 이러한 규범에 지속적으로
> 대립해 행위를 하는 공장주는 경제적으로 반드시
> 제거된다. 그러니까 경제적 삶을 지배하게 된
> 오늘날의 자본주의는 경제적 도태과정을 통해 필요한

경제 주체(기업가와 노동자)를 교육하고 창출하는 것이다"(베버, 2010: 78-79).

자본주의가 강요하는 "경제적 행위의 규범"은 두 가지 준칙으로 구성된다. 첫째, 자본주의는 (약탈이나 폭력에 의한 갈취가 아니라) 오직 "(형식적으로) 평화롭게 영리를 취득할 수 있는 기회에 근거하는 행위"를 규칙으로 한다(베버, 2008: 288). 근대 자본주의는 이런 점에서, 오래전부터 존재해왔던 비합리적, 투기적, 폭력적, 약탈적 자본주의와 질적 차이를 갖는다.

둘째, 자본주의적 질서는 평화적으로 획득된 재화를 강박적인 동시에 무제한적인 방식으로 축적하는 것을 행위준칙으로 한다(Boltanski and Chiapello, 1999: 37). 즉, 잘 살기 위해 부를 축적하는 것이 아니라, 부를 축적하기 위해 부를 축적하도록 강제되는, 동어반복적 자기목적화 과정이 그것이다(Wallestein, 1983: 14, 47). 이것이 근대 자본주의에 강박충동(compulsion)의 성격을 부여한다. 자본주의가 '세속적 금욕주의'로 이해되는 이유가 거기에 있다(기든스, 1998a: 107, 110).

자본주의는 합리성과 비합리성의 기묘한 결합으로 이뤄져 있다. 얼핏 합리적 원리에 기초한 듯이 보이는 자본주의는 사실 매우 깊은 비합리성의 심연을 내포하고 있다. 부의 감각적 향유가 계속 미래로 미루어지는 상황에서, 인간 행위자들은 도대체 무엇을 위하여, 그리고 왜 노동을 하는 것인가? 이러한 질문들에 대하여 자본주의는 아무런 해답을 제공하지 않는다. "비합리적 합리성"(푸코, 2012: 163)은 자본주의적 노동과정에 부조리성을 부여한다. 자본주의적 삶의 형식은 그리스 신화에 나오는 시지프의 고역을 연상시킨다(벤야민, 2008b: 122-5; Boltanski and Chiapello, 1999: 37-41). 자본주의는 그 자체로 대의나 도덕적 목표를 갖고 있지 않으며, 노동의 이유를 결여하고 있는 것이다.

자본주의에 '정신'이 요청되는 것은 바로 이 때문이다. 즉, 자본주의의 바깥으로부터 모종의 "실천적 동인들"이 행위자들에게 제공되어야 비로소 자본주의적 실천은 의미로 충만하게 되며, 자본주의가 효과적으로 기능할 수 있다. 베버는 자본주의 정신이 주로 종교(문화)에 의해 제공되었다고 보았다(베버, 2002: 170). 그가 말하는 자본주의 정신은 추상적 이념이 아니라 일상적 실천들을 제어하는 "생활규제체계", 행위자들에게 제공되는 "심리적 동인"이나 "의미 연관", 혹은 내면적 "의향(Gesinnung)" 같은 것이다(베버, 2002: 169; 베버, 2010: 89, 172; 베버, 1997: 125-6). 베버는 강조한다. 사회적 행위자는 구조의 힘에 자동적으로 규제되는 꼭두각시가 아니다. 행위자들은 의미를 형성하는 적극적 심적 작용을 통해 행위의 방향과 함의를 사고하는 '정신적' 존재다. 자본주의는 사회경제적 시스템이기 이전에 심리 시스템이다. 마음의 운영 원리다.

2. 마음의 문제
우리는 흔히 '심리적인 것'을 '사회적인 것'과 대립시키고, 심리를 인간의 의식이나 내면에 위치 지우곤 한다. 이때 마음은 피부로 둘러싸인 몸의 내부에 있는 무언가로 표상된다. 하지만, 심리적 힘들은 인간 행위자의 내면에 위치하고 있다기보다는 모든 관계들과 사물들 사이를 흐르는 에너지에 더 가깝다. 들뢰즈와 가타리의 표현을 빌려 말하자면, 마음은 일종의 '욕망기계(machine désirante)'다. 그것은 다른 기계들과의 연결접속을 통해 형성되고, 작동되며, 흐른다. 혹은 가브리엘 타르드처럼 말하자면, 마음은 모방된다.[3] 즉, 한 두뇌와 다른 두뇌 사이에서 전달되는 '뇌간(腦間, intercerebral) 에너지' 혹은 정동(affect)이다.

이처럼 물질적이고 관계적인 흐름으로 이해된 심적 에너지(마음)는 사회를 이루는 원형적 질료다. 예를 들어 꿈은 단순한 환상적 '표상'이 아니라 리얼리티를 만들어가는 일종의 '동력'이다. 욕망, 희망, 꿈, 감정은 현실을 반영하는 2차적 산물들이 아니다. 기호(sign)나 재현이나 담론이 아니다. 판타지나 상상물이 아니다. 심적 역량은 건물을 세우는 설계도이자, 그 설계도를 창작하는 사람의 동기이자, 건물의 건축에 종사한 인간 행위자들의 노동을 가능하게 한 가치이자 믿음이기도 하다. 심리는 현실을 이루고, 현실을 생산하고, 현실을 변형시키는 관계적이고 물질적인 운동성의 어셈블리지다.

내가 이전에 '마음의 사회학'이라는 이름으로 이론화했던 심리사회적 접근은 좀 더 유물론적이며 관계론적 관점으로 수정, 확장될 필요가 있다. 이는 특히 자본주의 정신 개념을 한국사회에 적용하고자 했을 때 중요한 함의를 갖는다. 가령, 자본주의 체제에서 마음은 결코 (맑스주의의 역사적 유물론이 상정했던 것처럼) 상부구조로 파악되어서는 안 된다. 반대로 그것은 생산력으로 기능하는 하부구조다. 좀 더 정확하게 말하자면, 마음은 경제적 행위자(주체)를 생산하는 하부구조 그 자체를 생산하는 또 다른 하부구조다(푸코, 2012: 235).

자본주의 정신은 행위자의 마음에 스며들어 체화된 습관이
되며, 그의 실천을 규제하는 '심리-도식'이다(Kim, 2014: 44-
45). 그것은 자본주의 경제체제에 참여하는 행위자들의 실천을
추동하고, 실천 속에서 다시 재구성되는 '심적-행위력'으로 기능한다.
말하자면, 자본주의는 자본주의적 심리-도식을 체화한 행위자들의
일상적 실천을 통해 작동되는 체계이지, 그 스스로 신비적이고
자동적인 힘에 의해 움직이는 기계장치가 아닌 것이다. 자본주의적
행위자들이 무엇을 위해서, 무엇을 꿈꾸며, 어떤 감정에 사로잡힌 채
행위하는가라는 물음은 자본주의 시스템과 그에 조응하는 마음의
양태들을 파악하려 할 때 반드시 던져져야 하는 질문들이다.[4]

3. 꿈-자본(dream-capital)

인적 자본이 논의되기 오래전에 베버는 이미, 자본주의와 인간의
마음이 맺고 있는 유기적 연결을 명확히 이해하고 있었다. 이는
특히 캘빈주의 분석에서 탁월하게 묘파되어 있다. 가령, 캘빈주의의
예정론은 영혼의 구원을 이미 정해진 사태이자, 누구도 그 여부를
미리 알지 못하며, 어떤 방법으로도 그 사실을 변경할 수 없다는
가혹한 교리로 특징지어진다. 이 "비장함을 불러일으킬 만큼
비인간적인 교리"는 신도들에게 "전대미문의 내적 고독감"을 안겨
주었다(베버, 2010: 182).

이런 상황에서 신도들에게 가장 화급한 과제로 제기된 것은
'나는 구원받도록 선택되었는가'라는 질문에 대한 해답을 찾는
일이다. 교리적으로 말하자면, 이 질문에 대해 누구도 답변할 수
없다. 그러나 목회 실천의 수준에서는 i) 스스로를 선택된 자로
간주하고 의심을 물리치고 ii) 그런 확신에 도달하기 위한 부단한

직업노동에 몰두하라는 두 가지 구체적 방침이 권고되었다(베버, 2010: 194). 구원을 위해 할 수 있는 유일한 일은 이제 자신이 맡은 직능에서 성공하기 위해 전심전력을 다하는 것이었다. 베버는 이런 "윤리적 생활양식의 체계화"(베버, 2010: 213)가 근대 자본주의에 친화적으로 결합되어, 자본주의 정신이 역사적으로 형성된 것으로 본다.

이 논의를 확장시키면, 자본주의는 이미 그 기원에서 '마음의 자본주의'였다는 인식이 가능하다. 왜냐하면, 자본주의적 인간이 나타나기 위해서는 위에서 언급된 마음의 세 가지 움직임(미래에 대한 불안, 구원 혹은 성공을 향한 열망, 그리고 자신의 행위에 대한 합리적 통제력)이 먼저 발현되었어야 하기 때문이다. 요컨대, 마음은 자본주의적 시스템에서 일종의 자본으로 기능한다. 이 말은 마음이 단순한 자산이나 자원이라는 사실을 의미하는 것이 아니라, 마음이 자본주의적 가치생산과 축적과정에 중요한 요소로 설정되고, 인지되고, 구성되어, 작용하는 일종의 '자본'으로 기능한다는 것을 의미한다.5 좀 더 구체적으로 말하자면, 마음은 다른 여러 유형의 자본들(경제 자본, 사회 자본, 문화 자본)을 축적하게 하는 동기, 충동, 욕망을 이룬다. 즉, 물질화된 자본 이전의 자본, 자본을 향하게 만드는 사전적(事前的) 자본, 시초자본(始初資本), 혹은 씨앗-자본(seed-capital)이다.

씨앗-자본은 마음이 보유한 총체적 행위/감수 능력인 동시에, 미래의 방향성을 내포하고 있는 잠재적 자본이다. 가령, 어떤 인간이 자본주의적 노동에 돌입하고, 획득된 소득을 다시 투자하여 자본화함으로써 경제 자본을 합리적으로 축적해 나가는 체계적

과정에 편입되기 위해서는, 무엇보다도 그가 그런 방식의 실천에
대한 동기, 열정, 희망 혹은 욕망을 가지고 있어야 한다. 그 욕망은
부모에게서 상속되었을 수도 있고, 종교적으로 고무되었을 수도
있다. 교육이나 학습을 통해 형성되었을 수도 있고, 고통스러운
리얼리티를 극복하기 위해서 만들어낸 판타지에 뿌리내리고 있을
수도 있다(예외적 강도를 가지고 결집된 마음의 에너지는 종종, 삶에
주어진 치명적 상처나 잊을 수 없는 굴욕 혹은 극복하기 어려운
상처들로부터 발생했을 수도 있기 때문이다). 중요한 것은 후일
자본 형태로 열매를 맺게 될 씨앗인 시초 자본이 행위자의 마음에
존재하지 않는다면, 그는 결코 용이한 방식으로 자본주의적 노동
형태에 적응하지 못하리라는 사실이다.

여러 씨앗-자본들 중에서 특히 중요한 것은, 미래를 선취하여 거기에
자신의 이상적 가능성을 투사하고, 현재적 쾌락을 연기하면서
목표를 향해 스스로를 추동하는 능력이다. 나는 이를 '꿈-자본'이라
부른다(김홍중, 2015a). 꿈-자본은 행위자가 보유하고 있는 꿈꿀 수
있는 '심적-행위력(psycho-agency)'의 총체다.

1960년대에 알제리 사회에 자본주의가 도입되는 과정에 대한
현장연구를 수행하면서 부르디외는 자본주의적 행위자의 형성에
미래성(futurity)이 핵심적인 의미를 지닌다는 사실을 발견했다.
부르디외가 관찰한 바에 의하면, 당시의 알제리 실업자와
노동자들을 자본주의적으로 동원하는 작업은 매우 어려운
과제였는데, 그 이유는 이들에게 "미래 속으로 자신을 투사할
능력"이 결여되어 있기 때문이었다(부르디외, 1995: 101; Bourdieu,
1998: 97). 미래 속으로 자신을 투사할 수 있는 능력은 상상적으로

표상된 미래의 자기를 향해 적극적으로 움직여 나갈 수 있는
심적 능력이다. 이를 위해서는 감정적 지원(희망)이 요구되며,
목표를 이루기 위한 합리적 자원과 기술들에 대한 장악과 긍정적
태도들, 그리고 좌절이 닥쳐왔을 때 이를 극복하고 넘어설 수 있는
회복탄력성(resilience) 등이 복합적으로 요구된다.

꿈이 없는 자는 "미래와 적극적으로 대결하는 데 필요한 성향"
혹은 "기획된 미래에 대한 선호 속에서 현재를 변화시키려는 합리적
야심"이 없는 자로서, 현재의 고통을 금욕적으로 인내하고 그 결실을
미래에서 취하는 '자본주의적 하비투스'를 아직 체화하지 못한
행위자다(Bourdieu, 2003: 324; Bourdieu, 1998: 97). 새롭게
부과되는 자본주의 경제질서에서 밀려난 자들은 꿈꾸는 능력의
손상을 체험하고 있으며, 장래에 대한 포부와 희망을 상실한 "미래
없는 자들"로 전락하고 있었다는 것이다(부르디외, 1995: 79).

부르디외가 베버의 연구를 심화시키며 드러낸 것이 바로 자본주의적
삶의 핵심에는 행위자들이 마음에 품고 있는 "장래에 대한
전망(visée de l'avenir)"이 있다는 사실이다(부르디외, 1995: 80).
말하자면, 꿈은 순수한 유희나 백일몽이 아니다. 꿈은 자본주의의
역동적 기능요건 중의 하나다. 장래에 대한 전망이 없을 때, 그는
현실을 탕진하거나 실현 불가능한 요행주의에 빠지거나, 환상적
혁명사상으로 기울어간다. 자본주의를 움직이는 것은, 자본 축적,
자본 추구, 자본 활용의 동기를 부여하는 원형적 자본이며, 아직
자본으로 물질화되지 않았지만, 자본들을 생산하는 씨앗-자본이다.
꿈꾸는 마음이다. 자본주의의 주체는 이런 점에서 보면 단순한
강박적 노동자가 아니라 미래를 꿈꾸는 몽상가로 나타난다.

4. 아산몽(峨山夢)

자본주의와 마음의 이런 연관은, 자본주의적 근대로의 발전이
자생적이지 못했고, 제국주의의 침탈과 파괴적 전쟁을 겪고 난
폐허에서 새롭게 경제질서를 일으켜 세워야 했던 한국사회에서는
더욱 중요한 요소로 부각된다. 주요 자본과 기간시설이 파괴되었고,
오직 미국의 원조와 적산불하를 통해서 민간 자본이 시초 축적될
수 있었던 상황에서(이한구, 2004: 61-83), 무엇보다 중요한 것은
미래에 대한 희망과 신념을 가지고 고투하고 자녀들을 교육시키고
절약하고 저축함으로써 비참을 벗어나고자 열망했던 민중의 집합적
'심리-자본'이었기 때문이다. 1960년대 이후 진행된 "발전으로의
돌진"(Hart-Landsberg, 1993) 과정에서, 정치, 경제, 사회, 문화,
종교 등의 영역에 출몰한 이른바 '구조-창설적 행위자'들은 꿈의
생산자, 꿈의 설교자, 꿈의 교육자, 그리고 꿈의 자본가였다. 정주영
역시 한국 자본주의의 대표적 몽상가였다.

이는 특히 그의 '자본'에 대한 이해 방식에서 잘 드러난다.
정주영에게 자본은 반드시 경제 자본을 의미하지 않는다. 그에게
자본은 개인의 심적 동력, 시간 관리 방식, 가치관, 신용 등 거의
모든 인간적, 사회적 삶의 형식을 포함한다. 그는 말한다. 시간은
"누구에게나 평등하게 주어지는 자본금"이다(정주영, 1998: 7,
199). 시간은 생명과도 같다(정주영, 1991: 168). 특히 신용(信用)은
각별하게 의미심장한 자본이다(정주영, 1985: 36). 인간 또한
자본이다.

그는 강조한다. 자원 빈국인 한국이 경제발전을 이루어낸 원동력은
인적 자원의 힘이었다(정주영, 1985: 103-4). "모든 것의 주체는

사람"(정주영, 1998: 240)이고, "국가의 부존자원은 유한한 것이지만 인간의 창의와 노력은 무한"(정주영, 1998: 359)한 것이다. 그렇다면, 사람의 무엇이 가장 중요한 자본의 요소로 기능하는가? 사람이 품고 있는 "마음가짐" 혹은 "마음자세"다.[6] 그는 말한다. "사회나 국가에 있어서도 발전을 주도하는 것은 자본이나 기술이 아니라 인간이며, 인간 중에서도 오직 지식이나 학교 교육만을 갖춘 사람보다도 못 배웠어도 성실한 **마음자세**를 가진 인간이라고 생각합니다"(정주영, 1997a: 193. 강조는 저자). 성패를 좌우하는 것은 "마음먹기"에 달렸고(정주영, 1985: 141), 인간의 정신력은 "계량할 수 없는 무한한 힘"을 가졌고, 바로 그것이 흥망을 좌우한다는 것이다(정주영, 1998: 184).

정주영에 의하면, 마음은 그로부터 모든 것이 시작되는 시발점이다. 그는 기업의 운영과 경영의 핵심, 그리고 개인 혹은 조직이 발전을 결정하는 힘을 인간 마음에서 찾는다. "이기심을 버린 담담한 마음, 도리를 알고 가치를 아는 마음, 모든 것을 배우려는 학구적인 자세와 향상심 (…) 이러한 마음을 가지고 있는 집단이라야만 올바른 기업의 의지, 올바른 기업의 발전이 가능하다고 생각한다"(정주영, 1991: 345). 특히 그는, 아직 물질화되고 가시화되지 않았지만 그럼에도 불구하고 누군가의 마음속에 "씨앗"처럼 뿌려진 채 자라나는 열망에 주목한다.

> "사업하는 사람은 누구나 비슷하겠지만, 밥풀 한 알만 한 생각이 **내 마음속에 씨앗**으로 자리 잡으면, 나는 거기서부터 출발해서 끊임없이 계속 그것을 키워서 머릿속의 생각을 눈으로 볼 수 있는 커다란 일거리로

확대시키는 것이 나의 특기 중에서도 주특기라고 할
수 있다. (…) 기업을 하는 사람은 항상 보다 새로운
일, 보다 큰일에 대한 열망이 있다. 보다 새로운 일,
보다 큰일에 대한 **열망이 기업하는 이들이 지닌
에너지의 원천**이다. 기업인은 누구나 자신이 만든
기업이 영원히 남기를 바란다. 나도 누구보다 우리의
현대가 영원히 존재하기를 염원한다. 그 염원의 조건을
만들어놓기 위해서도 나는 항상 '큰일', '보다 큰일'을
추구하면서 살았다. 조선소라는 '밥풀 한 알'이 언제
내 마음속에 씨앗으로 자리 잡았는지는 정확하게
모른다. 어쨌든 1960년대 전반에 이미 내 마음속에
조선소가 멀지 않은 **미래의 꿈**으로 들어앉아 있었던
것은 확실하다"(정주영, 1998: 161-2. 강조는 저자).

"이젠 기술자나 관리자나 다 똑같은 인적 자원입니다.
아무 생각 없이 일찍 출근하고 늦게 퇴근할 것 같으면
그것은 어제나 오늘이나 똑같고 이달과 새달이 똑같고
금년과 작년이 똑같은 것입니다. (…) 모든 사람은
발전하는 꿈을 가지고 있어야 하고 그 꿈에 대해서
실행력을 가지고 있어야 합니다. 아무 꿈이 없이
사는 사람은 아무리 오래 살아도 발전하지 못하고
오래 그 일을 한다고 해서 하나도 발전을 찾아볼
수 없는 것입니다. 그렇기 때문에 모든 사람들은
발전하기 위해서 공부를 하고 다른 사람이 하는 일을
더욱더 노력해서 그 일을 더욱더 발전시켜 나가는
것입니다. 그렇기 때문에 그 사회는 발전하고 인류는

발전하고 우리가 선배세대보다 후배세대가 발전하는
것입니다"(강조는 저자).[7]

위의 두 인용문에서 보듯이, 정주영은 인간의 꿈을 '씨앗-자본'으로
인지하고 있다. 개인 수준에서나, 조직 수준에서나 꿈은 생산력이다.
꿈은 미래에 대한 '발전'의 시작점이다. 첫 번째의 경우 그 발전은
"항상 큰일, 보다 큰일"을 지시하며, 두 번째의 경우 그것은 사회와
인류의 발전, 미래의 발전까지를 내포한다. 정주영이 인지하는
꿈-자본은 이처럼 '무한한 발전' 혹은 '영원한 존재'를 향하고 있다.
하지만, 무엇을 위한 발전인가? 더 큰일이란 어떤 일을 가리키는가?
발전의 끝은 언제이며, 또 무엇이며, 그 결실은 누가 향유하는가?
사실, 이런 질문들에 대한 구체적인 해답은 제시되고 있지 않다.
꿈은 이때 내용이 아니라 하나의 형식, 텅 빈 삶의 형식이 된다.
내용을 규정하는 도덕성이 선명하지 않을 때, 꿈은 어떤 내용물도
적재할 수 있는 강력한, 그러나 맹목적인 견인차가 된다.

앞서 언급한 것처럼, 근대 자본주의가 상정하는 자본 축적 과정은
종결될 수 없는 무한 프로세스다. 특히 한국의 20세기적 발전주의는
선진국을 따라잡고(catch-up), 자신을 추격하는 국가들을 앞서야
한다는 '조급함'이라는 심리적 프레임을 동반했다. 중요한 것은
안보(냉전적 불안으로부터의 안전)와 경쟁에서의 승리이지, 사회적
평등이나 정의, 행복이 아니었던 것이다. 따라서 발전의 꿈에 동반된
세계상은 '항상적 위기상황'이고, 여기에서 살아남기 위해서 우리는
지속적으로 발전의 꿈을 추진해야 하며 이 과정에서 분배, 정의 등의
문제는 괄호에 묶어 놓아야 한다는 '항구적 유예의 논리'가 한국사회를
오랫동안 지배했다(서재진, 1991: 197-8; 전인권, 2006: 254-6).

극빈 상태를 벗어나고 폐허를 다시 일으켜 세워 경제 기적을 향해
돌진해 온 한국 근대성의 핵심에는 '중단 없는 전진', '우리도 한번
잘살아 보자', '하면 된다' 등의 표어들이 표상하는 발전의 꿈이
엔진처럼 장착되어 있었다(한상진, 1995: 142). 그 꿈은 민중과
노동자의 침묵과 희생을 요구하는 것이었다. 꿈의 자본가는 이런
점에서 괴테의 파우스트를 닮아있다. 간척사업을 통해 자연의 힘을
극복하기 위해 고투했지만 동시에 그런 욕망의 본질과 한계와 끝에
대해서 성찰하지 못했던 근대적 자본가의 원형이 파우스트라면,
그 문학적 형상을 통해 괴테가 포착한 근대적 발전주의자의 심리-
도식을 우리는 '파우스트 콤플렉스(Faust complex)'라 부를 수 있을
것이다.

Ⅳ. 파우스트 콤플렉스

1. 소명으로서의 건설업

정주영은 1915년 강원도 통천군 송전면 아산리에서 출생하였다. 소년
정주영에게 특징적으로 발견되는 사건은 네 차례의 가출이다. 가난을
벗어나려는 집념 혹은 "성공에 대한 강렬한 열망"이 동기가 되었을
것으로 보인다(권영욱, 2006: 15). 도주와 귀향을 반복하다가 열아홉
살인 1933년에 정주영은 네 번째 가출을 했는데, 우연한 계기로
쌀가게 〔복흥상회(福興商會)〕에 취업을 한다. 특유의 성실함에 감복한
주인이 가게를 맡아달라는 제안을 하고 이를 받아들인 정주영은
1938년에 〔경일상회(京一商會)〕라는 상호로 자신의 간판을 내건다.

중일전쟁의 여파로 가게를 정리한 후, 그는 1940년에는

〔아도서비스〕라는 자동차 수리공장을 세운다. 이어 1946년 4월에
〔현대자동차공업사〕를 설립한다. 해방 이후, 정주영은 건설업에
뛰어들어 1947년 5월에 〔현대토건사〕의 간판을 올린다. 두 회사는
1950년 1월에 〔현대건설주식회사〕로 통합된다. 공칭자본(公稱資本)
3천만 원, 불입자본(拂入資本) 7백5십만 원, 소재지는 중구 필동
1가 41번지였다. 한국전쟁 기간 동안 〔현대건설〕은 빠르게 성장한다.
미군 발주 공사들을 독점하였고, 특히 아이젠하워 대통령 숙소
공사와 유엔군 묘지 잔디밭 공사는 정주영 특유의 아이디어와
뚝심을 보여주는 계기로 인구에 회자되었다. 1954년의 고령교
복구 공사에서 큰 손실을 입었지만, 1957년 당시 최대 규모의 관급
공사였던 한강 인도교 건설 공사를 따냄으로써 설립 10년 만에
업계의 최정상에 선다.[8]

1960년대 중반 이후 정주영은 해외로 눈을 돌린다. 1965년 9월
태국의 파타니 나라티왓 고속도로 건설 공사, 1966년 1월에는
베트남 캄란만 준설공사, 방오이의 주택건설 공사를 수주한다.
1967년에는 소양강 다목적댐 공사를 시작했고, 같은 해
〔현대자동차주식회사〕를 설립하여 급속하게 성장한다. 1968년에
정주영은 경부고속도로의 전장 4차선 428km 중 40%를 담당하는
대토목사업에 뛰어들어 이를 완수한다.

1970년대에는 정부의 중화학공업 정책에 부응하면서 중공업
분야와 해외 건설사업에 착수한다. 1972년에 〔현대조선소〕가,
1973년에 〔울산조선소〕가 기공식을 가졌다. 1974년에는 26만 톤급
대형 유조선을 두 척 건조하는 동시에, 〔울산조선소〕의 1, 2 도크
준공을 마침으로써 2년 3개월 만에 조선소 건설과 배를 건조하고

진수하는 데 성공하는 전무후무한 기록을 남긴다. 1976년에는
그해 국가 예산의 절반에 해당하는 공사비 규모의, 사우디아라비아
주베일 산업항 공사를 수주한다. 1980년대에 88서울올림픽
유치, 〔현대전자〕 설립 등의 행보를 이어가다가, 1992년에는
〔통일국민당〕을 창당하여 국회의원에 당선된다. 급기야 제14대
대선에 출마했지만 낙선한다. 1998년에는 84세의 고령으로 소(牛)
천 마리를 끌고 민간인 최초로 판문점을 통과해서 고향을 방문하는
이벤트를 벌인다.

정주영의 일생은 비범한 창의력과 돌파력, 그리고 불가능해 보이는
일들에 도전하여 결국 성취해 낸 다양한 업적들로 장식되어 있다.
〔현대〕의 성공과 정주영의 카리스마적 리더십은 분리할 수 없는
일체를 이룬다. "조직 통제 및 경영전략 수립, 그리고 과단성 있는
사업 전개와 강력한 추진력 등으로 대표되는 특유의 기업문화
형성에 결정적인 영향력"을 행사한 것으로 평가되며(조동성, 1990:
225), "위험을 부담하면서(무모함), 할 수 있다는 강한 성취동기에
의한 과감한 의사결정 및 추진력으로 대표되는" 정주영 리더십이
〔현대〕의 성장 원동력이 되었다는 사실은 별다른 논란의 여지를
제공하지 않는다(박유영, 2005: 141).

가령, 앞에서 열거한 수많은 성취들은 일반적 상식과 교과서적
지식을 통해서는 이해할 수 없는 배짱과 모험, 그리고 철저한 낙관
속에서 시도된 것들이다. 흥미로운 것은, 그 바탕에 〔현대건설〕의
체험과 이로부터 형성된 소위 "건설업자적 발상", 혹은 토건적
상상력이 존재한다는 사실이다. 가령 모두가 반대했던 조선소
건설을 결정하게 된 과정을 정주영은 이렇게 회고한다. "어렵게

생각하면 한없이 어려운 일이나 쉽게 여기면 또 한없이 쉬운 일이다. 조선이라서 공장 짓는 것과 다를 바 뭐 있나. 철판 잘라 용접하고 엔진 올려놓고 하는 일인데 '모두 우리가 건설 현장에서 하던 일이고 하는 일이 아닌가' 하는 식의 **건설업자적 발상**으로 내 생각은 다른 사람들과 달랐다"(정주영, 1991: 116. 강조는 저자).[9]

베버처럼 말하자면 정주영은 건설업에서 자신의 '소명(Beruf)'을 발견하고 있다. 그는 건설업을 자기 "사업의 모체요 원동력"이라 부르고(정주영, 1997a: 59), "현대건설은 나의 생애 동안 정성과 정열을 기울인 국내 최대 기업이다"라고 공언하며(정주영, 1991: 177), 스스로 "여러 가지 업종을 가지고 있고, 여러 업종별 산업협회에도 관련되어 있고, 또 전경련도 맡고 있습니다만 경제인이 아니고 건설업을 하는 한 건설인이라고 자부"한다(정주영, 1985: 70-71).

여기에는 두 가지 근거가 있다. 첫째는 [현대건설]이 국가의 기간(基幹)을 정초했다는 자부심이다. "어떤 선진국에서도 나라의 탄생 초기부터 우리나라처럼 건설업이 국가 경제에 크게 기여한 예가 없다. 나는 아무것도 없이 곤궁했던 우리나라가 이룩한 한 시대의 눈부신 경제 성장 과정에서 우리의 건설업이 선도적인 역할을 수행했다는 사실에 무한한 자부심을 갖는다"(정주영, 1998: 127-8). 실제로 [현대건설]은 한국이 1960년대 이후 산업화를 추진하는 과정에서 시급하게 요청되었던 사회간접자본의 기틀을 만들어내었고, 1980년대 이후 거대기업으로 성장하는 [현대]의 도대를 확립하게 하는 기초를 제공한다(조동성, 1990: 227).

이러한 자긍심은 건설행위 그 자체에 대한 좀 더 본원적인 또 다른

자부심으로 이어진다. 그에 의하면 "건설업은 인간이 직접 자연을
극복하고 그것을 개조하는 업"이다. 결코 쉽지 않은 자연과의
투쟁이다. 정주영은 그 자신 스스로가 건설업을 통해 "인간 능력의
무한한 가능성"에 눈을 떴다고 토로한다(정주영, 1997a: 192).
"자연의 모든 악조건 아래서, 더구나 장래 희망을 회사에 건 이들이
아니라 공사가 끝나면 뿔뿔이 흩어지는 기능공들을 지휘, 의욕을
불어넣어 주며 노사 갈등 없이 성공적으로 한 공사를 끝낸다는
것은 대단한 능력을 필요로 하는 일"이기 때문이다. 건설업에서의
성공을 위해서는 "모험적인 정보, 모험적인 노력, 모험적인 용기"가
요청된다(정주영, 1991: 272).[10] 건설은 "인간의 사회 창조력의
표현"으로까지 상찬되고 있다(정주영, 1991: 271).[11]

2. 한국적 파우스트

이를 가장 드라마틱하게 보여준 에피소드가 서산 천수만
간척사업이다. 총연장 6,400m의 방조제 공사에 최후로 남은
난제는 270m 길이의 물막이 공사였다. 이 부분은 초속 8m의
급류가 흐르는 구간이어서 각종 최신 장비를 동원하여 거대한
암석을 투하해도 유속을 이겨내지 못하고 투하물들이 휩쓸려 가는
상황이었다고 한다. 정주영은 이 난항을 타개하기 위해 기발한
발상을 해낸다. 폭 45m, 높이 27m, 길이 322m의 대형 유조선
'워터베이'호를 물막이 구간 사이에 가라앉혀 물줄기를 차단하는
방법을 쓴 것이다. 1984년 2월 25일 이 전대미문의 '유조선
공법(일명 정주영 공법)'을 활용함으로써 공사는 극적으로 성공한다.
그리하여 4천7백만 평의 국토가 확장되었다. 정주영은 여기에
〔서산농장〕을 짓고, 〔아산농업연구소〕를 설립한다(현대건설주식회사,
1997: 481-6).

이 간척사업에 대한 정주영의 꿈 그리고 그 꿈의 실현에 스스로가
부여한 복합적 의미는 1998년의 자서전『이 땅에 태어나서』의
서문에 다음과 같이 표현되어 있다. "서산농장은 내게 농장 이상의
의미가 있다. 그곳은 내가 마음으로, 혼으로 아버님을 만나는 나
혼자만의 성지(聖地) 같은 곳이다"(정주영, 1998: 8). 삶의 막바지에
이른 노기업인의 토로는, 괴테의 파우스트가 자신의 숙원인 대규모
간척사업에 성공하고 난 이후 자신의 간척지를 굽어보면서 스스로
삶의 정점에서 말한 다음의 유명한 대사를 떠올리게 한다.

> "악취가 나는 썩은 늪의 물을 몰아내는 것이
> 마지막이면서도 최대의 공사가 되리라.
> 이로써 난 수백만의 백성에게 땅을 마련해주는
> 것이니 안전치는 못할지라도 일하며 자유롭게 살 수는
> 있으리라. 들판은 푸르고 비옥하니, 인간과 가축들은
> 새로 개척한 대지에 곧 정이 들게 될 것이며,
> 대담하고 부지런한 일꾼들이 쌓아올린
> 튼튼한 언덕으로 곧 이주해오게 되리라.
> (…)
> 그렇다! 이런 뜻에 나 모든 걸 바치고 있으니,
> 인간 지혜의 마지막 결론이란 이러하다.
> 자유도 생명도 날마다 싸워서 얻는 자만이,
> 그것을 누릴 만한 자격이 있는 것이다.
> 그래서 위험에 에워싸여 있으면서도 여기에서는,
> 아이고 어른이고 값진 세월을 보내게 되리라.
> 나는 이러한 인간의 무리를 바라보며,
> 자유로운 땅에서 자유로운 백성과 더불어 살고 싶다.

그러면 순간에다 대고 나 이렇게 말해도 좋으리라.
멈추어라, 너 정말 아름답구나!"(괴테, 2010: 431-2)

파우스트는 메피스토펠레스와 계약을 맺고 혼돈 속에서 방랑하다가
결국 영혼의 구원을 얻는 유럽 근대인의 상징이다. 비극 제2부에서
그는 서재에서 뛰어나와 세상을 주유하면서 공익을 위한 활동에
몰입한다. 그 활동 중 하나가 바로 황제가 하사한 해안의 광대한
늪지대를 간척사업을 통해 말려버린 후 비옥한 토지로 전환시키는
대토목공사였다.

여기서 흥미로운 것은 파우스트가 보여주는 자연에 대한 태도다.
그에게 자연은 아름다움도 신비도 아닌 개조와 정복의 대상으로
여겨진다. 가령, 파도(바다)는 "그 자체 비생산적인 것"으로서
광폭한 힘으로 해변을 지배하지만, 무의미한 영겁의 낭비, 예컨대
"사대원소의 맹목적인 힘"으로 간주되고 있다(괴테, 2010: 351). 그의
소망은, 인간 노동의 창조적 힘으로 파도의 지배영역을 몰아내고
거기에 인공 낙원을 만드는 것이다. 요정이 되어 나타난 '근심'의
조화로 맹인이 되었지만(파우스트는 근심을 품을 줄 모르는 오만한
자기 확신의 인간이다), 그의 마음속에는 간척사업에 대한 욕망이
더욱 커져서, 마침내 자신의 사업을 완성하고 악마와의 계약대로
죽음을 맞이한다.

파우스트의 삶에는 빛과 그림자가 공존한다. 그는 "언제나 열망하며
노력하는 자"로서, 끝없는 발전을 욕망하며 사업에 전념한다(괴테,
2010: 452). "오로지 이 세상을 줄달음쳐 왔을 따름"이며, "오로지
갈망하고 그것을 이룩하였고, 또다시 소망을 품고서는 그다지도

기운차게 일생을 돌진해왔다"고 절규한다(괴테, 2010: 423-4).
그러나 낡은 것을 넘어 새로운 질서(현대성)를 가져오는 과정에서
그는 참혹한 폭력과 파괴를 묵인했다. 그는 욕망에 불타는 자본가의
전형으로 나타난다(임홍배, 2014: 274-8). 노동자들을 수족처럼
부리고, 그 위에 일종의 절대적 정신으로, "수천의 손 부리는 하나의
정신으로" 군림한다(괴테, 2010: 427). 결국, 과도한 성취욕에
추동된 파우스트는 간척에 저항하는 노인 부부를 폭력적으로
철거시키는 과정에서 그들의 오두막에 불을 질러 부부를 태워
죽이는 참극을 자행한다.

파우스트가 상징하는 이 인간형은 서구 모더니티의 주역을 이룬
'발전주의자'의 주체성을 상징한다. 파우스트가 파도를 비생산적인
것으로 인식하는 장면은 특히 징후적이다. 자연을 활용해야 하는
자원으로 보고, 인간 행위와 실천을 통해 조형해야 할 질료로 보는
관점은 사실 서구 근대가 자연에 대하여 보여준 지배적 태도를
상징한다. 파우스트는 자기 자신과의 관계에서도 근대 자본주의의
자아-통치성의 전형성을 보인다. 그는 그저 앞으로 전진한다. 전진과
진보와 발전은 파우스트의 삶을 이끄는 목표이자 그를 추동하는
욕망이다.

한국 모더니티는 저 파우스트적 인간형을 어떻게 변형시켜
자기화했을까? 이 질문은 수많은 케이스들에 대한 탐구를 통해서
해답되어야 한다. 아마도 거기에는 차이만큼이나 유사성이 존재할
것이다. 유사성은 근대의 보편적 규정력에서 나올 것이며, 차이는
20세기 한국의 특수성에서 올 것이다. 이런 점에서, 자신이
만들어낸 간척지를 굽어보면서 내심을 토로하는 정주영의 다음

장면은 한국 근대의 특이성을 탐구함에 있어서 매우 의미 있는
징후를 제공한다.

> "나에게 서산농장의 의미는 수치로 드러나는, 혹은
> 시야를 압도하는 면적에 있지 않다. 서산농장은 그
> 옛날 손톱이 닳아 없어질 정도로 돌밭을 일궈 한
> 뼘 한 뼘 농토를 만들어가며 고생하셨던 내 아버님
> 인생에 꼭 바치고 싶었던, 이 아들의 뒤늦은 선물이다.
> (…) 일제 식민지 시대를 겪고 8·15 해방과 뒤이은
> 6·25 동족상잔, 4·19혁명, 5·16 군사쿠데타, 10·26
> 정변, 전두환, 노태우로 이어지는 군인 정치 30여
> 년, 그리고 '문민시대'라는 김영삼 정권 5년. 지난
> 반세기, 우리는 그야말로 영일(寧日)이 거의 없는
> 격랑의 세월을 지내왔다. 이 시점에서 돌이켜보면
> 우리 '현대'가 그 격랑의 시대를 거치면서 그래도 용케
> 좌초하지 않고 버티고 자라서 오늘을 맞은 감회가
> 스스로도 용쿠나 싶다"(정주영, 1998: 5-7).

한국적 파우스트 콤플렉스의 핵심에서 우리가 발견하는 것은
집합적 생존의지다. 이 욕망은 개체의 의식이나 경험을 초과한다.
세대적 전승이며 역사적 기억이다. 정주영은 자신의 성취를 앞에
두고, 식민지부터 20세기 후반까지 흘러간 한국사를 파노라마처럼
조망하고 있다. 주마등처럼 흘러가는 한반도의 역사적 장면들과
살기 위해 고투하는 아버지의 모습을 오버랩시키고 있는 것이다.
"손톱이 닳아 없어질 정도로" 노동하면서 삶의 비참(가뭄, 홍수,
전쟁, 정변)에 시달렸던 사람들의 생활세계와 그것을 넘어서겠다는

민중적 의지가 정주영이 제시하는 저 그림 안에서 소용돌이친다. 한국 자본주의 '정신'은 서바이벌에 대한, 무서운 민중적 갈망에 뿌리를 내리고 있는 것이다.[12]

실제로 위의 인용문에서 '감격적으로' 회상되는 [현대]의 50년 생존사(生存史)는 살아남기 위해 고투했던 근대 한국인의 삶을 배경으로 한다. 정주영이 떠올린 '아버지' 역시 그의 부친인 동시에, 그 힘든 시절을 살아나갔던 민중들을 대리표상한다. 이를 통해, 정주영은 자본가라는 현재적 정체성과 한국 민중의 아들로서 한반도에서 살아가고 있다는 민중적 정체성 사이에 서사적 타협점을 만들어낸다. 그는 이렇게 말하고 싶었을지도 모른다. 끝없는 발전과 개발, 그리고 건설업 에토스를 강조하는 '아산정신'의 보다 깊은 곳에는 사실 부(富)에 대한 순수하게 '자본주의적인' 욕망이 아니라, 더 근원적이고 기초적인 마음, 그러니까 '생존에 대한 갈망'이 존재한다고. 그 생존의 갈망은 한반도에서 태어나 살아가는 자들의 마음속에 뿌리 깊게 박혀 있는 역사적 운명 같은 것이라고.

V. 생존지향적 발전주의

1. 무한한 발전

로랑 라피에르(Laurent Lapierre)는 리더십의 핵심에서 그가 '상상태(imaginaire)'라 부르는 일종의 심리적 판타지를 발견한다. 그것은 대개 리더의 내면적 삶을 지배하는 이미지, 욕망, 비전, 동기, 열정의 총체이며, 외적으로 드러나는 리더의 능력과 업적의 이면에서 작용하는 "인성의 심층구조"다(Lapierre, 1994: xv-xvi).

이런 점에서 보면, 파우스트 콤플렉스는 정주영의 마음을 움직이는 하나의 '상상태'다. 앞에서 언급한 것처럼 파우스트 콤플렉스는 의심이나 의혹을 접어 둔 채 미래로 쇄도해 들어가는 과도한 공격적 낙관으로 특징지어진다.

정주영은 낙관성을 개인의 성격이라기보다는, 기업가에게 직능적으로 요청되는 자질로 이해하고 있다. 미래의 수익을 예상하고 투자해야 하는 기업가는 자신의 결정에 대한 확신과 신뢰를 갖고 있어야 하기 때문이다(정주영, 1985: 66). 이런 의미에서 그는 케인즈가 말하는 "야성적 혈기(animal spirit)"의 가능성을 극단적으로 밀고 간 기업인이라 할 수 있다. 『고용, 이자 및 화폐의 일반이론』에서 케인즈는 이렇게 쓰고 있다.

> "우리의 적극적인 활동의 대부분은, 그것이 도덕적인 것이건 쾌락주의적인 것이건 또는 경제적인 것이건 간에, 수학적 기대치에 의존하는 것보다는 오히려 자생적인 낙관(樂觀)에 의존한다는 인간성의 특징으로 말미암은 불안정성이 또 있는 것이다. 장래의 긴 세월에 걸쳐 그 완전한 결과가 나오는 어떤 적극적인 일을 행하고자 하는 우리의 결의(decision)의 대부분은, 추측건대, 오직 야성적 혈기(animal spirits) -불활동(inaction)보다는 오히려 활동을 하려는 자생적인 충동-의 결과로 이루어질 수 있을 뿐이며, 수량적인 이익에 수량적인 확률을 곱하여 얻은 가중평균의 소산으로 이루어지는 것은 아니다"(케인즈, 2007: 189).

케인즈에 의하면 경제적 활동에서조차 합리적 계산이 아니라 심정적, 정서적, 의지적 감각(동물적 직감)이 더욱 중요하다. 미래에 대한 확신이 중요하다. 이런 낙관성은 공격적 경영과 투자로 이어진다. 물론 실패도 있을 수 있지만, 그것은 더 나은 성공을 위한 과정일 뿐이다. 실제로 정주영은 여러 차례 전화위복의 상황을 겪는다. 하지만, 그는 실패가 오히려 더 큰 성취의 시발점이 될 수 있다는 적극적 '해석회로'를 만든다. 그에 의하면, "모든 일에는 좋고 나쁜 면이 항상 공존"한다(정주영, 1985: 38). 이런 인식은 개인의 인생이나 기업 경영, 더 나아가 국가의 운영에 있어서 목적론적 논리로 연결된다. 환언하면, 개인, 기업, 국가의 모든 행위(실패를 내포한)의 종착지는 '발전'이다.

> "인간의 의지란 자기 자신을 넘어 영구히 존재하는 것이고 **무한히 발전한다는 확신**, 자기가 못다 한 일은 자기 자손이 해낼 것이라는 확신, 우리 세대의 숙제는 우리 다음 세대에 풀어진다는 확신을 가진 사람은 오로지 성취를 통해서 이 영원한 자기를 확인하고 그런 과정 속에서 보람을 찾아 진정한 삶의 기쁨을 누리게 되는 것 같습니다"(정주영, 1985: 393. 강조는 저자).

> "하루하루 발전하지 않는 삶은 의미가 없다. **우리는 발전하기 위해서 사는 것이다.** 태어나는 자리나 환경, 조건이 똑같을 수는 없다. 그러나 한 가지 똑같은 것이 있다. 누구의 미래든 당신의 발전을 위해 준비되어 있다는 점이다. 발전을 위해 준비되어 있는 미래를

무의미한 것으로 만드는 건 순전히 자기 자신의
책임이다"(정주영, 1998: 412. 강조는 저자).

"매일이 새로워야 한다. 어제와 같은 오늘, 오늘과 같은
내일을 사는 것은 사는 것이 아니라 죽은 것이다.
오늘은 어제보다 한 걸음 더 발전해야 하고 내일은
오늘보다 또 한 테두리 커지고 새로워져야 한다.
이것이 가치 있는 삶이며 **이것만이 인류 사회를 성숙,
발전시킬 수 있다**"(정주영, 1991: 98. 강조는 저자).

"이 세상에는 무한한 것이 세 가지가 있다고
생각합니다. 그 하나는 시간이요 또 하나는
공간입니다. 그러나 또 다른 하나의 무한이 있습니다.
하나의 개체로서의 생명은 유한하지만 생명 그 자체는
무한한 것이고 무한히 발전하는 것입니다. (…) 나는
이 발전의 무한, 인류의 무한한 발전이라는 제삼의
무한을 믿습니다. 이 제삼의 무한을 믿는 사람이
이상주의자입니다"(정주영, 1985: 392-3. 강조는
저자).

정주영에게 발전은 모든 인간 행위와 실천의 텔로스다. 인간은
"발전하기 위해서" 산다. 발전가능성의 차원에서는 모든 인간이
동등하다. 발전의 길은 "무한"하다. 스스로 이상주의자라 부르고
있지만, 사실 그의 발언들에 스며들어 있는 사고 도식은 명백히
발전주의적이다. 발전주의란 무엇인가? 여러 정의들이 존재한다.
"자연 환경이나 자원을 이용해 기술, 경제, 산업의 진흥을 도모하는

행위와 이를 둘러싼 가치"(조명래, 2003: 32-34)라는 규정도 있고,
"산업화, GNP 혹은 GDP, 수출 및 무역확대 등으로 표현되는
성장지향성 혹은 성장추구적인 정향"(조희연, 2002: 327)이라는
접근도 있다. 혹은 "산업화(또는 후기산업화)와 경제성장 등을 통한
사회의 경제적 발전을 다른 가치보다 우선시하는 태도"(김종태,
2014: 168)를 가리키는 용어로 이해할 수도 있다.

사실, 한국사회에서 발전주의의 핵심을 이루는 '경제 제일주의'
이념은 일찍이 윤보선과 장면에 의해 표방된 바 있다(이장규, 2014:
47). 그러나 국가 장치들과 정책들, 단계적 계획, 강력한 리더십,
그리고 대규모의 노동 동원, 기업인들과의 '발전 동맹'을 통하여
한국사회 전체가 수출 지향적 총력전 체제에 본격적으로 돌입한
것은 박정희 정권에 이르러서였다(김윤태, 2012: 94-107).

한국형 발전국가 모델은 국가가 자본, 금융, 노동을 통제하고, 경제적
의사결정을 독점하면서, 놀라운 성장을 이끌어낸다. IMF 외환위기
이후 그 실효성에 의문이 제기되기 전까지, 이 모델은 약 반세기에
가까운 시간 동안 한국사회를 지배하는 정치-경제적 원리로
기능했다.[13]

특히 한국의 발전국가는 견고한 반공 이데올로기를 바탕으로,
사회와 기업을 일종의 병영으로 구성하고,[14] 사회의 모든 에너지를
발전과 성장에 집중시켰다. 발전하는 국가, 발전하는 기업, 발전하는
가정, 발전하는 자아는 이와 같은 공격적 발전주의가 지배하는
사회의 기본 구조를 이룬다. 우리가 정주영에게서 발견하는
발전주의적 태도는 이 같은 시대 상황을 배경으로 한다. [현대]는

다른 어떤 기업들보다 박정희 정권의 개발 정책의 순풍을 타고
약진했다. 정주영 자신도 박정희와의 교감 속에서 근대화된 한국의
건설에 매진한다. 1970년대 이후 추진된 중화학 공업화에 빠르게
적응한 〔현대〕는 발전주의의 시대에 승승장구하여 거대재벌로
성장한다(지동욱, 2002: 108-9).

2. 생존주의적 몽상연합

리스트(Gilbert Rist)에 의하면, '발전'은 원래 생명체의 성장을
가리키는 용어였다. 그것이 비유적으로 인간 역사와 사회에
전이되면서 근대의 거대 담론으로 진화한 것이다(리스트, 2013:
64-81). 그 결과 '발전'이라는 용어는 진보, 서구화, 문명화라는
의미를 내포하게 되었고, 지속적 성장이 언제나 가능하다는 믿음과
결합했다(리스트, 2013: 86-90). 이런 변화를 극적으로 보여주는
중요한 사건이 바로 1949년 1월 20일 미국 대통령 트루먼의 취임식
연설이다(Esteva, 1992). 이 담화에서 트루먼은 자기 정책의 네
번째 기조를 다음과 같이 제시한다.

> "강력한 새 계획에 착수하여 우리의 선진 과학과
> 산업적 진보의 성과가 저발전지역(underdeveloped
> area)의 개선과 성장에 이바지할 수 있도록 해야 한다.
> 세계의 절반이 넘는 사람들이 고통스러운 환경에서
> 생활하고 있다. 그들은 질병의 희생자다. 경제적 삶은
> 원시적이고 침체되어 있다. 빈곤은 그들에게나, 보다
> 풍요로운 지역에나 장애와 위협을 안겨주고 있다.
> 역사상 처음으로 인류는 이들의 고통을 완화시킬 수
> 있는 지식과 기술을 소유하고 있다. (…) 나는 우리가

> 평화를 사랑하는 사람들이 더 나은 삶에 대한 열망을
> 깨닫는 데 도움이 되도록 우리의 축적된 기술 지식의
> 혜택을 받도록 해야 한다고 믿는다."[15]

트루먼의 논리에 의하면, 저발전과 발전 사이에는 가파른 단절이
있다. 저발전은 미개한 것이며, 발전은 문명적인 것이다. 발전으로
가기 위해서는 자생적 운동으로는 불가능하다. 이미 발전한 자들의
경로를 따라야 한다. 병리적인 상태를 벗어나 정상적 발전 상태로
진입해야 비로소 고통이 종결된다.

이 모델은 20세기의 중반 이후 전 세계로 빠르게 확산되어
제3세계를 지배하는 '프로젝트'가 되며(맥마이클, 2013: 96 이하),
전후 한국을 움직이는 중요한 정치경제적 틀로 기능한다(김종태,
2013: 81-84). 트루먼은 명시한다. 발전은 단순히 더 나아진다는
사태 정도를 가리키는 것이 아니다. 그것은 공동체의 생사를 가르는
절체절명의 문제다. 특히 근대로의 진입에서 큰 상처를 체험한
한국인들에게 '발전'은 더욱더 절실한 의미를 띠게 된다. 즉, '생존'이
보장되어 있지 않은 삶(국망, 식민지적 수탈, 한국전쟁, 절대빈곤
등)에서 안전하고 부강한 삶으로의 도약이 그것이다. 한국적
발전주의는 국가/민족적 생존 불안과 결합되어 있었다.

1981년 4월 국민윤리학회 춘계세미나에서 정주영은 한국사회의
경제발전에 대해서 언급하면서, "경제가 인간생활의 유일한 목적이고
최고의 목적이라 생각했기 때문에 경세사회를 추구하고 경제와
산업의 성장과 발선을 추구한 것이 아님"을 강변한다(정주영, 1997b:
103). 즉 경제성장은 그 자체로 목적이 아니며, 그것을 통해서

도달해야 할 다른 목표가 있다는 것이다. 그것이 '생존'이다. 그는
자신의 생각을 이렇게 명시한다. "우리나라에서 가장 가난한 것이
바로 의식주라는 **인간생존의 물질적 기초**였기 때문이요, 상대적으로
정신의 유산을 풍부했기 때문이었다고 보고 있습니다. 가난한
것, 가난한 유산은 정신문화가 아니고 **물질적 생존**이었기 때문에
경제성장으로 사회의 정력이 집중될 수 있었던 것이라 믿습니다.
그동안 우리에게는 **실존적 생존**의 필요가 너무나 급박했었다고 말할
수 있습니다"(정주영, 1997b: 104. 강조는 저자).

이것은 일찍이 베버가 설파한 '자본주의 정신'과 매우 다른 심리-
도식이다. 서산 농장에서 자신의 아버지를 회상하며 감격해하는
장면에서 목격했던 콤플렉스를 우리는 여기서 다시 발견한다.
정주영은 강조한다. 한국 자본주의 정신은 생존에의 열망이며,
이것이 경제뿐 아닌 사회 전체를 관통하는 근대성의 정신이라고.
정주영에 의하면, 지난 100년의 한국사는 "나라가 힘이 없어서
주권행사를 제대로 못 했기 때문"에 체험해야 했던 "불행한
역사"다. 따라서 "민족의 무한한 생존을 보전하기 위해서 부와
강을 겸비한 산업을 완성"해야 한다(정주영, 1997a: 10). 정주영의
가슴을 움직인 현장은 민중이 자신들과 가족들의 생존을 위해
고투하는 현장이었다. 그 자신이 농부의 아들이었고 민중적 취향의
소유자였던 정주영은 생존의 엄숙한 무게와 마주칠 때마다 숙연한
태도로 이를 바라보았음을 고백한다.

> "72년 3월 23일, 8천만 달러라는 막대한 자금이
> 소요되는 현대조선소 기공식이 박정희 대통령의 참석
> 아래 있었다. 다음 해 6월 완공이 목표였다. (…) 총과

실탄만 없었지 전쟁터였다. 매일같이 계속되는 24시간 돌관 작업으로 신발 끈을 맨 채로 자는 사람이 허다했고, 새벽이면 여기저기 고인 웅덩이의 빗물로 물칠이나 하면 그것이 세수였다. 나 또한 첫새벽에 일어나 준비하고 있다가 통금 해제와 동시에 집을 나서 울산으로 향하곤 했다. 이른 새벽, 집을 나서서 남대문을 지나치노라면 거기서 무수한 사람들을 보게 된다. 한 부부가 그날 팔 물건을 손수레에 받아 앞에서 끌고 뒤에서는 밀며 시장 골목을 나서는 모습들이 차창을 통해서 희뿌연 안개나 여명 속에 안쓰럽게 보이기도 했다. 그런 광경들을 볼 때마다 나는 뭉클해지고는 했다. **이름도 얼굴도 모르는 그들에게 설명할 길 없는 존경과 유대감**을 느꼈다. 우리도 머지않아 잘살 날이 반드시 온다는 확신을 이름 모를 이들에게 보내면서 새롭게 힘을 얻기도 했다. 사실 그때 우리 임직원 모두는 똑같은 사명감과 일체감 속에서 다 같이 눈물겹게 분투했다. 정신은 계량할 수도, 눈에 보이는 것도 아니지만 바로 그 보이지 않는 정신이 일의 성패를 좌우한다"(정주영, 1991: 125-6. 강조는 저자).

위의 회상에는 발전국가의 리더 박정희와 기업가 정주영 그리고 "이름도 얼굴도 모르는" 민초가 등장한다. 이들은 생존과 발진을 위한 고투 속에서 연결되어 있으며, 이런 이미지 속에서 우리는 한국 근대성의 한 소망상(所望象)을 읽어낼 수 있다. 정주영은 국가와 민중을 매개하는 자리에 있다. 한편으로 민중의 생존투쟁에

연대감을 느끼면서, 이와 동시에 국가의 발전을 위해 일하는 자로
스스로를 표상하고 있는 것이다. 이때 이들을 연결하는 "보이지
않는 정신"이 바로 생존을 향한 열망과 불안에 기초한 '생존주의'다.
이것은 매우 흥미로운 꿈의 연합과 동맹의 현장이다.[16]

꿈의 사회학적 의미에 대한 연구에서 나는 꿈의 스케일과 연관된
세 가지 상이한 유형 구분을 시도했다. 사몽(私夢), 공몽(共夢),
공몽(公夢)이 그것이다(김홍중, 2015a: 52-56). 사몽(私夢)은 개인의
사적 꿈이다. 공몽(公夢)은 '아메리칸 드림'이나 '유러피안 드림' 혹은
'중국몽(中國夢)'처럼 국가적 미래 청사진과 조직된 프로그램이다.
공몽(共夢)은 특정 그룹의 행위자들(조직, 기업, 교회, 학교, 단체)이
공유하는 꿈이다. 이 세 가지 수준의 꿈들은 때로는 서로 접합되고,
때로는 분리되고, 때로는 갈등하거나 충돌하기도 한다. 위의 장면이
보여주는 것은 기업가 정주영의 사몽이 자신이 운영하던 기업의
공몽(共夢)과 결합하고, 이 결합이 결국 발전국가의 공몽(公夢)으로
수렴되어 한 시대의 신화를 구성하는 장면이다. 개인의 꿈인
발전하는 인간, 빈대처럼 노력하여 성공하는 인간이 되는 것은,
그룹〔현대〕의 공몽(共夢)을 매개로 시대적 이데올로기였던 국가적
발전주의(公夢)와 결합한다. 민중들의 생존에 대한 열망은 국가와
기업이 만든 이 한국 근대의 '생존주의적 몽상연합(夢想聯合)'의
주된 에너지원이었다. 한국의 성공적 산업화는 바로 이런 마음의
역동 속에서 가능했던 것이다.

VI. 마치며

정주영이 1990년대에 접어들면서 정치를 시작하던 시기는
공교롭게도 글로벌 자본주의의 세계화 경향에 한국사회가 개방되기
시작하던 새로운 국면이었다. 그런데, 바로 이 시기를 한국사회는
여러 재난의 형태로 체험한다.

주요 사건들을 정리하면 다음과 같다. 1993년 1월에 청주우암상가가
붕괴하여 28명이 사망하였고, 같은 해 3월에는 부산 구포역
열차 탈선사고로 78명이 사망한다. 7월에는 아시아나 항공기가
추락했고(66명 사망), 10월에는 위도 페리호 침몰사고가
있었다(292명 사망). 다음 해인 1994년 10월에는 충주호
유람선 화재사고로 29명이 숨졌고, 성수대교가 붕괴하여 32명이
희생되었다. 같은 해 12월에는 마포 가스폭발 사고로 13명이
사망했다. 1995년에도 대구지하철 가스 폭발사고가 발생해서
101명의 희생자를 냈고, 6월에 발생한 삼풍백화점 붕괴는 502명의
목숨을 앗아갔다. 1997년 8월에 괌에서 KAL기가 추락하여
254명이 사망했다. 그리고 1997년 겨울에는 마침내 IMF
외환위기를 맞이하게 되었다.

이러한 재난들을 겪는 과정에서, 경제개발을 위해 모든 것을
유보하고 억압하고 달려온 '한국 주식회사(Korea, Inc)'의 허약성이
드러났다. 발전주의적 문화인 신속성에 대한 숭배(빨리빨리 문화),
과도한 낙관주의(can-doism), 무모한 모험주의의 부정적 측면들도
적나라하게 노정되었다. 아시아적 가치로 칭송되던 유교문화의
특징들은 정실자본주의와 정경유착을 야기하고 기업의 효율성과

투명성을 저해하는 요소로 비판받기 시작했다. 건물 붕괴와
비행기, 여객선, 지하철, 다리와 같은 공공 시설물들의 부실 건설과
졸속행정, 부패 그리고 안전 불감증에 기인하는 사고들은 앞만 보고
달려온 경제개발의 시대를 자랑스럽게 여기던 한국인들에게 큰
충격을 안긴다.

한국적 근대화(돌진적 성장, 압축적 근대)의 파행성(일상화한
비정상성, 총체적 위험사회)에 대한 다양한 비판들이 공론장에서
시민들의 공감을 얻었다(김대환, 1998; 장경섭, 1998; 성경륭,
1998; 이재열, 1998). 한마디로 말하자면 토건적(土建的) 상상계에
대한 사회적 비판이 활성화되었던 것이다. 파괴하고, 짓고, 세우고,
파헤치는 것을 지상의 업적으로 삼는 파우스트적 욕망의 한계가
드러났기 때문이다.

앞서 분석한 것처럼, 아산심(峨山心)이나 아산몽(峨山夢)은
절대빈곤의 시대에 주어진 적응문제들을 해결하기 위해 구성된
것이다. 그 시대 한국인들은 생존지향적 발전주의를 마음에 품고,
그런 심리-도식들을 교육하면서, 또한 그것으로부터 삶의 의미를
끌어내면서 한 시대를 건설했다. 한국 자본주의의 성공은 이 집합적
심리 에너지의 광범위한 동원이 없었다면 아마도 불가능했을 것이다.
그러나 이와 동시에 생존지향적 심리-레짐은 한국 자본주의와
모더니티의 위기이자 한계로 작용하기도 했다. 생존지향적
발전주의가 행위자들의 습속이 되고, 제도와 문화가 되어버렸을 때,
그것은 새로운 위험요소로 기능하기 시작한다.

성장이 영원할 것이라는 암묵적 신념, 하면 된다는 빈대의 마음,

자연을 정복하여 낙원을 구성할 수 있다는 파우스트 콤플렉스,
경제가 삶의 모든 것이라는 물질주의적 가치관은 이제 근본적으로
재구성되지 않으면 새로운 '리스크'로 작용할 수 있다. 이른바
재귀적 근대성(reflexive modernity)의 역설이다. "모든 시대는
다음 시대를 꿈꾼다"라고 프랑스 역사학자 미슐레는 말한 바
있다(벤야민, 2005: 93). 이 말은 이성이 아니라 꿈이 한 시대의
구성 원리일 수 있음을 암시한다. 하지만 이와 동시에, 한 시대의
꿈은 언제나 다음 시대의 꿈에 의해 부정되고, 비판되고, 탈구축될
운명에 처해 있다는 말이기도 하다. 정주영 스스로 언급하듯
"장강후랑추전랑(長江後浪推前浪)", 즉 장강은 뒷물결이 앞물결을
밀어내면서 앞으로 나간다(정주영, 1998: 431). 앞물결을 만들어낸
구조-창설적 행위자는 뒷물결에 의해 부정되면서 변형되어 새로운
시대의 꿈의 원료로 다시 태어나거나, 아니면 덧없이 사라진다. 이
재생과 변형이 가능하기 위해서는 선행하는 구조가 생성된 과정에
대한 처절한 성찰이 있어야 한다.

보론. 개발 영성(靈性)

근대화 과정에서 '개발'이 단순한 정치 이데올로기가 아니라 인간의
마음 깊은 곳을 움직이는 영성(靈性)이었다는 사실을 보여주는
사례가 하나 있다. 1966년 4월 1일부터 1970년 4월 15일까지 14대
서울시장을 역임했던 '불도저 시장' 김현옥(1926-1997)의 경우다.

잘 알려진 것처럼, 김현옥은 지하도와 육교 공사를 시작으로,
공격적이고 저돌적인 추진력을 발휘하여 서울을 근대도시로
탈바꿈시켰다. 도시기본계획을 수립하여 1985년경에 이르러 인구
500만 명을 수용할 수 있을 것으로 예상되는, 미래 도시의 청사진을
제공했다. 1960년대에 접어들어 폭발적으로 인구가 증가한 서울시의
택지확보, 상하수도 증설, 교통 혼잡 같은 문제들을 해결하기 위해
도로 확장과 변두리 개발을 시도했으며, 로터리와 전차를 철거하고
지하도와 육교를 건설하는 등 도시 입체화를 실행했다.

또한 김현옥은 1967년 8월에 청계 고가도로를 착공, 같은 해
9월에는 세운상가 기공식을 거행한다. 한강 연안 개발계획을 수립,
여의도에 둘레 7.6km, 높이 16m의 제방을 쌓아 인공섬을 조성했고,
1969년에는 여의도 종합개발 계획을 수립하였다. 그는 강변도로를
건설하고 시민 아파트를 짓는 과정에서 판자촌을 철거한다. 1970년
4월 8일 와우아파트가 붕괴하면서 차일석 부시장과 함께 그는
사의를 표명하고 직을 떠난다.[17] 자신의 연설과 수필을 모아 펴낸
에세이 『우리의 노력은 무한한 가능을 낳는다』에서 이렇게 쓰고
있다.

"나에게는 조국이 준 **하나의 계시**가 있다. 그것은
건설을 하라는 것으로 나는 받아들인 것이다.
길을 세우고, 집을 세우고 그리고 시민을 세워야
한다는 것이다. 철학에서도 일컫기를 종교는 하나의
계시철학이라고 했다. 그러기에 그것은 **나의 종교와도
같은 것**이 되어 버렸다. 종교는 인간에게 자신도 알 수
없는 비상한 힘을 주는 위대함이 있다. 또 그 종교의
교리가 분명할수록 신도는 많게 마련이고 신도들의
힘은 위대하게 집약된다. (…) 종교는 아는 것이 아니고
믿는 것이라는 어느 종교인의 말을 나는 기억하고
있다. 그러나 교도가 없는, 교리가 없는 종교이어서는
안 되겠기에 나는 우선 나의 동료들인 시민들에게
나의 종교를 힘들여 전도하고 있다. 그리고 그들에게는
'시민을 주인으로'라는 것을 교리로 내세우고 있다.
하지만 그 종교가 400만 시민에게 전파되어질 수
있다면 그 교리는 보다 차원이 달라져야 한다. '서울을
건설하자'는 것으로 말이다. 순교자의 보람이 자아를
잊어버리는 데까지 나는 외람히 **순교자적인 마음**이
되고 싶다"(김현옥, 1969: 306. 강조는 저자).

위의 글에 나오는 개발, 발전, 건설 같은 용어들은 합리적
도시행정의 언어가 아니라 종교적 부흥회의 언표들처럼 들린다.
메타포로 치부하기에는 너무 반복적으로, 너무나 명확한 확신
속에서, 종교적 함의를 가진 단어들이 이어지고 있다. 김현옥은
자신의 마음자세를 종교로 간주하고 있으며, 이를 시민들에게
전파, 전도하고자 하는 의지를 보이기도 한다. 그에게 발전주의는

정치나 행정의 차원을 넘어선 일종의 시민종교가 아니었을까? 그는
발전주의의 순교자가 되기를 스스로 원하고 있지 않은가? 실제로
그는 같은 책의 다른 곳에서 "450만의 종교는 건설이다"라고
단언하고 있다(김현옥, 1969: 123).

김현옥 시장과 함께 서울시 부시장으로 발탁되어 1966년부터
4년간 근무했던 차일석(1931년생)도 당대의 개발영성이 어떤
수준이었는지를 드러내는 또 다른 일화를 보여준다. 1967년 어느
날, 독실한 기독교 신자인 모친이 그를 부른다. 그리고 이르기를,
신의 계시가 있었으니 서대문 순복음교회를 나가보라는 것이다.
한경직 목사의 영락교회에 다니던 엘리트 차일석은 통성기도,
방언, 격렬한 예배 스타일로 유명했던 순복음교회에 대해 거부감을
갖고 있었다. 하지만 모친의 청을 이길 수 없어 그는 교회를 직접
방문한다. 하지만 역시 분위기에 적응하지 못하고 돌아 나오려는
찰나, 한 카리스마적인 목사의 설교가 시작된다. 그는 즉각적으로 그
설교에 매료되었다. 차일석은 다음과 같이 쓰고 있다.

> ""믿음은 바라는 것들의 실상이요 보이지 않는 것들의
> 증거니라고 히브리서 11장 1절에 말하고 있습니다.
> 믿음으로 바라볼 때 현실이 됩니다. 이제 부정적인
> 생각을 뛰어넘어 모든 환경을 주님께 맡기십시오.
> (⋯)" 확신에 찬 목사님의 말씀 하나하나가 나의 가슴
> 깊은 곳을 쾅쾅 울려댔고 설교를 듣는 동안, 말씀
> 속에 점점 빠져들었다. 그 시기 나는 김현옥 시장과
> 함께 서울시 개발에 몰두하며 아름다운 서울, 미국의
> 뉴욕과 같은 도시를 만들고 싶은 꿈과 비전을 품고

있었다. (…) 서울시 개발문제로 많은 고심하던 차에
조용기 목사님의 희망찬 메시지는 그동안의 모든
고민들을 한순간에 날려버렸다. (…) 나는 그날 그
어디에서도 얻지 못했던 용기를 서대문순복음교회
30대 초반의 젊은 목회자인 조용기 목사님에게 얻었고
서울시 개발에 박차를 가했다"(차일석, 2005: 39-
40).[18]

잘 알려진 것처럼, 조용기의 오순절 신학은 생존주의적 통치성과의
풍부한 정동적 상응을 보인다. 그의 '삼박자구원론'과 '삼중축복론'의
핵심 논리는 (그가 자신 신학의 영감으로 생각하고 있는) '요한
3서'의 다음 문구에 집약되어 있다. "사랑하는 자여 네 영혼이
잘 됨같이 네가 범사에 잘 되고 강건하기를 내가 간구하노라."
이 구절의 발견은 조용기 오순절 영성의 형성에 결정적인 영향을
미쳤다. 그는 보수 교단의 징벌적 신의 이미지 대신 '좋으신
하나님'이라 그가 명명한 시혜적 신의 이미지를 내세우며, 삶에서의
물질적 번영과 건강을 축복하기 시작한다. 그가 말하는 삼박자는
영혼, 육신, 일상의 세 영역이며, 그가 축복하는 대상은 영혼과
육신과 사업을 포괄하는 일상적 삶 전반이다. "영적 구원", "생활적
축복", 그리고 "전인적 치료"가 그것이다(조용기, 1983: 73).

그날 차일석을 움직인 것은 기독교의 '종교적' 독트린이었다기보다는
아마도 오순절 신학이 적극적으로 표방했던 저 무제한적 낙관성,
할 수 있다는 신념의 메시지 그 자체였을 것이다. 미래를 향해
돌진하는 존재들의 마음에 낙관적 에너지를 강렬하게 고취시키는
조용기의 설교를 들으면서, 그는 자신이 추진하던 도시개발과

오순절 번영신학의 정서적 공통분모를 직감했을 것이다. 그것은
처절한 낙관주의, 부정성에 대한 거부, 그리고 저돌적 힘의 실천에
대한 믿음 같은 것이었다. 우리는 지금 김현옥으로부터 차일석으로
이어지는 한국 근대성의 간판 관료들의 정신세계 속에서 가동되는
영성적 엔진들을 보고 있다. 서바이벌리스트 모더니티의 흥미로운
단면이다.

1   이 연구에서 활용될 기초 자료는 정주영의 자서전, 연설문집, 전기 혹은 일화집이다. 자서전의 경우, 1991년 대선 출마를 앞두고 출판된 『시련은 있어도 실패는 없다』와 1998년에 출판된 『이 땅에 태어나서』를 분석 대상으로 하였다. 연설문집은 1985년에 출판된 『아산 정주영 연설문집』 그리고 1997년에 출판되어 주로 경제 관련 연설을 담고 있는 『한국경제 이야기』, 같은 해에 출판되어 정치와 사회 분야의 연설을 담고 있는 『새로운 시작에의 열망』을 분석 대상으로 하였다. 한편, 유명 인사들의 회고록은 많은 경우 세속적 목적(선거운동, 자기광고, 자기미화 등)을 위해 출판되는 경우가 많다. 따라서, 그 자서전이 자신의 삶을 진실하게 서술하고 있는지를 잘 살펴야 한다. 1990년대 초반 다수의 기업가들이 자서전을 출간했을 때 "자신들의 경영 이념과 생애를 미화해 독자들에게 강요하는 또 다른 지배자의 논리"(경향신문, 1992년 5월 9일)라는 비판이나 "막대한 회사돈과 인력을 투입해 상징을 조작하고 이미지를 둔갑시키는 지경"(한겨레신문, 1996년 7월 3일)이라는 비판이 제출된 바 있다. 이 비판들은 한국사회가 기업가들의 자서전을 바라보는 시각을 여실히 반영한다.

2   이처럼 새로운 '심리-도식(psycho-scheme)'과 '심리-레짐(psycho-regime)'을 창설하는 비범한 행위능력을 발휘한 존재(베버는 이들을 카리스마적 리더라 부른 바 있다)를 나는 구조-창설적 행위자라고 부르고자 한다.

3   타르드는 모방을 다음과 같이 정의한다. "나는 '모방'이라는 말에 항상 매우 명확하고 독특한 의미를 부여했다. 한 정신(esprit)에서 다른 정신으로의 원거리 작용, 즉 어떤 뇌 속에 있는 음화를 다른 뇌의 감광판에 거의 사진처럼 복제하는 것으로 이루어지는 작용이라는 의미다. (…) 내가 말하는 모방이란 말하자면 의도된 것이든 아니든, 수동적인 것이든 능동적인 것이든 정신 간에 이루어진(inter-spirituelle) 사진 촬영의 모든 흔적을 말한다"(타르드, 2012: 8).

4   정주영 리더십에 대한 기왕의 연구들은 대개 '아산정신(峨山精神,
     Asanism)'이라는 용어를 사용하면서, 그의 기업가정신, 경영철학,
     혹은 리더십의 특성들(가령, 창조적 예지, 적극 의지, 강인한 추진력,
     창업정신, 사회적 책임정신, 문화의 창조정신)을 열거하는 방식으로
     수행되어 왔다(김성수, 1999; 고승희, 1999; 정대용, 2001; 박유영, 2005;
     김화영·안연식, 2014). 이 책에서 다룰 파우스트 콤플렉스는 아산정신의
     내용들을 가능하게 하는 심층구조로서의 마음의 짜임을 가리킨다. 우리는
     이를 편의상 아산심(峨山心)이라 부를 수 있을 것이다. 여기에서 사용된
     콤플렉스라는 용어는 정신분석학과 심리학의 일반적 용례를 따른다. 그것은
     "부분적으로 혹은 완전히 무의식적인 상태로 남아 있으며, 강력한 정서적
     가치를 띠고 있는 표상들과 기억들의 조직된 총체"이다(Laplanche and
     Pontalis, 1967: 72).

5   주지하듯, 자본은 단순한 '부(wealth)'와 구분되며, 자본의 성립은, 특정 양의
     화폐가 더 많은 화폐를 낳는 연속과정(M-C-M')에 투입되어 자기증식하는
     가치로 전환될 때 비로소 이루어지는 것이다(마르크스, 2008: 232). 따라서
     자본은 물질적 실체라기보다는, "물질적 사물들을 그 지속적인 역동적 실존
     속에서 사용하는 과정"에 더 가까운 것이며, 모든 화폐가 자본으로 불리는
     것이 아니라, 오직 "사용 중인 화폐(money-in-use)"가 자본이라 불려져야
     한다(Heilbroner, 1985: 36-37).

6   "기업과 기업인이 국민적 신뢰와 지원을 받으려면 먼저 기업과
     기업인이 우리의 사명과 책임을 다하려는 마음가짐과 자세가 있어야 할
     것입니다"(정주영, 1997b: 118. 강조는 저자). 사실, 마음가짐에 대한 이런
     강조는 이병철의 경우에도 동일하게 발견된다. 이병철은 자신에게 가장 큰
     영향을 준 서적으로 주저없이 『논어』를 꼽는다. 그 이유는 논어가 "인간이
     사회인으로서 살아가는 데 불가결한 마음가짐을 알려"주기 때문이다(이병철,
     2014: 418-9. 강조는 저자).

7   이 자료의 출처는 다음과 같다. 정주영 [현대중공업] 내 연설문 녹취록
        파일 N. 28. "생산 4급 이상 특강"(1983. 2. 28). 녹취록 파일은
        아산리더십연구소가 소장하고 있다. 자료를 활용하게 해준 점에 감사드린다.

8   이승만 정권하에서 정부가 발주하는 건설 공사에서의 비경쟁 입찰을
        통해 소위 '건설 5인조'가 형성되었는데, 그것은 이용범([대동산업]),
        조성철([중앙산업]), 이재준([대림산업]), 김용산([금동건설]), 그리고
        [현대건설]의 정주영이었다(김윤태, 2012: 83; 공제욱, 1993: 201).

9   조동성은 [현대]의 특징 중의 하나로 중공업과 건설업 사이의 "유기적
        연관성"을 지적한다(조동성, 1990: 234).

10   건설현장에서의 성공이 리더십의 평가 기준이 된다는 신념은 두 권의
        자서전에서 반복적으로 표명되고 있다(정주영, 1991: 98; 정주영, 1998: 129).
        1986년 6월 18일의 한 강연에서도 정주영은 "'현대그룹'에서는 해외건설의
        일선 현장을 거치지 않은 사람은 다른 계열회사에서 최고책임자가 될 수
        없음"을 지적하고 있다(정주영, 1997a: 62). 1980년 1월 9일 [현대건설]
        신입사원 특강에서 정주영은 이렇게 말한다. "나는 건설업에서 성공한 사람,
        특히 해외건설 현장에서 성공적으로 근로자들을 이끌고 공사를 채산성 있게
        완수해낸 사람은 무엇이든지 할 수 있는 능력이 있다, 이렇게 아주 단정을
        하고 생애를 살아오고 있는 사람입니다. 이 사고방식이 내 정신의 저 밑바닥에
        깔려 있는 것이지요"(정주영, 1985: 71).

11   정주영은 토건 활동의 리스크에 대해서는 거의 언급하지 않고 있으며,
        건설업에 내재되어 있는 자연과의 파괴적 관계에 대한 감수성도 거의 보이고
        있지 않다. 정주영은 건설이 창조라고 생각했지만, 그것이 파괴라는 생각은
        하지 않았다. 정주영과 함께 [현대건설]을 이끌었던 이명박이 후일 대통령이
        되면서 추진했던 소위 '신개발주의적' 정책들과 가령 4대강 사업과 같은
        대규모 토목공사는 이 '토건적 상상력'이 얼마나 뿌리 깊고 자기 확신에 가득
        차 있었던 것인지를 잘 보여준다. 실제로 이명박은 자신의 자서전에서 1965년
        6월에 [현대건설] 입사 면접시험을 보던 장면을 회고하면서, 정주영이 던진
        "건설이 뭐라고 생각하나?"라는 질문에 대해서 "창조라고 생각합니다"라고
        답했던 사실을 진술하고 있다. 그 까닭을 묻자, 이명박은 "무에서 유를
        창조하기 때문입니다"라고 대답한다. 이에 정주영은 만족한 듯 입가에 미소를
        띤 것으로 기억되고 있다(이명박, 1995: 90-91). 기억의 정확성을 차치하고,
        이 장면은 정주영의 토건적 상상력이 이명박의 그것과 크게 다르지 않음을
        보여준다.

12   이런 측면은 한국 노동계급의 의식에서도 유사한 방식으로 드러난다.
      구해근에 의하면 한국의 노동자들은 "강한 노동윤리나 일이나 회상에 대한
      헌신"을 통해서 고된 노동과 가혹한 처우를 견디어냈던 것이 아니라, "가족을
      위한 자기희생의 윤리" 속에서 그런 노동을 견디어냈다(구해근, 2002: 99).

13   한국의 발전국가 모델은 1960년대 형성되기 시작하여, 1970년대에
      공고화되어, 1980년대 이후 쇠퇴하고, 1990년대 후반에는 큰 위기를
      맞이하면서 포스트-발전주의 국가 모델로 전환한다(윤상우, 2006). 그러나
      외환위기 이후의 국가 역시 과거의 발전국가와 크게 다르지 않은 이념적
      토대를 갖는다. 환언하면, 한국의 신자유주의화는 국가의 형태를 약화시키고
      시장을 중심으로 끌어들인 것이 아니라, "경제성장, 수출증대, 캐취업과 같은
      발전주의적 목표를 달성하는 '수단'으로 작동"하고 있다는 것이다(윤상우,
      2009: 42, 55-56). 글로벌한 사회변동에도 불구하고 (더구나 가이아
      전체의 파국적 상황을 목전에 둔 21세기에도) 발전주의가 한국사회를 여전히
      지도하는 사회적 이념으로 기능하고 있다는 것은 놀라운 일이다.

14   문승숙은 1960년대에 등장하여 1980년대에 이르기까지 전개된 한국사회의
      독특한 근대성 모델을 "군사화된 근대성"이라 부른다. 이 모델의 핵심에는
      학교, 기업, 공장, 병영 등을 모두 폭력적 훈련의 원리로 통제하고, 구성원들을
      주체화하는 규율 권력이 자리 잡고 있었다(문승숙, 2007).

15   http://www.presidency.ucsb.edu/ws/index.php?pid=13282
      (검색일. 2024년 7월 25일).

16   20세기 한국 민중의 삶은 오랫동안 기초적 생존위협에 노출된 채, 자신들을
      보호해 줄 정치공동체의 붕괴, 식민세력의 수탈, 이념갈등과 전쟁으로 인한
      삶의 파괴, 극심한 빈곤을 체험하며 민생(안보와 생계)을 최우선적으로
      해결하는 후견국가(tutelary state)의 생존정치를 지지해왔다(권태준, 2006:
      33-48).

17   2013년에 서울역사박물관은 서울시정사진기록총서로서 김현옥 시장의 서울
      1, 2권을 엮어 『돌격건설!』이라는 제목으로 출판한다(서울역사박물관, 2013a,
      2013b). 또한 2016년에도 『도시는 선이다』라는 제목으로 김현옥 시장의
      서울시 건설정책과 그의 행적을 소개하는 책자를 엮어 낸다(서울역사박물관,
      2016). 이 세 권에는 김현옥이 수행한 정책, 당시 서울의 모습 등이 다양한
      시각 자료와 함께 상세히 제시되어 있다.

18   차일석의 여의도 순복음교회와의 인연에 대해서는 다음을 볼 것(차일석,
      2005: 245-51).

6장

신자유주의적

서바이벌리스트의 초상

I. 배틀로얄

서기 1997년 동아시아에 '대동아공화국'이라는 전체주의 국가가
탄생한다. 총통에 의해 통치되며 국가사회주의를 이념으로
하는 이 국가는 '전수방위군(專守防衛軍)'이라는 군대를 갖고
있으며, 경제적으로는 아메리카에 필적하는 강대국이다. 그런데
이 나라에서는 매년 전국의 중학교 3학년생들을 대상으로 전투
시뮬레이션을 실시한다. 게임을 위해 특별히 마련된 섬(島)에 던져진
어린 학생들은 무기를 지급받고 서로를 죽여나가는 잔인한 게임에
돌입한다. 일단 시작되면, 마지막 한 사람이 살아남을 때까지
게임은 중단되지 않는다. 포기도 탈출도 불가능하다. 아무도 믿을
수 없고 믿어서도 안 된다. 친한 친구도 게임 속에서는 어김없는
적이다. 최후의 생존자는 영웅으로 추앙되지만 나머지는 모두
이름 없는 섬에서 덧없이 죽어간다. 다카미 고슌(高見廣春)의 소설
『배틀로얄』의 줄거리다.

이 작품은 일본 문단에 논란을 불러일으켰고, 1999년 소설
판매 4위를 기록한다. 다음 해 영화로 만들어져 큰 반향을
불러일으켰는데, 4주 만에 140만 명을 동원하는 기염을 토하고,
2000년 일본 아카데미 시상식에서 최우수 작품상, 감독상, 각본상
등 총 9개 부문을 휩쓴다. 사춘기 아이들로 하여금 비정한 '서바이벌
게임'을 펼치게 하는 이야기에 왜 사람들은 매료되었을까? 무장하고,
매복하고, 기습하여 동료를 살해하고 고립된 섬을 탈출해야 한다는
이 악몽 같은 이야기는 왜 수많은 관객과 독자들을 사로잡았을까?
혹시 사람들은 저 영화를 보면서, 자신들이 학교에서, 직장에서,
그리고 여러 사회 공간에서 일찍이 겪어온 공포와 불신과 생존

강박을 절실하게 떠올린 것이 아닐까?

사실 신자유주의의 도래와 더불어 우리는 서바이벌 경쟁 상황을
일상적으로 체험하고 있다. 복지와 약자에 대한 안전망이 약화되고,
승자독식의 시장 논리가 '사회적' 삶의 민주적 존립 기반을
와해시켰고, 상품화될 수 없는 기본적 가치들이 이윤의 논리에
복속되어 의료, 교육, 환경 같은 공적 영역이 황폐화되어가는
현실이다. 다수 민중이 양극화의 희생자가 되어 미래를 꿈꾸는
것조차 힘겨워하고 있다. 이제 산다는 것은 각자도생(各自圖生)이
되었고 심지어 죽음도 "각자도사(各自圖死)"하고 있다는 인류학적
보고가 나오고 있기도 하다(송병기, 2023).

TV를 켜면 어디서나 서바이벌 프로그램과 오디션 프로그램을 볼
수 있다. 우리가 목격하는 것은 매 라운드마다 제거되는 인간들,
무대를 떠나는 인간들, 사라지는 인간들이다. 그리고 거기에는
눈물겨운 표정으로 탈락한 자들과 작별하면서도 자신이 아직
게임에 잔류하고 있다는 사실에 원초적 안도감을 감추지 못하는
(그러나 다음 라운드에 다시 무대를 떠나야 할지도 모르는) 무수한
얼굴들이 있다. 삶의 기본적 세팅 자체가 서바이벌 게임이 된
듯하다. 혹은 서바이벌 게임 그 자체의 광범위한 미장센이 우리
시대의 리얼리티라 말해도 과언이 아닌 듯하다. 끔찍하다. 이것은
숨 막히는 현실이다. 총을 들고 서로를 죽이는 영화적 상상력이건,
아니면 실력이나 점수로 싸우는 현실의 사태이건, 본질은 동일한
것이 아닐까? 신자유주의의 꿈. 그것은 내가 살아남아야 한다는
것이다. 삶은 궁극적으로 〈오징어 게임〉이라는 것이다.

신자유주의란 무엇인가? 우리는 알고 있다. 그것은 특정 이념과
가치를 표방하는 정치·경제 시스템의 이름이다. 하드웨어다.
하지만, 신자유주의에는 소프트웨어적 측면도 있다. 말하자면,
시스템에 고유한 인간형과 그의 행위 패턴을 지도하는 문화적
차원의 신자유주의가 그것이다. 이것은 경제정책이나 담론이 아니라
사람들의 몸과 마음에 하비투스로 체화된 성향이다. 우리가 잘
알고 있는 것처럼, 1997년 이래 한국사회는 신자유주의적 세계화의
구조 변동에 휘말렸다(지주형, 2011). 그 이후 우리는 신자유주의적
통치 논리, 이념, 감수성이 체화된 인간들이 세상에 나타나는 것을
목격한다. 신자유주의적 생존주의자들이 그들이다. 이들의 생각,
느낌, 욕망, 정서를 지배하는 심리-도식과 심리-레짐, 그것이 바로
생존주의다. 신자유주의적 생존주의자, 그들은 과연 누구인가?

II. 체화된 신자유주의

신자유주의는 1970년대 후반과 1980년대 초반에 대처(Margaret
Thatcher)와 레이건(Ronald Reagan)에 의해 본격적으로 추진되기
시작하여, 구(舊)공산권 붕괴 이후 세계적으로 파급된다. 그 기본
이념은 일반적으로 다음의 세 가지 특징으로 요약된다. 첫째, 자원
배분자의 역할을 시장에 배타적으로 부여하는 정책 기조. 둘째,
수요가 아닌 공급을 중시하는 경제운용 방식. 셋째, 공적인 삶과
공공재마저 상품화하는 극단적 상품 논리(유종일, 2007: 155-8;
임원혁, 2009: 210). 한국의 경우 신자유주의로의 이행은 1997년
외환위기 이후 본격화되었다. 이는 정부의 개입에 대한 반대,
사유화, 규제 완화, 누진과세 철폐, 노조 무력화 같은 정책들로

구현된다. 그리고 그 부정적 여파로서 노동시장의 유연화, 대량
실업과 대량 해고, 비정규직 고용 증가, 소득 불평등 심화와 양극화,
신(新)빈곤계층 등장 같은 현상들이 발생했다(노중기, 2022).

이런 점에서, 신자유주의는 무엇보다 거시적 사회구조, 사회정책,
사회공학의 운용 '시스템'이자 그런 운용 방식을 이론적으로
정당화하는 일련의 지식으로 이뤄진 '이념'이라고 말할 수
있다(홍기빈, 2006: 397-9). 그런데, 이처럼 추상적인 수준에서
작동하는 신자유주의적 장치들은 그 체제하에서 노동하고,
타자들과 관계를 맺으며, 자신의 욕망을 추구해 가는 사회적
행위자들의 몸과 마음에 체화되어, 행위 준칙, 규범적 판단의 근거,
또는 미학적 취향을 결정하는 '하비투스'로 기능한다. '제도화된
신자유주의'와 달리 이처럼 주체에 체화되어 구체적 행위와 실천을
조정하는 문화적 차원을 우리는 '체화된 신자유주의(embodied
neoliberalism)'라 부를 수 있다. 체화된 신자유주의는 합리성의 한
형태 혹은 푸코적 통치성의 한 양식으로 이해될 수 있다(Foucault,
2004a; Foucault, 2004b; Lemke, 2002; 다르도·라발, 2022).
그것은 신자유주의 사회를 사는 행위자들의 신체에 각인된 '에토스'
혹은 그들의 마음을 움직이는 욕망과 희망, 감각과 취향 같은 '심적-
행위력(psycho-agency)'의 총체다.

래시(Christopher Lasch)에 의하면, 기초적 안전이 지속적으로
위협받는 상태가 장기화되면 행위자들은 자신의 생존을
확보하려는 전략에 에너지를 집중한다. 이 과정에서 자아가
"방어적 핵으로 수축해 들어가"는데 이처럼 구성되는 자아를
래시는 "최소자아(minimal self)"라 부른다. 최소자아는

사회적이고 공적인 삶에 대한 관심을 철회하고 자기(自己)에
과도하게 리비도를 충당하는 나르시시즘적 자아이다(Lasch,
1984: 15-16; Lasch, 1978: 63-70). 그는 20세기 중반 이후 (2차
세계대전과 홀로코스트와 같은 거대재난에 큰 영향을 받은 이후의)
미국사회에서 발견되는 이러한 트렌드를 "생존주의 문화(culture of
survivalism)"라 부르고, 그런 마음의 짜임새를 "생존심성(survival
mentality)"이라 명명하였다(Lasch, 1984: 60). 논의되는 시대는
다르지만, 21세기 신자유주의 문화 역시 래시가 말하는 '생존주의
문화' 혹은 '생존심성'을 연상시키는 생존지향성을 적나라하게
보여주고 있다는 사실을 부인하기 어렵다.

Ⅲ. 생존주의자

신자유주의적 주체의 이념형인 '생존주의자'는 살아남기 위해
최선의 노력을 경주하는 '생존추구자(survival seeker)'와 그들이
행위준거로 삼는 '생존자-모델(survivor-model)'의 결합이다.
생존추구자가 자기관리, 자기계발, 자기통제 능력을 극대화함으로써
경쟁상황을 성공적으로 돌파하고자 분투하는 존재라면, 생존자-
모델은 이러한 생존추구자들이 모방하고자 하는 전범(典範)이다.
생존이라는 현실적 과제 앞에서 불안에 빠진 생존추구자들에게
생존자-모델은 하나의 판타지, 희망, 가능성으로 수용, 모방,
추종된다. 말하자면, '생존주의자'는 '생존자-모델'을 꿈꾸며
그런 존재가 되기 위해 필요한 다양한 자아 테크닉을 수행하는
'생존추구자'다.

이런 점에서 신자유주의적 생존주의자는 단순한 '승리자'나 '성공자'와 동일시될 수 없다. 이미 삶에서 뭔가를 이룬 저들과 달리, '생존주의자'는 아직도 안정적인 상태에 도달하지 못했으며, 바로 이런 이유로 엄격한 자기 테크닉(자기통치 프로그램)을 통해 더 강력한 존재가 되기 위해 노력해야 하기 때문이다. 그는 항상적 불안, 항상적 노력의 주체다. 사실 엄밀하게 말하자면, 저들 신자유주의적 생존주의자는 자신이 결코 성취할 수 없는 것을 향한 강박에 사로잡혀 있는 존재라고 할 수 있다. 왜냐하면, 생존주의자가 꿈꾸는 생존자-모델은 현실화하기 어려운 이상적 아이콘이며 그가 소유하고 있다고 여겨지는 능력 또한 쉽게 획득될 수 없는 것이기 때문이다. 서동진은 신자유주의에 내재하는 이 무한 능력의 모순을 다음과 같이 서술한다.

> "산업 자본주의 사회에서 노동하는 주체는 (…) 자신이 선택한 일의 세계에 들어가기 위해 사회적으로 규정된 자격과 기준을 갖추면 끝이었다. (…) 그러나 탈근대 자본주의의 노동자는 자신의 능력으로부터 졸업할 수 없다. 그는 평생 교육을 통해 혹은 끊임없는 자기 혁신을 통해 자신을 능력화해야 한다. 탈근대 자본주의에서 능력의 세계는 분명한 내용으로 규정된 외재적인 기준이 없는 미지의 X이다. (…) 결국 우리는 끊임없이 자신을 능력화해야 한다. 그러나 탈근대 자본주의에서 능력있는 주체에 도달하기란 불가능한 일이다"(서동진, 2003: 109-10).

유기체로서 인간에게 생존은 삶의 절대 과제이자, 생명의 기본

조건이다. 생존의 무게감은 민중의 물질적 삶에서 더 극단적으로
부각되는 경향이 있다. 민중은 항상적 생존 위기에 처해 있고
그들에게 생존은 '권리'의 형태를 띤다. 그런데, 신자유주의적
생존주의자가 추구하는 생존은 인간의 유기체적 실존을 구성하는
생물학적 생존도 아니며, 권리로서의 생존도 아니다. 신자유주의적
생존은 하나의 '메타포'다. 그것과 의미론적으로 대립하는 것은 더
이상 죽음이 아니라 경쟁상황에서의 '도태'다. 신자유주의적 생존은
목숨을 부지한다는 의미가 아니라 여러 형태의 경쟁에서 밀려나지
않고 소수의 선택된 범주에 들어간다는 것을 의미한다. 이러한
생존은 대개 다음과 같은 세 가지 상이한 형태를 띤다.

첫 번째 생존은 구조조정, 불황, 실업, 무한경쟁에서 살아남는
'경제적 생존'이다. 신자유주의가 지배하는 사회적 환경에 던져진
행위자들은 소위 "무용성의 유령"이라 불리는 퇴출 공포와 싸워야
한다(세넷, 2006: 103). 능력의 끝없는 획득이라는 가혹한 과제가
신자유주의적 생존주의자에게 부과되는 이유가 거기에 있다. 두
번째 과제는 '사회적 생존'이다. 이는 과시적 인정투쟁에서 살아남는
것이다(장은주, 2008: 22-30). 마지막 과제는 건강에 대한 몰두로
특징지어지는 '생물학적 생존'이다. 신자유주의적 생존주의는 건강과
생명의 상품화와 결합한 '웰빙 이데올로기' 혹은 베나사야그(Miguel
Benasayag)의 표현을 빌려 말하자면 "무조건적 건강"에 대한
과도한 집착을 수용한다(Benasayag, 2008).

생존자-모델을 자아 이상으로 설정한 생존추구자는 주어진
자원을 최대한 효율적으로 활용하여 생존이라는 가치를 실현하려
노력하는 '기업가적 자아'다(Gordon, 1991: 43-44). 그는 스스로를

계발하고 관리하여 인적자본을 확장, 생존에 더 적합한 주체로 스스로를 변모시키기 위해 분투한다(서동진, 2009; Rimke, 2000: 61-65; Hazleden, 2003: 413-5; 전상진, 2008: 113-9). 그는 자신과의 관계에서 엄격한 자기통제를 실천하며, 동시에 타인들과의 관계에서는 경쟁 논리를 실천한다. 신자유주의적 생존주의자의 주체성은 이런 형태를 띠며, 이런 주체성들의 핵심에 바로 성찰성의 문제가 있다.

IV. 성찰성의 기본 논리

조금 과장되게 말하자면, 생존추구자에게 생존자-모델은 법이자 도덕이다. 생존은 정언명령이다. 생존 대오에서 낙오한 자들은 단순히 무능한 것이 아니라, 도덕적으로 열등하며, 미적으로 아름답지 않은 존재로 간주된다. 생존주의자는 생존을 위해 끊임없이 자기를 관리하는 자, 자기에 투자하는 자, 자기와의 긴밀하고 부단한 '성찰적' 관계를 맺고 있는 존재다. 그는 자기를 효율적으로 관리/통제하는 데 많은 시간과 노력을 바친다. 신자유주의적 생존주의자의 주체성을 이해하기 위해서 성찰성(reflexivity)을 탐구해야 하는 이유는 바로 여기에 있다. 기든스(Anthony Giddens)의 정의에 의하면, 성찰성은 자신의 몸, 정념, 욕망에 대한 지속적 '모니터링(monitoring)'을 수행할 수 있는 인식과 실천의 능력을 가리킨다(기든스, 1998b: 46). 성찰성은 어떻게 작동하는가? 그 기본 논리는 무엇인가?

프랑스 소설가 플로베르(Gustave Flaubert)의 한 편지는 이에 대해 매우 흥미로운 예화를 제시한다. 그는 1852년 5월 8일에 루이즈 콜레(Louise Colet)에게 보낸 편지에서 다음과 같이 고백하고 있다. "인생을 지배하는 것은 어쩌면 아이러니일지도 모릅니다. 내가 슬퍼 오열하면서 나는 종종 그렇게 우는 나 자신을 보기 위해 거울을 들여다보곤 했다니 말입니다. 자기 자신 위를 날아 활공할 줄 아는(planer sur soi-même) 이런 성격은 아마도 모든 덕성의 원천일 것입니다"(Flaubert, 1980: 84-85).

플로베르의 저 고백에서 자아는 둘로 쪼개져 있다. 한 자아는 슬퍼 오열하며 울고 있다. 그런데, 다른 자아가 (그 슬픔의 바깥에서) 슬퍼하는 자기 자신을 바라본다. 양자를 매개하는 것은 (플로베르의 이야기에서는) 거울이다. 거울에 반영된 자신을 거울 밖의 관찰적 자아가 바라본다. 관찰되는 자아는 감정에 사로잡혀 울고 있지만, 관찰하는 자아는 아무런 감정도 갖고 있지 않다. 그는 마치 고공에서 지상을 굽어 내려다보는 독수리처럼 '자기 자신의 위를 활공(滑空)하고' 있다고 묘사된다. 이러한 능력이 덕성이라 말해지는 이유는 플로베르가 소설가이기 때문일 것이다. 소설가는 울고 있는 사람이 아니라, 자신의 울음을 보는 자다. 관찰자다. 소설가는 자기 자신마저 냉정한 응시 대상으로 설정하고, 자신의 뒤로 물러난다. 이것이 성찰성의 기본 구조다. 즉, 성찰적 행위는 다음과 같은 두 가지 준칙을 따른다.

> i) 주체는 '보는 자'와 '보여지는 자'로 분리된다. 전자는 후자를 인식, 관찰, 판단한다.
> ii) '보는 자'는 '보여지는 자'의 세계로부터 벗어나 있다. 즉 메타적 위치를 차지한다.

이러한 구조는 거의 모든 성찰적 행위에 적용될 수 있다. 가령, 내가 사과를 볼 때, 나는 '자아 → 대상'의 자아의 자리에 선다. 하지만, 내가 사과를 보는 나 자신을 성찰할 때, 그것은 새로운 자아의 도입을 의미한다. 이를 '자아2 → 〈자아1 → 대상〉'이라고 표현할 수 있을 것이다. 여기서 자아1은 '사과를 보는 나'이지만, 자아2는 사과를 바라보고 있는 나를 바라보는 또 다른 자아다. 이 두 번째의 자아2가 성찰적 자아다(김홍중, 2007: 190-1).

근대사회의 구조적 변동의 관점에서 보자면, 성찰성은 탈(脫)-전통사회에서 과거의 규범을 상실하고 스스로 존재론적 정박점을 찾아 나가기 위해 자신과 맺어야 하는 친밀한 관계에 뿌리를 내린다. 계몽주의와 낭만주의 모두 성찰성을 근대적 개인의 덕목으로 강조했다는 점에서 알 수 있듯이, 성찰성은 근대적 주체성의 '일반적' 구성요소다(기든스, 2003: 126-9). 그렇다면, 신자유주의적 생존자들이 실천하는 성찰성은 어떤 특이성을 보이는가? 이 질문에 답하기 위해서 우리는 먼저 성찰성의 몇몇 유형을 깊이 탐구해 볼 필요가 있다.

V. 세 가지 성찰성

우리는 다음과 같은 세 가지 유형으로 성찰성을 구별할 수 있다. 첫째, 성찰 행위가 다른 특수한 목적을 달성하기 위한 수단이 아니라, 그 자체를 목적으로 하는 경우다. 이를 '자기목적적 성찰성'이라 부르고자 한다. 둘째, 성찰 행위가 특정 사건이 발휘하는 파괴력에 의해 타율적으로 강제되면서 수행되는 경우가

있다. 이를 '파상적(破像的) 성찰성'이라 부르고자 한다. 마지막으로
행위자가 의도적으로 겨냥하고 있는 특정 목적을 달성하기 위한
수단으로 성찰 행위가 채택되고, 수행되고, 기능하는 경우도
존재한다. 이를 '도구적 성찰성'이라 부르고자 한다.

우선, 자기목적적 성찰성의 대표적 실례로 불교 수행법인 관법(觀法,
vipaśyanā)을 이야기할 수 있다. 관법은 일상을 살아가는 자기
자신을 구성하는 오온(五蘊) 즉, 색수상행식(色受想行識)을 시시각각
놓치지 않고 바라보는 또 다른 나(성찰적 자아)를 끊임없이
일깨움으로써, 일상적 자기의 무상을 깨치고 그리하여 그것이 결국
자성(自性) 없는 허상임을 보게 하여 집착을 끊어가는 수행법이다.
이를 위해 스스로를 바라보는 시선, 즉 관(觀)은 끊어져서도 안 되고
중단되어서도 안 된다. 그냥 끝없이 자기를 바라보아야 한다.

이러한 무한 성찰은 다른 목적이 있어서는 안 되며(있다 한들
그것이 결국은 중요한 것이 아니라는 사실을 깨닫게 되므로), 그
자체가 하나의 목적이 된다. 그것은 행복을 위한 것도, 지식을 위한
것도, 마음의 평화를 위한 것도, 심지어는 깨달음을 위한 것도
아니다. 성찰의 대가를 욕망하는 자신, 행복을 갈구하는 자신,
지식을 추구하는 자신 역시 또다시 성찰의 대상이 되어야 하기
때문이다. 관법이 요구하는 성찰 속에서는 어떤 주어진 목적도
지양되거나 소멸된다. 이를 통해 욕망하는 자아, 감정을 가진 자아,
느끼고 생각하는 자아의 내부에는 빈자리가 형성된다. 텅 빈 구멍.
자아의 의도, 생각, 감정, 기억, 상념이 스스로 놓아지는 어떤 지점.
이것은 자아의 존재론적 강화(强化)가 아니라 반대로 그 삭제다.
바라봄의 주체는 초연성을 향해 간다. 초연성에 대한 욕망 이외의

어떤 욕망도 다시 성찰의 대상으로 삼음으로써 그것을 흘려보낸다. 결국 초연성도 성찰 속에서 소멸해간다.

둘째, 성찰성의 작동이 관조(觀照)나 주시(注視)나 마음 챙김 같은 방법적 수행을 통해 이뤄지는 것이 아니라, 예상치 못한 순간 발생하는 강력한 자아-해체적 사건의 결과로 강제되는 경우도 있다. 나는 이를 '파상적 성찰성'이라 부른다. 여기서 '파상'은 상상(想像)과 대립되는 정신적 체험으로서, 현존하는 것들의 공성(空性)을 파국적 상황에서 깨닫는 것을 가리킨다. 우리가 종교적 참회나 회심(回心) 속에서 체험하는 바도 이와 유사하다.[1] 노력을 통한 자발적 성찰이 아니라, 내면을 부수면서 진행되는, 외적 힘으로 강제되는 타율적 성찰이다.

이런 체험 속에서 우리는 평소에 한 번도 생각해 본 적 없는 자신의 한계와 죄(罪), 혹은 악(惡)과 과오들을 깨닫고 전율한다. 우리는 고통스러운 파상의 과정을 통해 스스로에게 숨겨져 왔던 자신의 진짜 얼굴을 만난다. 이런 경우 우리는 성찰을 '하는' 것이 아니라 성찰을 '겪는'다. 달리 표현하면, 파상적 성찰은 행위자적(agential)이지 않다. 그것은 감수자적(patiential)이다. 사건이 흔들어 놓은 일상적 감각 혼란 속에서 자신에게 가차 없이 드리워지는 성찰의 빛은 폭력적이며 때로는 병리적이다. 그것은 도덕적 반성이나 인지적인 자기-모니터링 같은 자발적 성찰과는 비교할 수 없는 강렬도를 갖는다. 많은 경우 파상적 성찰은 트라우마적이기도 하다. 성찰 속에서 자기의 뭔가가 처참하게 부서지기 때문이다. 그 결과 고도로 윤리적 주체가 만들어지는 길이 열린다.

예를 들어, 2014년에 세월호 참사가 발생했을 때 한국사회 전체가
사회심리적 차원에서 체험한 사태의 본질이 바로 '파상적 성찰'이다.
당시 그 참사가 수많은 보통 사람들의 마음에 일으킨 파장은 국가의
무능에 대한 분노와 더불어, 우리 사회가 과연 좋은 사회인가,
한국사회를 살아가는 우리 시민들이 과연 제대로 살아가고
있었는가, 우리 사회의 자라나는 아이들을 제대로 보호하고
길렀는가와 같은 근본적인 질문들과의 예기치 않은 대면에서
온 것이다. 성찰을 강요하는 이런 질문에 우리는 순간적으로,
도망갈 곳도 없이, 적나라하게 노출되었다. 누군가의 부모라는 것,
누군가의 선생이라는 것, 한 사회에서 성인으로 살아간다는 것이
무엇인가라는 무서운 질문은 (자기목적적 성찰에서처럼) 공부,
정관(靜觀) 수련, 묵상, 또는 기도를 통해 만들어낸 것이 아니다.
그것은 참사가 야기한 집합심리의 파상에서 온 것이다. 뒤집힌 채
가라앉는 배를 보면서, 알 수 없는 어딘가에서 날아와 우리 모두의
가슴을 찌르고 들어온 윤리적 화살들과 같은 것이었다. 이런 점에서
파상적 성찰은 자기목적적 성찰과 다른 방식으로 윤리적이다.

성찰성의 마지막 유형으로 제시하고자 하는 것은 도구적 성찰이다.
이 유형은 자기반성, 자기 모니터링, 혹은 자기에 대한 내적 인지와
통찰이 행위자가 염두에 두고 있는 특수한 실용적 목적과 결합되는
경우다. 이 글이 다루고 있는 신자유주의적 생존주의자들의 자아
테크닉으로 활용되는 성찰성이 그 대표적인 실례다. 생존이라는
절대 목표를 위해 자기를 성찰(관리, 통제, 계발, 케어, 단련)하는
생존주의자는 얼핏 보기에는 예술가나 수도승의 그것과 매우
흡사한 태도를 보여준다. 그러나 양자 사이에는 극복할 수 없는
다음과 같은 차이가 존재한다.

예를 들어, 자기목적적 성찰은 이론적으로 끝이 없으며, 성찰의 대상으로 그 어떤 요소도 배제하지 않는다. 모든 것을 끝없는 성찰의 대상으로 삼기 때문에 결국에는 자신의 최종적 목표(깨달음 혹은 마음의 평화)마저 성찰하고 그것마저 다시 내려놓게 된다. 하지만 도구적 성찰의 주체는 자신이 미리 설정한 목적인 생존력(生存力)의 강화와 확대 그 자체의 의미는 성찰 대상에서 제외한다. 그가 성찰하는 것은 목적을 이루기 위해 자신이 수행해야 하는 실천들의 효율성과 합리성에 국한된다.

왜 생존해야 하는가? 생존을 강요하는 이 사회 시스템은 정당한가? 생존에서 도태된 자들은 어떻게 되는가? 나는 생존을 통해 무엇을 얻고자 하는가? 생존주의자는 이런 질문들을 '성찰'하지 않는다. 도구적 성찰의 수행을 방해하고 교란시킬 수 있기 때문이다. 노이즈는 통제되어야 하고, 스트레스는 방지되어야 하고, 혼돈은 제거되어야 한다. 이와 같은 궁극적, 철학적, 윤리적 질문들을 스스로에게 던지지 않는 한에서만, 그는 생존을 위해 요구되는 과제들에 몰두하는 자아를 충실하게 성찰할 수 있다. 도구적 성찰성은 (파상적 성찰성과 달리) 자신이 통제할 수 있는 것만을 성찰한다. 기본적으로 해답도 없고, 성과도 없고, 끝도 없는 근원적 질문들은 성찰 대상에서 배제된다. 그럴 시간도, 여유도, 의지도 없다. 그는 생존에의 기능성이라는 기준을 가지고 성찰성을 운용한다. 경영한다. 신자유주의적 생존주의자는 성찰성을 철저하게 도구화한 주체다.

VI. 도덕적인 그러나 비윤리적인

흔히 우리는 '도덕(morale)'과 '윤리(éthique)'를 거의 유사한
의미를 지닌 용어로 혼용하는 경향이 있다. 하지만 개념적으로 양자
사이에는 의미심장한 차이가 존재한다. 도덕은 공동체가 부여하는
일련의 행위준칙을 가리킨다. 하지만 윤리는 객관적으로 규정된
그런 도덕률을 개인이 어떻게 평가하고, 사고하고, 판단하는가의
문제, 즉 그런 도덕에 대한 자기와의 성찰적 대화 공간과 긴밀히
연관되어 사용되는 용어다.

동일한 도덕률이라 할지라도 누군가는 이를 맹목적으로 추종할
수 있지만, 누군가는 이에 대해 숙고하고 그것의 옳고 그름을
나름의 방식으로 고민하여, 자신의 입장을 결정할 수 있다. 우리가
'윤리적'이라는 형용사로 수식하는 태도는 바로 후자다(푸코, 2004:
41; 가라타니 고진, 2001: 8-9).[2] 지젝(Slavoj Žižek)은 자신의 저서
『향락의 전이』에서 윤리와 도덕의 이러한 개념적 구분을 바탕으로,
양자를 교차시켜 다음과 같은 네 가지 상이한 태도와 주체성을
추출해낸다(Žižek, 1994: 67).

> i) 윤리적/도덕적 주체 - 성인(saint)
> ii) 윤리적/비도덕적 주체 - 영웅(hero)
> iii) 도덕적/비윤리적 - 초자아(superego)
> iv) 비도덕적/비윤리적 - 악당(scoundrel)

한쪽 끝에는 윤리적인 동시에 도덕적인 '성인(聖人)'이 있고, 그
반대편의 극단에는 윤리와 도덕을 모두 결여한 '악당'이 있다. 그

중간에 '영웅'이라는 유형이 있다. 영웅은 윤리적이지만 도덕적이지는 않은 존재다. 이 말이 의미하는 바는 무엇인가? 루카치(Georg Lukacs)가 말하는 근대 소설의 주인공들을 떠올리면 될 듯하다(루카치, 2007).

잘 알려진 것처럼, 루카치는 근대 소설이 범죄자와 광인들의 이야기라고 말한다. 이 두 유형은 타락한 세계에서 진정성을 추구하는 자들을 대표한다. 즉, 이들은 자아와 사회의 대립을 겪는다. 참된 자기(自己)를 억압하는 사회적 가치, 지배적 도덕 체계와 대립하고, 그들과 싸우다 파괴되면서, 그 바깥을 향해 탈주한다. 도덕성의 언어로 말하자면, 이들은 금기를 깨는 일탈자들, 위반자들, 즉 부도덕한 자들이다. 하지만, 이들의 행위에는 그럼에도 불구하고 고도의 윤리성이 존재한다. 이들은 자신들을 사로잡고 있는 욕망에 충실하며, 자신들의 근원적 욕망을 사회적 규범과 타협시키지 않으면서, 양자 사이에서 끊임없이 고뇌하기 때문이다. 이것이 영웅이다.

그렇다면 신자유주의적 생존주의자는 위의 네 부류 중 어디에 속하는가? 그는 세 번째의 범주, 즉 '도덕적이고 비윤리적인' 존재에 속한다. 일종의 초자아다. 우리가 잘 알고 있는 것처럼, 초자아란 인격에 체화된 사회의 법, 아버지의 권위다. 그것은 자신을 의심하지 않는 힘이며, 스스로를 기준으로 다른 존재들을 판단, 징벌하는 심리적 심급이다. 신자유주의적 생존주의자에게도 이와 유사한 면모가 엿보인다. 그는 도덕적이다. 이 말은 그가 하는 모든 행위가 '선(善)'하다는 말이 아니다. 그가 도덕적이라는 것은, 그에게 생존이라는 최고의 가치가 의심될 수 없는 강력한 믿음의

대상이며(이 믿음이 깨지는 순간이 이를테면 신자유주의적 도덕률의
파상(破像)일 것이다), 자신의 정체성을 토대 짓는 규범이라는
사실을 가리킨다. 즉, 그는 신자유주의를 도덕화하고, 그것을
수호하고, 그에 충실한 존재다. 이런 점에서 그는 도덕적인 존재다.
하지만 이와 동시에, 그는 비윤리적이다. 왜냐하면, 그 자신과
신자유주의 도덕률 사이에는 어떤 번민의 공간, 갈등의 공간, 의심의
공간, 혼돈의 공간, 투쟁의 공간, 배신의 공간, 회심의 공간, 저항의
공간도 없기 때문이다.

신자유주의적 생존주의자는 윤리적 모멘트들을 최대한 억압한다.
그는 절실하고 처절한 노력을 기울여 지배적 규범(생존주의)에
충실한 존재로 남아있어야 한다. 자기목적적 행위들(미적 향유,
우정의 기쁨, 사랑의 체험, 여가와의 친밀성)은 억제되거나 생산성의
회로와 어떤 방식으로든 접속되어야 하고, 자신을 동요시키는
강력한 사건의 빛들은 결단코 외면되어야 한다. 심리는 기능적
평정심을 잃어서는 안된다.

요컨대, 신자유주의는 부도덕의 체제가 아니다. 또한 신자유주의적
주체는 성찰성이 마비된 존재가 아니다. 그 반대로 신자유주의는
너무나 도덕적인 체제이며, 그 주체는 극도로 성찰적이다. 문제는
바로 여기에 있다. 신자유주의적 생존주의자들은 자신 내부의
깊은 욕망, 라캉(Jacques Lacan)의 표현을 빌려 말하자면 "자신에
거주하는 욕망(désir qui vous habite)"과 대면하지 않는다(Lacan,
1986: 362). 그 위험성과 대면하지 않는다. 대신, 도덕적 자기통제의
안전 세계에 자기를 확고히 정박시킨다. 이를 정당화하는 것은 다름
아닌 '살아남아야 한다'라는 정언명령이다.

'서바이벌'의 명령 앞에서, 신자유주의적 주체는 차라리 불행을
감수한다. 그는 인격적 행복감을 향유하지 못하는 중독적 삶을
감수한다. 강박증을 감수한다. 실패의 불가피성, 성찰의 무한성,
실존의 궁극적 무의미성, 윤리의 불안하고 혼돈스러운 각성의
계기들, 그런 체험들을 추구하고 표상하는 문학과 예술의 언어,
타자의 불가해한 몸짓과 위협과 어둠. 이 모든 부정성을 자신
인생의 구석으로, 자신에게 영향을 미치지 못하는 곳에 몰아넣는다.
살아남기 위해서, 그는 대안적 삶에 대한 꿈을 자발적으로 제한한다.
너무나 도덕적인 동시에 너무나 비윤리적인 이 삶은 생존의 극한적
추구 속에서 역설적으로 생명력의 소진을 향해 간다.

보론 I. 파상적 성찰

'상(像)을 부수는 힘'이라는 문자적 의미가 있는 파상력은 상상력과
대립하는 개념이다. 상상력과 파상력의 차이는 다음과 같은 두
가지 쟁점을 가지고 생각해 보면, 좀 더 선명하게 이해될 수 있다.
우선 첫 번째 차이는 이것이다. 상상력은 이미지들의 종합과
구성을 통해 '부재하는 것을 현존시키는 힘'이다. 반대로 파상력은
외부로부터 난입한 충격에 의해 조화롭게 구축되어 있던 이미지들이
부서질 때 드러나는 실재를 포착하는 힘이다. 환언하면, 상상력은
상상계(imaginary)와 연관되지만, 파상력은 실재(real)와 연관을
갖는다.

성찰성과 연관해서 좀 더 깊게 논의해 보고자 하는 것은 바로 두
번째 차이이다. 이 차이를 나는 다음과 같이 정식화할 수 있다고
생각한다. 즉, 상상력은 행위자의 자발적 수행을 통해 실행될 수
있는 일종의 행위능력(agency)이지만, 파상력은 행위의 힘이 아니라
겪는 힘, 즉 페이션시(patiency)라고 이해해야 한다.[3] 환언하면,
상상력은 적극적 행위지만, 파상력은 수동적 감수다. 파상력의
자리는 주체의 의도나 자발성이 개입할 수 없는 지점이다.

가령, 우리는 '나는 상상한다'라고 말할 수 있다. 상상은 우리가
자발적으로 수행할 수 있는 무언가다. 우리는 상상력을, 마치
주머니에 들어 있는 무언가를 마음먹으면 꺼낼 수 있듯이, 우리
정신에서 꺼내서 사용할 수 있다. 상상력은 우리에게 언제나
'가용한' 무언가다. 하지만, 우리는 '나는 파상한다'라는 말을 같은
방식으로 사용할 수 없다. 파상은 체험이다. 겪음이다. 때로는

환멸을, 때로는 경악을, 때로는 충격을 동반하는 감수다. 파상에서 주도권을 쥔 것은 '내'가 아니라 나에게 닥쳐오는 사건이다. 파상력은 그런 사건을 겪어내는 힘, 즉 감수능력이다.

이 겪음에는, 행위능력만을 주로 사고해 온 근대적 사유가 놓치고 있는 수많은 능력들이 은닉되어 있다. 왜 누군가는 특정 사건을 겪으면서 다른 존재로 변화해가는 성장을 이루는 반면, 다른 누군가는 아무런 변화도 없이 사건을 흘려보내는가? 왜 누군가는 어떤 사건을 겪으면서 깊은 깨달음을 얻거나 정신적 성숙에 도달하는 반면 다른 누군가는 그런 사건의 힘에 철저히 무감(無感)한가? 우리가 '힘'으로 인지하지 않는 겪음의 힘이라는 것이 있기 때문이다. 이 힘은 '하는 힘'이 아니라 '다가오는 사건을 창조적으로 겪는 힘'이다. 파상력은 바로 이런 종류의 페이션시다.

보론 2. 라캉의 윤리

라캉이 자신의 세미나 제7권 『정신분석의 윤리』에서 극단적인
'윤리적 인간'으로 제시하는 것은 안티고네(Antigone)다.
소포클레스의 동명 비극에서, 오이디푸스의 딸 안티고네는 자신의
오빠 폴리니케스의 시신을 매장하지 못하도록 금지하는 국왕
크레온의 법을 고집스럽게 거역한다. 안티고네의 이 불가사의한
고집스러움은 그녀의 여동생, 이스메네의 태도와 대조를 이룬다.
이스메네는 상냥하고 합리적인 성격의 소유자로서 크레온의 법, 즉
공동체의 규범 앞에 굴복한다. 그러나 안티고네는 크레온에 의해
지하의 깊은 석굴에 생매장을 당한다. 라캉은 안티고네가 공동체의
선(善)을 상징하는 크레온의 법과 끝까지 대항하면서 자신의 욕망을
추구하는 것을 윤리의 한 전형으로 파악한다(Lacan, 1986: 285-
98).

안티고네의 결단과 윤리적 행위의 핵심에는 공동체의 도덕과의
집요하고 단호한 투쟁이 있다. 그런데, 우리는 여기서 한 걸음 더
나가야 한다. 라캉은 지금, 안티고네가 '자신이 욕망하는 것', '자신이
원하는 것'을 '고집했다는 점'에서 그녀의 윤리적 품성을 찾고 있는
것이 아니기 때문이다. 그렇다면 무엇인가? 라캉이 말하는 윤리는
기본적으로 다음의 질문과 연관되어 있다.

> "당신은 당신에 거주하는 욕망에 조응하여
> 행위했는가?"(Lacan, 1986: 362)[4]

우리는 위의 문장을 주의 깊게 읽어야 한다. 라캉은 지금

'당신의 욕망'을 따르라고 말하고 있지 않다. 그는 "당신 내부에 거주하는 욕망"이라고 쓰고 있다. 자신의 것이 아닌 어떤 욕망이 자신의 내부에 자리를 잡고 있는 상황이 암시되어 있다. 뭔가가 자신에 거주한다. 그 뭔가를 따라야 한다는 것이다. '거주하다(habiter)'라는 동사는 욕망의 주체와 그를 움직이는 욕망 사이에 거대한 심연을 드리우고 있다(Parsa, 2022: 199).

만일, 라캉이 '당신의 욕망'이라고 썼다면, 욕망과 주체의 관계는 투명해졌을 것이다. 즉, 어떤 주체가 있고, 그가 뭔가를 욕망한다. 주체가, 안티고네가 자신의 욕망을 통제하고 소유한다. 욕망은 안티고네라는 주체의 함수다. 거기서 욕망이 나온다. 저 모든 윤리적 드라마는 그래서 안티고네라는 한 개체의 심적 요동의 장엄한 드라마가 된다. 만일 그렇다면, 우리는 라캉의 윤리 개념이 주체의 코나투스(conatus), 즉 주체가 자기동일적 주체성을 유지하려는 근원적 힘에 회수되어 버리는 곤혹스러운 상황을 목도했을 것이다.

하지만, 라캉은 명시하고 있다. 윤리는 '안티고네의 욕망'이 아니라 '안티고네의 내부에 거주하는' 욕망을 따르는 것이다. 주체가 소유한 욕망이 아니라, 주체에 '거(居)하는' 욕망, 주체에 깃들여 살아 나가고, 주체를 숙주처럼 파먹고 있는 일종의 기생체, 세계의 정동, 타자의 욕망이 그것이다. 타자성이다. 라캉은 실재를 저 타자성의 이름으로 주체의 한복판에 끌어들였다. 실재가 주체와 얽히는 방식, 그것이 윤리다.

이런 점에서 보면, 안티고네는 '행위자-주체(agent-subject)'가 아니라 '감수자-주체(patient-subject)'라고 말해져야 한다.

윤리적 주체는 타자를 감수한다. 타자성의 감수가 윤리적 주체의
본질이다. 타자를 받아들이고, 타자의 힘을 겪고, 타자의 현존을
감당하는 것. 타자에 대한 이러한 근원적 수동성이 윤리의 축을
이룬다. 안티고네는 감수자다. 더 정확히 말하면, 감수자이기 때문에
가장 강력한 행위자로 법과 싸울 수 있었다. 자신에게 침투한
실재(욕망)에 의해 움직이며, 그 힘으로 안티고네는 공동체와
충돌했다. 그 결과, 안티고네는 존재의 자기-삭감(kenosis)을
강요당한다. 즉, 죽음의 위협에 스스로를 노출시킨다. 이 삭감은
대가가 있는 것도 아니고 보상을 받는 것도 아니다. 그것은
자기(self)로 다시 수렴되지 않을, 영원히 타자 쪽으로 이동해가면서
자기의 코나투스를 위반하게 될 일종의 자기-비움이다.

1 이에 관해서는 윌리엄 제임스(William James)의 『종교적 경험의 다양성』 제9장을 볼 것(제임스, 2000: 261-335).

2 도덕과 윤리의 이런 구분이 라캉 이후의 정신분석학에서 어떻게 나타나는지를 지적하면서 김용규는 다음과 같이 쓴다. "그런 점에서 지젝과 라캉에게 윤리와 도덕은 동일하지 않다. 도덕은 상징적 질서에 속하며, 그 이면에는 자신의 욕망을 따르지 않고 대타자의 욕망을 따르는 병리적 동기가 작용하고 있는 데 반해, 윤리는 실재계에 속한다. 그것은 '자신의 소명을 다하라!'가 '자신의 욕망을 따라라'와 결합되는, 어떤 공동의 선을 넘는 근본적 충동의 영역에 속한다"(김용규, 2004: 106).

3 페이션시 개념에 관한 좀 더 상세한 논의는 다음을 참조할 것(김홍중·조민서, 2021).

4 프랑스어로는 다음과 같다. "Avez-vous agi conformément au désir qui vous habite?"

7장

생존주의, 사회적 가치,
그리고 죽음의 문제

I. 위급성의 정신

1937년 『문장』에 수록된 박태원의 단편 〈최노인전 초록〉에는 한국
근대의 심리적 특이성을 보여주는 흥미로운 에피소드가 등장한다.
주인공 최노인은 1870년 경오(庚午)생. 왕년에 경무청 순검으로
일하기도 했고, 경성 감옥 간수직도 역임했지만, 결국 알코올
중독자로 전락, 근근이 연명해 가고 있다. 이런 그에게도 청운의
시절이 있었다. 조선 관비유학생으로 후쿠자와 유키치(福澤諭吉)가
설립한 경응의숙(慶應義塾)에 입학했던 것이다. 박영효의 인솔을
받아 제물포에서 동경으로 건너가, 후쿠자와 유키치와 면담을 하게
되었다는데, 당시의 기억은 소설에서 다음과 같이 보고되고 있다.

> "우리 백여 명을 차례루 하나씩 불러다가 성명 삼
> 자에 자(字)까지 묻고 나서, 다음에 '무엇을 배우러
> 오셨소?' 그러더란 말이야. '예에, 정치학을 배우러
> 왔지요.' '예에, 나도 정치과에 들어가겠소.' '예에
> 정치과요.' (…) 허구, 백여 명 유학생이 여출일구루
> 정치과를 지망하는데는, 후쿠자와 선생두 일변 어이가
> 없구, 일변 딱하구, 그랬던 모양이라, 후우 한숨을
> 쉬구 나서, '그야 나라 정살 해나가는 사람두 물론
> 있어야 되겠지만, 당신네들같이 모처럼 뽑혀온 유위현
> 청년들이 모조리 정치가가 되기만 원헌다는 건 옳지
> 않은 생각이오. 사농공상이라 하여, 자고로 선비를
> 그중 으뜸에 놓구, 장사치를 그중 뒤루 돌렸으니,
> 선빈즉슨 말허자면 정치가라, 그래 모두 그 까닭에
> 그걸 원허나 보오마는, 우리 일본이나 귀국이나, 다

> 함께 구미 선진국을 따라가려면, 정치만 가지구는 안
> 될 말이라, 똑 크게 공업을 일으키구, 실업 방면으루두
> 활약을 해야 헐 노릇인데, 자아, 경제과 같은데 들어가
> 공부헐 생각은 없소?'"(박태원, 1998: 142)

백여 명의 청년들이 모두 '정치과(政治科)'를 지망하는 것을 보고
후쿠자와 유키치는 아연실색한다. 사농공상(士農工商)에서 '사(士)'의
자리가 정치에 상응하므로, 저들 모두 정치과를 지망하고 있다고
판단한 것이다. 그의 눈에는 조선 청년들의 선택이 전근대적이고
인습적인 것으로 비쳤을 것이다. 아마도 이런 이유로 그는 공업과
실업의 중요성을 강조하며 '경제과(經濟科)'를 추천한 듯하다. 그런데,
조선 청년들은 거의 모두 정치과를 지망했고, 결국에는 신학문에
적응하지 못한 채 주색을 탐닉하다, 실패하고 돌아온다. 최노인이
그중 한 사람이다. 소설은 말한다. 이들의 실패는 봉건적 사고를
고수했기 때문에 벌어진 일이다. 조선의 청년들은 근대와 맞서기
위해 필요한 정신적 소양을 결여하고 있었다.

하지만, 여기서 한 가지 의문이 든다. 과연 후쿠자와 유키치와
조선 청년들의 판단 도식이 근본적으로 달랐을까? 후일 제국주의
논리(征韓論)를 주창하게 될 저 일본의 선각은 정치과를 지망하는
조선 청년들의 행태에 탄식을 금치 못했지만, 사실 그가 추천하는
해법 역시 큰 틀에서 보면 만국공법 시대를 움직이는 힘의 논리를
벗어나 있지 않다. 그는 조선 유학생들에게 문학이나 예술사, 미학,
음악, 종교학, 철학, 역사학 같은 학문을 권하지 않았다. 그가 추천한
것은 경제학이었다. 이는 후쿠자와 유키치의 평소 소견과 일치한다.
그의 견해에 의하면, 학문은 모름지기 "인간의 일상생활에 필요한

실학(實學)"이어야 한다(후쿠자와 유키치, 2003: 23-24; 정광희,
1998). 실학이란 본질적으로 부(富)와 강(强), 즉 실용적 부국강병에
실질적 도움을 주는 지식이다. 지식을 이처럼 협소한 부국강병
논리에 결박시킬 수 있다는 단호한 판단은 어디에서 비롯된 것일까?
이를 이해하기 위해 우리는 시야를 좀 더 넓혀서 19세기 후반의
동아시아를 전체적으로 조망해야 한다.

주지하듯, 동아시아 삼국의 근대는 기존 질서의 쇠락과 새로운
질서(서구 모더니티)의 당혹스러운 도래가 야기한 비상사태적
성격을 강하게 띤다. 신형기에 의하면, 비서구 세계의 근대화 과정은
"위급성의 정신(spirit of urgency)"으로 특징지어진다. 그것은
"목표에의 일사불란한 매진"을 촉구하는 동시에 "지금 어떻게
하느냐에 따라 죽고 사는 길이 갈린다"는 절박한 위기감을 본질로
한다(신형기, 2012: 281). 위급성의 정신은 생존위기의 산물이며, 그
기본 코드는 '생존/도태'다. 민두기는 이러한 동아시아 근대의 특수한
상황을 "시간과의 경쟁"이라는 표현에 집약하고 있다. 그에 의하면,
조선, 중국, 일본은 각자의 위치에서 상이한 방식으로 근대를
맞이하고 있었고 각기 체험한 근대화의 곡절 또한 모두 달랐지만,
'시간이 없다'는 위급성의 감각에 휘둘렸다는 점에서는 차이보다 더
큰 유사성을 갖고 있었다. 그는 이렇게 쓴다.

> "일본과 중국은 시대적 과제의 표현에 있어 이렇게
> 두드러지게 차이가 났지만 서로 닮은 점도 있다. 두
> 나라가 다 그 시대적 과제를 추구함에 있어 몹시
> 조급하여 역사의 시간과 숨 가쁜 경쟁을 했다는
> 점이다. 중국의 경우 부(富), 강(强)을 이루기 위해서는

우선 눈앞에 잇따라 다가오는 망국(亡國)('혁명'의
장인 중국이라는 역사체(歷史體)의 소멸)이라는
위험을 다급히 제거해야 했다. 그들에게 역사의
시간은 느긋하고 유장한 것이 아니었던 것이다.
일본 역시 서방 제국주의 국가들에 의한 식민지화의
위험(또는 위험이라 상정된 것)을 극복하고, 더 나아가
그들 제국주의 국가의 대열에 참여하는 데 시간이
부족하다고 느꼈다. 제국주의 국가가 되기 위해 침략의
수단을 조급하게 그리고 절제 없이 사용하였다. 이
조급함이 다 같이 역사 전개의 비정상을 초래한
것이다"(민두기, 2001: 2-3).[1]

이런 맥락에서 보면, 우리는 후쿠자와 유키치의 이른바 '실학' 개념의
역사적 뿌리를 일정 정도 이해할 수 있다. 그것은 동아시아인들이
근대를 통과하면서 겪어야 했던 독특한 역사적 체험, 상처와
불안 그리고 욕망과 유기적으로 연관되어 있다. 강력한 힘을 가진
상대와의 생존 투쟁적 대치 속에서 실질적인 효력을 발휘할 수 있는
지식, 문제를 타개하는 데 구체적 효용성을 가진 지식에 대한 욕망이
솟아났던 것이다.

이러한 경향은 특히 일본에 의한 식민화와 국망(國亡)을 겪으며
고통의 시간을 보내야 했던 한국인들에게는 더욱더 절실한
방식으로 나타났다. 힘이 약했기 때문에 무도한 고통을 겪었고,
정치체의 존립마저 지켜내지 못했다는 참담한 인식은 역으로
"힘에의 오리엔테이션"(정진홍, 1985: 227), "힘 숭배(박노자, 2005:
5), "강한 조선인"에 대한 열망(최정운, 2013: 317)을 낳았다.

추상적이고 공허한 명분, 도덕, 형이상학이 아니라, 생존과 자립을 보장해 줄 수 있는 실질적인 역량에 대한 욕구는 20세기 한국 근대를 가로지르면서 다채로운 방식으로 변이하고 진화한다. 이 욕망은 한국인들의 삶과 실천을 지도하고, 한국사회의 주요한 정책과 계획을 설계하는 통치성이자 행위 준칙(심리-도식)으로 기능하기에 이른다. 이것이 바로 '생존주의'다.

생존주의는 역사적 뿌리를 갖는다. 그것은 자신의 미약함에 대한 인식, 외세에 의한 몰락을 지켜보며 느꼈을 굴욕감, 세상을 움직이는 것이 천리(天理)가 아니라 유사-물리적 힘의 질서(萬國公法)라는 사실을 깨달았을 때의 충격적 환멸, 이러한 일련의 시련 속에서 더욱 강렬해져 갈 수밖에 없었던 힘에의 무차별적 선망, 미래의 생존 가능성에 대한 공포 등을 모두 내포한다. 생존을 확보하기 위해서는 더 강한 존재가 되어야 한다는 암묵적 정언명령은 한국 근대성을 저변으로부터 규정해 들어온 현실적 논리다. 그 중심에는 정치적 가치와 경제적 가치의 결정적 우선성이 자리 잡고 있다. 조선 유학생들이 꿈꾼 '정치과'와 후쿠자와 유키치가 추천한 '경제과'가 이를 상징적으로 보여주고 있다. 정치와 경제의 이러한 우위는 한국의 역사적 체험에 각인된 일종의 강박관념으로서, 한국 모더니티의 특이성을 이해하고자 할 때 중요한 탐구의 대상이 된다.

II. 환원근대

서론에서 제시한 장면은 소설가 박태원의 상상력에서 나온 허구가 아니라 당대 사회의 정신풍경을 소설가 특유의 예리한 관찰력으로

꿰뚫어 본 통찰의 소산으로 읽힌다. 한국 모더니티는 서구의 그것과 다른 몇 가지 중요한 문화적 특성들을 갖고 있는데, 그중 하나가 바로 (위의 일화에 언급된) 과도한 생존지향성, 즉 '가치의 편향'이다. 경제발전과 민주화, 그리고 세계화를 거치는 등 급속한 진화의 과정을 밟아 오면서, 한국사회는 복합적이고 다원적인 가치 생태계를 만들어내는 데 성공하지 못한 듯 보인다. 박태원의 소설이 역설하듯이, 정치(권력)와 경제(화폐)는 현대 한국인에게 특권적인 가치로 인지되고 있다.

이는 구한말뿐 아니라 21세기 한국사회에서도 여전히 그리고 여실히 발견되는 현상이다. 서울대학교 사회발전연구소가 2014년에 수행한 '공공성과 가치관'의 분석 결과를 보면, 한국사회는 "성장과 개인의 성공, 물질적 부의 축적을 중요시하며, 정치적 사회적 참여보다는 개인의 성공을 추구"하는 경향이 매우 강하다는 것을 쉽게 알 수 있다. 이타심도 다른 사회들에 비해서 상당히 낮은 수준임이 드러났다(서울대학교 사회발전연구소, 2014: 68). 한국인들은 특히 경쟁과 성공을 평등, 연대, 관용과 존중, 이타주의, 박애주의보다 중시하고 있었다. 요컨대, 한국사회에서는 "시장지향적 가치가 사회지향적 가치에 배태되어 있지 않은 채로 강한 영향력을 발휘"하고 있는 것으로 조사되었다(서울대학교 사회발전연구소, 2014: 78).

이러한 '가치 편향' 현상을 사회학적으로 설명하는 흥미로운 작업이 김덕영에 의해 시도된 바 있다. 2014년의 저서 『환원근대』에서 김덕영은 한국 근대성의 구조적 특이성을 '환원'이라는 용어로 풀어낸다. 논의의 기초를 이루는 것은

루만(Niklas Luhmann)의 '기능적 분화' 개념이다. 루만에
의하면, 근대사회는 분절적 분화나 계층적 분화로 특징지어지는
전근대사회와 달리, 하위 사회체계들의 '기능에 따른' 분화 과정을
보인다(김덕영, 2014: 58). 즉, 근대적 사회시스템은 정치, 경제, 법,
과학, 종교, 예술, 교육 등의 하위 체계들로 독립, 분화되어 나가는데,
이들 각각의 부분 체계들은 코드, 프로그램, 매체를 통해 자신에게
고유한 기능을 수행해 나간다는 것이다(루만, 2012: 691 이하).

분화된 시스템들 사이에는 수직적 위계가 존재하지 않는다. 즉,
현대사회에는 중심도 정점도 없다(루만, 2001: 29). 총체성이나
단일성 또한 존재하지 않는다.[2] 루만은 이렇게 쓴다. "모든
서브시스템은 그 자체로 사회이다. (…) 어떤 서브시스템도 다른
서브시스템을 대체할 수 없다. 왜냐하면 어떤 서브시스템도 다른
서브시스템의 기능적 등가물이 아니기 때문이다. 특정한 중심적
위치나 우세한 권위의 위치에서 다른 모든 서브시스템에 질서를
부여하는 것은 불가능하다. 오직 개별적 기능 시스템들의 수준에서
기능적 폐쇄와 환경에의 민감한 개방의 조합만이 사회의 통일을
보장한다. 이것이 현대사회의 계속 증가하는 복잡성과 취약성을
재생산하는 질서이다"(Luhmann, 1990: 431-2).

이처럼 기능적으로 분화된 세계에서, 시장은 국가가 아니며,
문단(文壇)은 법정(法庭)이 아니며, 대중매체는 학교가 아니며,
미술관은 교회가 아니다. 각각의 하위 시스템들에 고유한 작동
논리는 체계 내 커뮤니케이션의 개연성을 높이며 "자기생산의
지속을 보장"하는 역할을 수행하는 이항 코드에 새겨져 있다(루만,
2012: 859). 코드는 "양분된 가치평가"를 수행하고, 그 결과

시스템은 효율적인 커뮤니케이션 논리를 확보해 나간다(Luhmann, 2013: 43).

가령 과학 시스템은 '진리/허위'라는 이항 코드를 중심으로 작동한다. 따라서, 과학 시스템 내부에서 이뤄지는 소통들은 '불법/합법', '진리/허위', '미/추'와 같은 상이한 코드들의 작동을 외부화한다. 마찬가지 논리로, 경제 시스템은 '소유/비소유'라는 코드로 작동하며, 법 시스템은 '합법/불법'이라는 코드로, 교육 시스템은 '좋은 성적/나쁜 성적'이라는 코드로, 정치 시스템은 '여당/야당'이라는 코드로 기능을 수행한다(김덕영, 2014: 231). 이처럼 기능적으로 분화된 시스템들이 이루는 사회는 다원적이고 자율적이며 상호 독립적이다. 경제 논리는 오직 시장에서만 가능한 것이며, 법이나 교육이나 의료를 침범하지 못하며 침범해서도 안된다. 그런 한에서 비로소 경제 논리는 자신의 기능을 최대화할 수 있다. 정치 논리도 학문이나 예술의 시스템에서는 코드의 효력을 갖지 못한다.

그렇다면, 한국사회의 근대화 과정은 어떠했는가? 김덕영은 한국 모더니티가 루만이 말하는 기능분화가 이뤄지지 못한 기형적 근대라는 입장을 취하고 있다. 그에 의하면, 서구에서와 달리, 한국의 근대사회는 특정 서브시스템에 과도한 중요성이 부과되고, 기타 다른 영역들의 자율성은 현저하게 억압된 비정상적 양상을 낳았다는 것이다. 다종·다기한 영역들의 복합적 공존이 아니라 "그 대상 또는 영역의 측면에서 경제, 보다 정확히 말하자면 경제성장으로 환원되고 그 주체 또는 담지자의 측면에서 국가와 재벌로 환원된, 이중적 근대화 과정"이 펼쳐져 갔다는 것이다(김덕영, 2014: 65).

김덕영은 주장한다. 한국 근대는 정치와 경제로 환원되어 축소된 근대다.[3] 한국사회를 지배하는 것은 국가와 시장이다. 박정희 정권하에서 형성된 국가와 재벌의 동맹 자본주의가 민주화 시기를 거쳐 신자유주의적 세계화 시기에도 영향력을 잃지 않고 여전히 한국 모더니티의 핵심축을 이루고 있다. 경제성장이라는 목표에 정치가 종속되는 과정에서 형성된 저 동맹은 사회의 모든 영역을 식민지화하면서 다양한 병리 현상을 초래했다.

> "한국사회도 근대화 과정을 거치면서 기능적으로
> 분화되었다. 그러나 근대화의 영역이 경제로 환원되고
> 근대화의 주체가 국가, 특히 그 정점에 서 있는
> 제왕적 대통령과 재벌로 환원된 근대화 과정으로
> 인해 전 사회가 정치와 경제에 예속되는 병리적
> 현상이 나타났다. 그리하여 외적으로 기능적으로
> 분화된 모습을 갖추고 있지만 내적으로는 기능적으로
> 미분화된 모습(…)을 보이고 있다"(김덕영, 2014: 227).

미분화(未分化), 이것이 환원근대의 본질이다. 한국사회는 정치권력이나 경제적 부를 가진다면, 모든 것을 가질 수 있는 사회다. 실제로 이는 한국인들이 갖고 있는 실천적인 삶의 감각과 잘 부합한다. 한국인들은 자신들을 지켜줄 수 있는 가장 확실한 힘의 형태가 권력과 화폐라는 사실을 잘 알고 있다. 정치권력과 경제 논리가 가치의 정점을 차지하고 있다. 환언하면, 정치와 경제가 아닌 다른 사회적 영역들은 자율적 분화가 이뤄지지 않았을뿐더러,

그 영역이 표방하는 가치 또한 사회적으로 존중되지 못하는 것이다. 이것은 일종의 왜곡된 근대화다. 김덕영은 이런 비정상적 근대를 넘어서 "진정한 근대화"로 가는 길은 그 핵심 축인 국가-재벌 동맹 자본주의를 해체하는 것이라고 주장한다. 즉, "경제적 근대화에서 사회적 근대화로의 이행"이다(김덕영, 2014: 343).

Ⅲ. 서바이벌리스트 모더니티

김덕영이 환원근대의 개념으로 분석하는 바에 기본적으로 동의하면서, 나는 다음과 같은 두 가지 비판점을 제시하고, 그 이론적 보완으로 '서바이벌리스트 모더니티' 테제를 제시하고자 한다.

첫 번째 비판은 '환원' 개념이 모더니티의 '형태론적 변동논리'를 묘사하는 데 집중되어 있다는 점이다. 환원은 사회분화의 특정 양상을 지칭할 뿐 그 결과로 나타나는 한국 근대의 질적 특이성을 직접 반영하는 개념은 아니다. 그런데, 한국 근대에 대한 본격적 탐구를 위해서는, 근대 형성의 형태론적 동학뿐 아니라, 그 결과 형성된 사회적, 문화적, 심성적 특이성 역시 적극적 개념화의 대상이 되어야 한다.

둘째, 김덕영의 환원근대 테제는 한국 모더니티를 '정상석' 분화에 기초한 서구 모더니티의 변종이자 아종(亞種)으로 간주하는 데서 멈췄다는 점에서 아쉬움을 남긴다. 만일 한국 근대성이 '환원'의 결과로 형성된 변종이라면, 이런 '환원'이 왜 발생했는지, '환원'이

도대체 어떻게 가능했는지를 다시 묻고 그 해답을 모색해야 한다.
김덕영의 논의 속에서 환원은 한국 근대의 특이성을 규명하는
'설명항'으로 기능하고 있다. 하지만, 만일 우리가 한국 근대성을
조금 더 깊이 있게 탐구하고자 한다면, 저런 형태의 '환원'을 야기한
원인과 조건을 규명해야 한다. 이때, '환원'은 설명항이 아니라
'피설명항'의 자리에 놓이게 된다. 이런 맥락에서 나는 다음과 같은
추가적 질문들이 핵심적이라고 판단한다.

한국사회는 왜 '정치'와 '경제'에 자원과 가치를 집중하는 방식으로
근대를 건설해 왔는가? 환원의 역사적 과정에서 어떤 행위자들이,
어떤 이념, 꿈, 목표를 향해서, 어떤 공유된 합의를 이루어내면서,
무엇을 수행하고 무엇을 창조해 왔는가? 환원을 정당화한 믿음의
시스템은 무엇이며, 그것이 어떤 종류의 주체성들을 생산해 왔는가?
요컨대, 한국사회의 어떤 조건하에서 환원근대가 현실화될 수
있었으며, 설득될 수 있었으며, 정당화될 수 있었으며, 실현될 수
있었는가?

이 질문들에 대한 해답을 제시하기 위해서는 환원근대론을 '마음의
사회학'의 관점으로 심화하고 재구성할 필요가 있다(김홍중,
2014). 환원근대의 '실상'을 지적하는 것을 넘어서, 환원근대가
형성된 '원인'을 집합심리의 관점에서 규명해야 하기 때문이다.
이런 맥락에서 제시하고자 하는 것이 '생존주의 근대성' 테제다.
여기서 생존주의란 '서바이벌'이 다른 어떤 과제들보다 더 중요하고,
시급하며, 우선적으로 해결되어야 한다고 판단하는 심리-레짐을
지칭한다.

한국사회에서 생존주의는 20세기를 거치면서 세 차례의 파동적(波動的) 전개 과정을 보여준다. 첫째, 1894년의 동학농민혁명, 갑오경장, 청일전쟁의 발생과 더불어 구성된 '만국공법(萬國公法) 생존주의 레짐'. 둘째, 1950년 한국전쟁 이후 냉전체제에서 형성된 '냉전 생존주의 레짐'. 셋째, 1997년 외환위기 이후 신자유주의 국제질서에 편입되는 과정에서 형성된 '신자유주의 생존주의 레짐'.

위의 세 레짐들은 모두 상이한 글로벌 환경을 배경으로 전개되었다. 1894년 레짐은 제국주의적 질서를, 1950년 레짐은 냉전 질서를, 그리고 1997년 레짐은 신자유주의적 질서를 거시적 배경으로 창출되었다. 또한 이들이 말하는 '생존'은 시대적 상황에 따라 상이한 의미론을 동반했다. 1894년 레짐의 중요한 생존 단위는 민족이었고, '생존'은 주로 국권 상실의 위기를 극복하는 것을 의미했다. 1950년 레짐의 주요 생존 단위는 민족-국가였으며, '생존'이라는 용어는 공산주의로부터의 안보(安保), 국력 신장, 민족중흥과 같은 내용들을 가리켰다.[4] 1997년 레짐은 국가의 경제위기와 더불어 조직, 가족, 개인 수준의 다차원적 생존 위기에 대응하는 담론, 실천, 문화의 전개를 보여주었다.

공교롭게도 거의 50년을 주기로 글로벌한 수준에서 펼쳐져 간 지정학/지경학적 변동의 여파는 심대했다.[5] 제국주의, 냉전, 신경제의 흐름은 한국 근대성의 내용과 형식을 깊게 규정한 외부요인으로서, 일종의 '구조적 힘'을 발휘했다. 그런데 이런 구조적 힘이 '환원'을 기계적으로 결정한 것은 아니다. 생존에 위협을 가하는 국제환경의 여러 조건들을 해석하고, 그것에 대응하고, 활로를 모색하려는 실천들 속에서 형성된 생존주의의 매개가 필수적이었던 것이다. 즉, 한국 근대성이 '환원적'인 방식으로 형성되어 펼쳐져 갔던 것은, 한국사회가 생존에 기능적이지 않은 다른 가치들을 억압하고 배제하면서, 직접적 생존 기능을 담당하는 영역(정치와 경제)에 전폭적인 인정과 승인을 몰아주었기 때문이다.

생존주의는 '서바이벌'이라는 목표와 기능적으로 호환되는 여러 가치들(군사력, 경제력, 질서, 안보, 부강, 번영)에 전략적 우선성을 부여하면서, 그 외 가치들의 실현은 미래로 유예하는 행위 패턴을 유도한다. 또한 생존주의는, 그 효용이 즉각적으로 드러나지 않지만, 인간적 삶의 중요한 토대를 이루는 가치영역들(문화, 예술, 사회, 종교, 영성, 생태)에 대한 억압 혹은 부인을 조장한다. 그 결과 출현한 것이 바로 정치와 경제의 과잉 의미화, 과잉 가치화 현상이다. 환언하면, 생존주의라는 문화적 형식, 정치적 정당성 논리, 통치 합리성이 작동하지 않았다면, 환원근대는 지금과 같은 방식으로 구현되지 못했을지도 모른다. 생존주의가 한국 근대의 '환원적' 하드웨어를 가동시킨 중요한 '소프트웨어'로 기능했던 것이다.

그렇다면, 이런 생존주의적 근대가 가져온 한국사회의 일반적 풍경은 과연 무엇일까? 그것이 바로 '사회적인 것의 공동화(空洞化)' 현상이다. 정치적 권력과 경제적 부를 추구하는 것이 정당하고, 옳고, 합리적인 것이라는 규범적 정당성을 얻게 되면, 사실상 사회적 가치는 텅 빈 허상으로 인지될 가능성이 높아진다. 사회라는 말은 실체를 상실하고, 공허한 슬로건이나 구호처럼 변화하며, 추상적이고 묘연한 단어로 전락한다. 이와 더불어, 사회라는 단어가 함축하는 다양한 가치들 역시 무시되거나 폄하될 가능성이 높다. 그러한 가치를 실현하기 위한 여러 프로그램들 또한 현실성을 결여한 것으로 여겨질 수 있다. 하지만, 이처럼 사회적 가치를 억압하게 되면, 그것은 어떤 결과를 초래하는가? 사회적 가치가 억압된 사회에서 '사회적인 것'은 어떻게 존속하는가?

IV. 사회적 가치의 억압

일반적으로 '가치(value)'는 사회학, 경제학, 언어학에서 모두 조금씩 다른 방식으로 사용된다. 경제학에서는 "대상에 대한 욕망의 정도"를 지칭하며, 언어학적으로는 "의미상의 차이를 낳는 최소한의 차이"라는 뜻을 갖는다. 한편, 사회학에서 가치는 "인간 삶에서 궁극적으로 옳고, 바람직하며, 타당한 것들"을 가리킨다(그레이버, 2009: 26). 종합적으로 고려해 보면, 가치란 다른 대상들과 준별되며, 욕망의 대상으로 추구되며, 그 욕망이 정당하고 타당한 것으로 인정된 무언가라고 말할 수 있을 것이다. 정당한 욕망의 대상이 되는 차별적 속성이랄까? 그렇다면 '사회적'이라는 형용사가 부가된 '사회적 가치'는 무엇을 가리키는가? 이에 관해서는 그 형용사가 수식하는 대상이 무엇이냐에 따라서 다음의 두 가지 관점이 동시에 가능하다.

첫째, '사회적'이라는 형용사가 특정 가치의 내용이 아니라, 그 가치가 성립하는 과정과 절차상의 '집합적' 성격을 지시하는 경우나. 이때 사회석이라는 말은 어떤 가치가 여러 구성원들에 의해 동의되고 인정되는 '합의'를 거쳤다는 의미를 갖는다. 이런 의미의 '사회적 가치'는 다수의 인간 연합에 의해 승인되고 추인된 것이라면 모든

것을 포괄할 수 있다. 가령, 민주주의 사회는 '평등'을 중요한 사회적
가치로 삼겠지만, 노골적인 시장주의가 지배하는 사회에서는
'자유'나 '경쟁' 같은 가치들이 더 중요한 '사회적' 가치로 간주될
것이다. 수도승들의 커뮤니티에서는 청빈이나 절제가 사회적
가치이겠지만, 폭력배들이나 무사들의 세계에서는 적에 대한
'잔인성' 혹은 죽음에 대한 '무감각'이 사회적 가치로 여겨질 것이다.
이런 용법을 따를 때, 우리는 어떤 인간 집단에 특유한 평가 도식에
의해 채택된 덕목을 '사회적 가치'라 부를 수 있다.

그러나 이와 다른 용법도 존재한다. 그것은 '사회적'이라는 형용사가
가치의 성립 절차가 아니라 그 '내용'을 적시하는 경우다. 이때
'사회적' 가치는 사랑, 동정, 시혜, 포용, 연대처럼 타자들과 공존하는
삶에 대한 도덕적 지향성을 표방한다. 그것은 폭력, 살해, 배제,
차별, 박해와 명확하게 대립되는 가치로서, 협력과 공존을 지향하며,
약자에 대한 연대와 부조의 실천을 촉구한다. 그런 지향이 반드시
경제적 이득이나 정치적 권력을 가져오는 것이 아니라는 점에서,
그것은 경제적 가치나 정치적 가치와 명백히 구별되는 독자적
가치다.[6] 내가 '사회적 가치'라는 용어로 가리키고자 하는 것은 바로
이 두 번째 용법이다.

생존주의적 근대성의 헤게모니하에서, 이 두 번째 의미의 사회적
가치들은 지배적 가치(대표적으로 정치적 가치와 경제적 가치)에
의해 억눌리고, 거부되고, 부인된다. 정신분석학의 용어를 빌려
말하자면, 그것은 '억압'된다.[7] 억압된 충동은 무의식에 남는데
그렇다고 해서 완전히 무화(無化)되는 것이 아니라 에너지를 유지한
채 보존된다. 억압은 소멸이 아니라 은밀한 유지이며, 보존된

에너지는 증상이나 대체물을 통해 회귀한다(프로이트, 1997: 139).

가령, 한국사회에서 연대, 공존, 환대, 공생 같은 사회적 가치는
허울 좋은 말이나 언어, 비현실적 미담(美談), 혹은 도덕적
수사(修辭) 정도로 평가될 가능성이 농후하다. 가혹한 경쟁을
통해 서바이벌 게임에서 승리하는 것을 삶의 일반적 과정으로
생각하는 사람들에게 사회는 '정글'이다. 생존 압박에 시달리며
타자를 누르기 위해 삶을 바치는 사람들에게 평화란, 협력이란,
희생이란 과연 무엇일까? 교과서에 나오는 훌륭한 말이지만,
현실에서는 찾아보기 어려운 공론(空論)이자 무력(無力)한 담화로
여겨지지 않았을까? 이들에게 진리는 결국 경쟁 상황에서 승리를
가져오게 하는 지식이며, 사적·공적 판단과 자원의 배분 기준은
생존에의 기능적이고 도구적인 기여 가능성으로 수렴되기 때문이다.
같은 맥락에서, 생존주의자들의 눈에 사회적 가치의 주창자들은
어떻게 비칠까? 무책임한 몽상가, 경멸적 의미의 '자유로운 영혼',
세상 물정을 모르는 자, 말은 그럴듯하게 하지만 정글 같은 '낮'의
세상에서 아무런 쓸모도 없는 자로 보이지 않을까?

한국의 부모들은 자신의 아이들이 너무 이타적이고 박애적인
모습을 보일 때 도리어 불안감을 갖게 되는 것은 아닐까? 왜냐하면,
사회적 가치란 그 가치를 실천하는 자의 삶을 증진시키거나
강화시키지 못하고, 그저 이해관계에서의 손해로만 귀결되는 그런
사회를 우리가 살아가고 있다고 느끼기 때문이다. 사회적 가치가
'허울'로 존재하거나, '허울'로 가르쳐지고, '허울'로 취급됨을 너무나
잘 알기 때문이다. 아이를 사랑할수록, 우리가 그 아이를 '사회적
가치'의 추구자가 아니라 이 험난한 세상에서 살아남을 수 있는

생존 지향적 능력자, 경쟁적 마인드의 소유자, 항상 노력하고
분투하며 스스로를 통제하는 생존-추구자로 키워야 한다는
의무감에 시달리는 이유가 거기에 있다. 아이를 사랑하기 때문에
그만큼 그 아이를 생존주의자로 키워야 한다. 스스로 살아남을 수
있는 힘을 가진 아이로, 정치적 권력이나 경제적 부를 소유할 수
있는 능력을 가진 아이로, 약자에 대한 동정에 에너지를 빼앗기지
않을 냉철한 아이로.

경쟁과 투쟁에서의 승리를 위한 능력들이 노골적으로 중시되는
사회, 즉 "생존문화(survival culture)"가 지배적인 세계에서는
사회, 도덕, 아름다움, 정의, 사랑과 같은 말들은 이처럼
공동화된다(Lasch, 1984: 60-99). 이들은 유령처럼 모호하고
애매한 상태로 리얼리티에 기생하는 텅 빈 기표, 혹은 자아전시의
재료로 전락한다. 하지만, 앞서 언급한 것처럼 억압은 소멸이 아니다.
사회적 가치가 억압되는 사회에서, 그 가치는 예기치 않은 상황에
회귀하여 생존주의적 공리계를 흔드는 또 다른 의미의 '정치적' 힘을
발휘한다.

V. 죽음과 사회적인 것

1. 인정과 죽음

억압에 관한 프로이트의 흥미로운 발견은, 억압된 것의 에너지가
억압을 통해 소진되는 것이 아니라 반대로 "어둠 속에서 더욱더
확대되어 극단적인 표현의 형태를 띠게 된다"는 점이었다(프로이트,
1997: 141). 한국사회에서 사회적 가치가 겪게 된 변용 과정에 이

관찰을 적용해 볼 수 있다. 즉, 사회적 가치들은 우리의 일상적 삶에서 은밀하게 무시되고 배제되고 억압되지만, 예기치 않게 분출되는 '사건적 순간들'을 통해 강렬하게 회귀한다. 이 회귀에는 폭력성이 동반된다.

20세기를 거슬러 물수제비처럼 간헐적인 시차를 두고 발생했던 대규모 시위, 집회, 운동, 항쟁들이 그 실례다. 4·19, 광주, 1987년 민주화 대항쟁, 그리고 촛불들로 이어지는 반제, 반독재, 민주·민족주의 항거 속에서, 한국인들은 강렬한 저항 투쟁의 역사를 만들어왔다. 이 사건들은 생존주의적 근대성의 구조 그 자체에 대한 저항의 표현이기도 했다. 가령, 동학농민운동은 1894년 레짐의 국제적 배경이 된 제국주의적 질서에 대한 항거의 의미를 갖고 있으며, 1970년대 이래의 민주화 운동은 냉전 생존주의에 대한 저항, 그리고 21세기에 여러 계기를 통해 발생한 촛불시위들은 신자유주의적 생존주의에 대한 거부의 의미를 지니고 있다. 이런 과정에서 의미심장하게 드러나는 특이성이 바로 '죽음'의 문제이다. 사회적인 것의 분출은 생존이 아닌 죽음의 문제를 깊이 끌어안고 전개되어 왔다.

호네트(Axel Honneth)에 의하면, 근대 사회철학의 흐름에는 사회적 삶의 근본에서 '자기보존'을 위한 투쟁을 발견하는 관점(마키아벨리, 홉스)과 상호주관적 '인정(Anerkennung)'에 대한 투쟁을 발견하는 관점이 대립적으로 공존하고 있다(호네트, 2011: 33-41). 인정투쟁과 사회적인 것의 관계는 헤겔 철학에서 그 대표적 표현물을 발견할 수 있다(Guéguen & Malochet, 2012; Fischbach, 1999). 여기서 자기보존의 관점이 '서바이벌'의 욕망과 결합한다면, 인정의 관점,

특히 헤겔이 묘사한 인정투쟁의 이야기에는 '죽음'이라는 테마가
인상적으로 등장한다.

잘 알려진 것처럼 헤겔은, 인간이 삶의 보존과 확장을 지향하는
순간이 아니라 오히려 죽음의 공포를 견뎌 내면서, 죽음을
무릅쓰고, 타자의 상징적 인정을 획득하려는 욕망을 실현시켜
나갈 때 비로소 '사회적' 존재가 될 수 있다는 사실을 역설한 바
있다. 사회적 관계의 원형이 발생하는 기원적 순간을 묘사하는
『정신현상학』 제4장에서 헤겔은 하나의 자기의식이 또 다른
자기의식과 대치하는 상황을 설정한다. 그가 말하는 자기의식은
대상이 아닌 자아, 즉 생명이 아닌 자아를 본질이자 절대적
대상으로 삼는 의식이며, 욕망을 통해서 타자와의 관계 속에서
스스로를 정립하는 존재이다. 이때 자기의식과 마주한 타자는
단순한 생명체가 아니라 또 다른 자기의식으로 나타나는데, 이 두
대치하는 자기의식들의 사이에서 인정이라는 운동이 발생한다. 좀
길지만 전문을 인용하면 다음과 같다.

> "그런데 자기의식의 순수한 추상운동으로서 상호
> 간의 행위가 나타날 때, 이들은 (…) **심지어 생명에도
> 집착하지 않을 수 있다는 것을 보여주어야만 한다.**
> 이는 이중의 행위로서, 즉 타자의 행위이면서 동시에
> 자기의 행위이기도 하다. 그것이 타자의 행위인
> 한은 각자가 서로 타자의 죽음을 겨냥한 행위를
> 하는 것이다. 그러나 여기에는 둘째로 또한 자기의
> 행위도 포함되어 있으니, 타인을 죽음으로 내모는
> 것은 곧 자기의 생명을 거는 것이기도 하기 때문이다.

따라서 두 개의 자기의식의 관계는 생사를 건 투쟁(Kampf auf Leben und Tod)을 통해 각자마다 서로의 존재를 실증하는 것으로 규정된다. 쌍방이 이러한 투쟁에 뛰어들 수밖에 없는 이유는 자기가 독자적인 존재라고 하는 자기확신을 쌍방 모두가 진리로까지 고양시켜야만 하기 때문이다. 말하자면 자유를 확증하는 데는 오직 **생명을 걸고 나서는 길(Daransetzen des Lebens)**만이 있을 수 있으니, (…) 물론 생명을 걸고 나서야 할 처지에 있어보지 않은 개인도 인격(Person)으로서 인정될 수 없는 것은 아니지만, 그러한 개인은 자립적인 자기의식으로 인정받는 참다운 인정상태에는 이르지 못하고 있다"(헤겔, 2005: 225-6. 강조는 저자).

헤겔이 말하는 인정투쟁은, 존재의 "확증(Bewährung)"을 위해 목숨을 걸고 타인의 죽음을 겨냥해야 하는 자기의식들 사이에 벌어지는 싸움이다. 존재의 확증을 위해서는 불가피하게 "생사를 건 위신투쟁"(코제브, 1981: 32)이 요구된다. 이는 자기의 자유를 확증하기 위해서는, 목숨이라는 비본질적 요소를 부정할 수 있다는 것을 보여주어야 하기 때문이다(헤겔, 2005: 225). 이런 점에서, 상호주관적 인정 관계가 만들어지기 위해서 반드시 요청되는 것이 바로 '생사를 건 투쟁'이다. 그런데, 여기에서 '생명을 건다(daransetzen)는 것'은 실제로 죽는다는 것,[8] 혹은 타자를 죽이러 나선다는 것을 의미하는 것이 아니다(인정투쟁이 주인-노예의 변증법으로 귀결되는 것은, 인정투쟁이 실제로 서로를 죽이는 투쟁이 아니기 때문이다). 생명을 건다는 것은, 그것을 위해 목숨을 '걸' 수 있는 어떤 가치가 투쟁의 두 당사자에게 공유되고 있다는 사실을 확인시켜주는 몸짓에 가까운 것이다.

라캉은 1954년의 세미나에서 헤겔의 주인과 노예의 메타포에 대해 언급하면서 다음과 같이 말하고 있다. "죽음 그 자체는 결코 경험될 수 없는 것이 아닌가요, 죽음은 결코 현실적인 것이 아닙니다. 인간은 상상적 공포(peur)를 통해서만 공포심을 갖습니다. 하지만 그것이 전부가 아닙니다. 헤겔의 신화 속에서 죽음은 두려움(crainte)으로조차 구조화될 수 없고 위험(risque)으로, 한 마디로 내기 돈(enjeux)처럼 구조화됩니다. 처음부터 주인과 노예 사이에 있는 것은 어떤 게임의 규칙입니다"(라캉, 2016: 395-6).

달리 말하면, '생사를 건 투쟁'은 투쟁이라는 불가피한 형식을 통해 개체의 자기보존보다 더 소중한 무엇이 두 주체에게 수용, 인지, 욕망되고 있다는 사실을 드러내는 '확인의 계기' 같은 것이다. 인간의 생명은 생물학적 목숨으로 환원되는 것이 아니라 생명-너머의 무언가를 내포한다. 바로 이 생존-초월적 차원을 소유하고 있는 타자와 주체의 연결, 이것이 중요하다는 것이다. 죽음은 이처럼 '실제' 사태가 아니라, '한계 체험'과 유사한 무언가로 설정되어 있다. 죽음은, 생명 너머의 공통성(사회적인 것)을 지시하는 실존적 척도다. 좀 더 현대적인 용어로 하자면 그것은 '상징계(the symbolic)'의 표징이다.[9]

2. 사회적인 것과 죽음의 상상계

한국의 20세기는 생존과 인정이라는 두 테마가 분할되어 각자의 방식으로 강화되어 간 형태를 띤다. 서바이벌리즘이 20세기

한국인들의 사회적 삶에서 발휘한 강력한 헤게모니는 사회적 가치의
억압을 야기했고, 그렇게 억압되었던 가치가 사건적으로 회귀하는
과정에서 죽음의 테마가 반복적으로 부각되기도 했다. 이런 관점에서
서두에 언급했던 박태원 소설에서 '사회적'이라는 형용사가 사용되는
맥락은 매우 흥미롭다.

언급된 소설에서 '사회적'이라는 용어는 글의 말미에 단 한 차례,
최노인의 발언 속에 다음과 같이 등장하고 있다. "**사회적** 인물로는
내가 월남 이상재 선생을 추앙하였습니다. 월남 선생 돌아가셨을 때는
내가 영구를 뫼시구 남문 밖까지 따라갔었으니까…"(박태원, 1998:
152. 강조는 저자). 위의 인용문에서 '사회적 인물'로 지칭된 이상재의
장례식은 1927년 4월 7일 한국 최초로 '사회장'으로 치러졌다.[10]
김현주의 연구에 의하면, 이상재의 사회장에는 160여 개의
사회단체가 장례위원회에 참가, 영결식 당일 경성역에 조기와 만장이
400여 개 넘게 세워졌으며, 경성역 주변에 총 20만 명이 집결했다고
한다(김현주, 2013: 333).

여기서 '사회적' 인물이라는 표현은 상당한 맥락성을 갖는다. '사회적'
인물은 '정치적' 인물이나 '경제적' 인물과 달리, 그 죽음이 공동체를
결집시키고 연대하게 하고 통합시키는 바로 그런 인물이다. 그의 죽음
앞에서 공통의 운명성이 드러나고, 적대와 모순이 약화되고 강약과
귀천과 빈부와 노소의 경계가 약화되면서 어떤 상호교통과 교감이
가능해지는 것이다. 그런 죽음이 사회적 죽음이며 그런 죽음의
주인공이 사회적 인물이다.

가령, 그런 사회적 인물들은 결국 20세기 한국사회에서 '죽음 → 결집

→ 기억'으로 이어지는 반복된 "민중-사건들"(Rosanvallon, 1998: 53-55)의 주체들이 아닐까? 국권회복운동에 참여 순국한 투사들, 3·1운동에서 비폭력 저항을 수행하다가 죽음을 맞이한 인물들, 해방 이후 4·19를 촉발시킨 김주열, 박정희 정권의 생존주의적 통치성에 죽음으로 맞선 전태일 그리고 민주화 운동의 열사들은 사회적인 것에 대한 욕망, 평등하고 연대하는 인간적 삶에 대한 요구 속에서 희생을 통해 집단적 성화(聖化)의 대상이 된 사회적 가치의 토템들이기 때문이다(박대현, 2015; 권명아, 2010; 강정인, 2017).

이 중에서도 가장 극적인 실례로 기억되는 것은 아마도 5·18일 것이다. 특히 도청에 잔류하여 죽음을 선택한 시민군의 항거는 예수의 십자가형과 그의 부활을 상기시키는 정치신학적 모멘트를 내포하고 있다. 정확하게 말하자면, "계엄군의 최후통첩 이후 죽음이 예정된 5월 26일 밤과 5월 27일 새벽 도청에 사람들이 남은 이유는 무엇인가?"(이영진, 2016: 103). 이 물음은 1980년 5월 이후 한국사회가 스스로에게 던지게 된 가장 심오한 질문이 아닐까 싶다. 1980년 5월 19일에서 20일 사이에 광주에서 형성되었던 독특한 사회상태를 최정운은 "절대공동체"로 개념화하면서 다음과 같이 묘사하고 있다.

> "시민들은 남녀노소, 각계각층, 특히 예상치 못했던 계층의 사람들, 예를 들어 황금동 술집 아가씨들, 대인동 사창가 여인들이 공동체에 합류하는 모습에 환희를 느꼈다. 어두워질 무렵 어디에선가 하얀 한복 차림의 농민들 50여 명이 쇠스랑, 괭이, 죽창을 들고 타임머신에서 나온 동학농민전쟁 용사들처럼 금남로에

출현했다. 시민들은 열렬한 박수로 환호했다. 흡사
딴 세상에 와 있는 느낌이었다. 시민들은 생면부지의
사람들과 어깨를 끼어 스크럼을 짜고 같이 죽기로
하고 싸웠다. 시민들은 몸과 몸으로 하나가 되었다.
그들은 자기가 갖고 있는 무엇이라도 동료들을 위하여
희사했다. (…) 나아가서 절대공동체는 자연스럽게
삶과 죽음을 개인을 넘어 공동체 단위로 정의했다.
'살아남기 위해 싸운다', '우리 고장은 우리 손으로
지킨다'라는 말들은 분명히 개인의 목숨과 공동체의
삶이 일치되었음을 보여준다. 그리고 이 생명의 나눔은
헌혈을 통해 피를 나눔으로써 구체화되었다. 이곳에는
사유재산도 없고, 생명도 내 것 네 것이 따로 없었다.
물론 이곳에는 계급도 없었다"(최정운, 1999: 141-2).

위에서 묘사된 절대공동체는 사회적인 것이 최대치의 강도로
솟구쳐 나온 초현실적 모습을 하고 있다. 우리가 '사회적' 가치라
부르는 것이 이상적인 동시에 비현실적으로 극대화된 형태라고 해도
과언이 아닐 것이다. 5·18의 저 상황은 민중이 무언가를 위해서
자신들의 일상적 생존을 내려놓는 일종의 자기-비움(kenosis)의
순간이다. 개체의 목숨이 자아-너머의 어떤 생명력 있는 공동체에
양도되는 순간. 생존주의를 강하게 정초하는 철학적 원리인
코나투스(conatus)가 일시적으로 제약되고, 제한되고, 그 효력이
정지되는 순간. 대신, 일상적으로 억압되어 있던 '사회적' 충동이
사건적으로 솟구쳐 오르는 순간. 실제로, 이러한 강력한 '사회적
체험'은 20세기 후반 한국사회에서 민주적 요구가 분출하면서
공권력과의 싸움이 일어났던 곳, 민주화투쟁이 벌어진 광장에서,

유사한 방식으로 반복되지 않았던가?

이런 반복들의 기원에 존재하는 것이 바로, 옥쇄를 무릅쓰고,
죽음이 예정된 채로, 죽어야 함을 알면서, 5월 26일 밤과 27일
새벽에 전남도청에 남기를 작정한 자들의 결단이다. 그것은 생존의
반대 방향으로 움직여간 케노시스적(kenotic) 결단이다. 이겨낼
수 없는 폭력에 부딪혀 산화함으로써 광주의 정신을 완성하겠다는
의지로 지속된 공포스런 밤은, 그날 이후 수많은 젊은이들과
한국인들의 마음속에 '당신은 그때 무엇을 하고 있었는가' 혹은
'당신은 그런 상황에서 도청에 남을 것인가 아니면 도망갈 것인가'와
같은 신학적 물음을 던지는 체험으로, 역사적 낙인으로 남게 된다.

이는 예수의 죽임 앞에서 그의 제자 됨을 부인하고 돌아선
베드로의 부서진 마음과 흡사한 것이며, 그가 부활한 예수를
보고 그를 사랑함을 세 번 확인하고(그를 부인함을 세 번 반복한
것처럼), 그리고 오순절 이후 완전히 다른 주체로 거듭나서 자신의
진리를 위해 순교하게 되는, 주체화의 행전(行傳)에 비할 수 있는
존재론적 변용 과정을 보여준다. 거기서 우리가 발견하는 것은
죄, 혹은 빚의 감각이 사회적으로 발생하는 과정이다. 누군가의
희생으로 지금 우리가 향유하는 무언가가 생성되었다는 부채감.
이것은 1980년대 이래 한국사회에서 벌어진 여러 운동들의
중요한 심적 동력을 이룬다. 사회적인 것은 이렇게 갚을 수 없는
빚을 지우는, 죽음에 스스로를 부딪쳐 산화한 사람들의, 무섭고
처참한 순간들 속에서 폭발과 같은, 눈을 멀게 하는 섬광을 던지고
사라져가는 빛의 명멸과 같은 것이었다. 1980년대의 학생운동은
윤상원으로 대표되는 저 민주주의의 순교자들의 목소리가 양심을

찌르고 들어오는 체험, 그 체험 앞에서의 전전긍긍, 그들의 뒤를 따르라는 사회적 영(靈)의 강림 같은 사태들에 뿌리를 내리고 있는 것이다(임미리, 2015; 마나베 유코, 2015). 그것은 세속 사회를 적셔간 민주주의의 신학이었다.

죄의 감각은 사회라는 것에 대한 감지(感知)의 한 형태를 이룬다. 사회란 추상적 개념이나 실체가 아니라, 행위자에 의해 지각되고 감각되는 것이다. 우리는 니체를 따라서 이 '죄(Schuld)'를 '빚(Schuld)'이라 불러도 좋을 것이다. 우리가 그들에게 삶을 빚지고 있는 자들은 부당하게 살해된 자들이기도 하지만, 이와 동시에 의도적으로 도생(圖生)과 연명을 거부한 채, 죽음 속으로 자발적으로 걸어 들어간 자들이기도 하다. 저 죽음들이 한국인의 집합기억과 의식 속에서 '사회적인 것', 즉 우리가 함께 살아가는 삶의 맥락과 연관된 것으로 의미화되었을 가능성이 있다. 환언하면, 한국인들이 '사회적 가치'를 체험하는 것은 일상이 깨지거나 흔들리면서 사건적 봉기가 발생하고, 그 안에서 누군가가 죽어가야만 했던 상황, 그들의 죽음으로 인해서 우리가 지금 이렇게 살고 있다는 그런 죄/빚의 감각을 상기시키는 끔찍한 상황인 것이다.

앞서 언급했던 헤겔을 빌려 말하자면, 문제가 되는 죽음은 생존을 넘어서서 인정의 길로 공동체를 이끌고 들어가는 죽음이다. 그리하여 그런 죽음의 뒤에 죽음의 힘(사회적인 것에 대한 체험이 야기한 사회적인 것의 힘)에 이끌리고 휘말린 주체들이 형성되고, 그 주체들이 폭발하여 생존주의적 통치성에 균열을 내는 사건들이 이어지곤 했던 것이다. 20세기 후반에 한국 민중이 열광했던 정치 지도자이자 어떤 의미에서는 한국사회에서 가장 저돌적으로 지배

카르텔과 지배적 가치에 저항하며 권력의 정상에까지 오른 노무현은
2000년대 초반의 한 연설에서 다음과 같은 강렬한 메시지를 전하고
있다.

> "600년 동안 한국에서 부귀영화를 누리고자 하는
> 사람은 모두 권력에 줄을 서서 손바닥을 비비고
> 권력에 머리를 조아려야 했다. 그저 밥이나 먹고 살고
> 싶으면 세상에서 어떤 부정이 저질러져도 어떤 불의가
> 눈앞에서 벌어지고 있어도 강자가 부당하게 약자를
> 짓밟고 있어도 모른 체하고 고개 숙이고 외면했어요.
> (…) 제 어머니가 제게 남겨 주었던 제 가훈은 "야
> 이놈아 모난 돌이 정 맞는다. 계란으로 바위 치기다.
> 바람 부는 대로 물결치는 대로 눈치 보며 살아라."
> 80년대, 시위하다가 감옥 간 우리의 정의롭고 혈기
> 넘치는 우리 젊은 아이들에게 그 어머니들이 간곡히,
> 간곡히 타일렀던 그들의 가훈 역시 "야 이놈아
> 계란으로 바위 치기다, 고만 두거라, 너는 뒤로 빠져라."
> 이 비겁한 교훈을 가르쳐야 했던 우리 600년의 역사.
> 이 역사를 청산해야 합니다. 권력에 맞서서 당당하게
> 권력을 한번 쟁취하는 우리의 역사가 이루어져야만이
> 이제 비로소 우리의 젊은이들이 떳떳하게 정의를
> 얘기할 수 있고 떳떳하게 불의에 맞설 수 있는 새로운
> 역사를 만들어 낼 수 있다!"[11]

위의 연설문은 한국사회에서 사회적인 것과 죽음이 맺고 있는
깊은 연관을 선명하게 드러낸다. 노무현은 우리 사회의 생존주의적

경향의 뿌리에서 '어머니'의 사랑이라는 어려운 쟁점을 끌어낸다. 생존과 입신양명을 중심으로 하는 가치관의 형성을 노무현은 모자 관계라는 사회성의 심층 수준에서부터 문제시하고 있다. 이런 점에서 노무현의 스피치는 주체를 죽음 쪽으로 호명하는, 죽음을 무릅쓰고, 죽음과 대면하라는, 그리하여 정의, 진실, 참여, 투쟁을 담대하게 실현하라는 그런 결의에 찬 독려처럼 보인다. 노무현에 대한 한국사회의 열광 그리고 동시에 그에 대한 거침없던 적대감은 이렇게 노골적으로 표현된 반(反)-생존주의적 단호함과 결기 때문은 아니었을까?

생존에만 급급한, 보신적(保身的) 가치에 복무하는, 오직 힘을 추구하면서, 힘의 혜택을 추구하면서 살아가는 자들과 그들이 꿈꾸는 세계에 대한 경멸, 그리고 자신처럼, 견고한 생존주의적 통치성과 싸우는 사람들이 만들어갈 대안적 사회에 대한 꿈, 환언하면 생존주의-너머의 통치성에 대한 열망이 그를 한 시대의 정점에 올려놓았던 민중적 환호의 근원에 존재한다. 그러나 이와 동시에 노무현의 반-생존주의는 생존주의적 가치에 침윤된, 그런 가치를 주창하는, 그런 가치를 수호하고자 하는 존재들에게는 가장 치명적인 진실(그들이 무슨 말을 하건 사실은 생존주의자에 불과하며, 그들의 인생은 결국 생존을 향한 열망과 자기보존 본능을 향한 질주에 다름 아니라는 사실)의 가차 없는 폭로였을 수 있다. 이것이 바로 노무현에 대한 그토록 격렬했던 적의와 적대감의 참된 이유가 아니었을까?

VI. 마치며

한국 근대의 생존주의 헤게모니하에서 사회적 가치는 한편으로는
억압되고, 다른 한편으로 사건의 형태로 회귀하여 정치도덕적
진화의 추동력으로 기능해왔다. 하지만, 사람들의 일상적 삶을
지배하는 생존주의와 사건적 순간들에 처절하게 빛나는 사회적
가치 사이에는 결코 쉽게 메울 수 없는 간극이 존재한다. 이것이
20세기 한국인의 분열증이다. 한국 민중은 이 두 극단에 모두
걸쳐져 있는 존재로서, 발전주의 국가와 재벌이 주도한 생존주의적
몽상연합(夢想聯合)에 효과적으로 동원되어 김덕영이 말하는
환원근대를 만들어낸 주역인 동시에, 그 모순을 파괴하는 정치적
주체로 나타나는 양면성을 보여왔다. 죽음의 실정성은 사회적
가치를 흡수했고, 타자와의 공존 가능성은 '열사(烈士)적인 것',
'투사적인 것', '순교자적인 것'과 결합함으로써 사회적인 것의
체험형식을 극단화시켜 버린 것이다. 생존주의는 역설적으로 사회적
가치를 죽음의 현실로 채우는 결과를 가져왔다. 생존에의 맹목적
욕망이 사회적 삶의 현실원리로 삼투되어 가는 동시에, 한국사회는
죽음의 에너지를 응축시키고, 사회적인 것의 일상적 체험가능성을
희박하게 만들었다. 우리 사회가 생존을 강박적으로 도덕화하여
산업화를 이루었고, 숭고한 죽음과 사회적 가치를 혼용하여
민주화의 심적 동력을 얻었다면, 이제 21세기의 새로운 맥락에서,
사회적인 것을 어떤 방식으로 운용하고 설계하고 펼쳐가야 하는가?
바로 이 질문이 생존주의와 사회적 가치와 죽음을 고민하는
우리에게 주어진 물음이다.

보론 I. 생존주의와 사회철학

유럽의 근대 사회철학은 '생존주의적 문제틀'과 '공존주의적
문제틀'의 길항과 교체의 역사로 점철되어 있다. 우선, '생존주의적
문제틀'은 근대적 시민사회에 뿌리를 내리고 있다고 할 수 있다.
주지하듯, 가족과 국가 사이에서 분화되어 나온 '욕구들의
체계'(헤겔)로 정의되는 시민사회는 사적 욕망을 극대화하려는
행위자들의 냉정한 이해관계가 충돌하는 곳이자 적대적 폭력과
빈곤, 비참, 양극화 경향이 현실화되는 가혹한 투쟁의 장이다.
만인의 만인에 대한 투쟁(홉스), 이기심에 의한 갈등(루소),
사유재산권의 충돌(로크), 아노미(뒤르케임), 빈곤(헤겔),
계급적대(맑스)가 그곳을 지배한다.

하지만, 서구 근대는 시민사회가 각자도생을 맹렬하게 추구하는
코나투스적 개체들이 활거하는 욕망의 정글(전쟁상태)로 변질될
가능성을 예방하고 교정하기 위해 다양한 공존의 장치들, 인륜성의
구제장치들을 발명한다. 그것이 바로 사회계약, 사회보험, 사회국가,
공화주의, 유기적 연대, 사회주의로 이어지는 '사회적인 것(the
social)'이다. 생존의 문제틀을 넘어서 "공존(convivance)"을
지향하는 이러한 사회적인 것의 창안을 통해서(Abélès, 2006: 11-
12), 서구 근대는 시민사회에 구조적으로 배태되어 있는 생존주의적
경향을 통제, 제어, 관리하고자 했다. 그리고 이는 결국 20세기
복지국가의 등장으로 인해 구체적으로 현실화된다(Ewald, 1986).

그런데, 여기서 주의해야 할 사항이 하나 있다. 유럽 근대가
시민사회의 생존주의적 경향을 '사회적인 것'의 창안을 통해 통치한

것은 오직 국내 정치(네이션)의 수준에서였다는 사실이 그것이다.
실제로 근대 유럽의 국민-국가들은 자국 내 정치에 관해서는
'공존'의 상상력을 실험하고 또 부분적으로 이를 실현하는 데
성공했다. 하지만, 국제관계에 있어서는 '생존주의적 문제틀'을
벗어나지 못했다.

예컨대, 1648년 베스트팔렌 조약이 체결된 이후 국가들 사이의
경쟁 공간으로서의 '국제체계'가 본격적으로 창출된다. 이런
상황에서 국가이성에 기초한 현실정치(Realpolitik) 사상이
발전하게 되었고, 이는 "국가 간의 치열한 무력경쟁이 평화보다
오히려 더 일상적으로 느껴졌던 상황"을 여실히 반영한다(박상섭,
2012: 137). 18세기 후반에서 19세기를 거치면서 유럽 국가들이
추구했던 "내부의 탈인종화와 문명화"는 "외부의 식민주의적
인종화의 강화"와 동시적으로 진행된다. 즉, 유럽 근대는 국민-
국가 내부에서는 생래적 불평등을 감소시키려 했지만, 그 외부인
식민지에서는 고도로 인종주의적이고 불평등한 야만상태를
실현하는 모순을 노정했던 것이다(Hage, 2003: 15). 19세기 후반에
조선이 겪어야 했던 고통은 17세기 초반부터 이렇게 형성된 유럽의
정치적 근대성의 구조(국제적 생존주의와 국내적 공존주의의 모순적
결합)의 한 귀결점이었던 것이다.

한편, 1980년대 이래 등장하는 신자유주의적 통치성의 글로벌한
전개는 이런 점에서 보면 서구 근대가 성취한 '공존주의적 문제틀'의
성과를 다시 원점으로 돌리면서, 근대 사회의 고유한 문제라 할 수
있는 '생존주의적 문제틀'을 다시 무대의 전면으로 불러내는 결과를
가져온다. 아벨레즈(Marc Abélès)가 지적하듯, 신자유주의적

통치성의 문법 속에서 정치적·사회적 행위는 "생존(survivre)에 대한 염려"(Abélès, 2006: 12)에 지배당한다. 정의, 평등, 자유, 진리, 공공성과 같은 도덕적이고 보편적인 가치는 공적 의사결정을 좌우하는 핵심적 판단기준이 되지 못하고, 경제 논리를 중심으로 하는 '생존해야 한다'는 모토가 주도적 영향력을 행사하게 된다. 정부, 정당, 기업, 대학(학과), NGO, 심지어 시민단체나 저항적 결사체들도 살아남기 위한 "생존 경제"에 몰입하는 아이러니한 상황이 전개되고 있다(Abélès, 2006: 179; 도베르뉴·르바론, 2015).

보론 2. 생존주의에 대한 철학적 비판들

20세기 후반의 자본주의 문화에 대한 비판은 종종 그 '생존주의적'
라이프스타일에 대한 비판의 형태를 띤다. 가령, 상황주의자
바네겜(Raoul Vaneigem)은 생존주의를 자본주의적 삶의 한
형식으로 파악하면서 비판적 견해를 제시한다. 그에 의하면,
"생존(survie)은 경제적 명령으로 축소된 삶"이자 "소비재로 축소된
삶"이다(바네겜, 2006: 217). 환언하면, "생존은 본질적인 것,
추상적 형식, 인간이 생산과 소비에 참가하기 위해서 요구되는
요인들로 환원된 삶"(Vaneigem, 1992: 208)이다. 유사한 맥락에서,
지젝(Slavoj Žižek)은 이렇게 쓴다.

> "냉소적 이데올로기에 종속된 인간은 니체의
> 표현대로 최후의 인간으로, 최후의 인간이 채택하는
> '탈형이상학적' 생존주의자(survivalist)의 종착역은
> 그림자처럼 목숨을 부지하며 살아가는 창백한
> 스펙터클이다. 사형제도 폐지가 확산되는 작금의
> 현상도 이러한 지평에서 이해해야 한다. 즉 사형제도
> 폐지의 이면에는 '생정치'가 숨어 있다. '삶의
> 신성함'을 내세우는 사람들, 삶에 기생하는 초월적
> 권력에 반대하며 삶 자체를 옹호하는 사람들의
> 종착역은 '관리되는 세계'이다. 우리는 여기서 고통
> 없이, 안전하게 - 그리고 지루하게 - 살아갈 것이다.
> 관리되는 세계의 공식 목표는 오래오래 즐겁게 사는
> 것이다. 그리고 이를 위해 온갖 진짜 쾌락(담배, 약물,
> 음식 등)은 아예 금지되거나 엄격하게 통제된다"(지젝,

2007: 155. 번역은 부분 수정).

데리다(Jacques Derrida)는 또한 어떠한가? 그는 『신앙과 지식』에서
이렇게 쓴다. "삶/생명은 오직 삶/생명 이상으로 가치가 있을 때만
절대적으로 가치가 있다(La vie ne vaut absolument qu'à valoir
plus que la vie). (…) 삶/생명은 오직 자기 안에서 생명 이상으로
가치 있고, (희생가능한) 생물동물학적인 것의 자연 그대로의
상태로 제한되지 않는(…) 것의 이름으로만 신성하고, 성스러우며,
무한히 존중할 만하다"(데리다, 2018: 168. 강조는 데리다). 그에
의하면, 생명의 절대적 가치는 '뭔가가 살아 있다는 사실'에서 오는
것이 아니다. "삶/생명의 존엄성은 오로지 현존하는 생명체/현재
살아 있는 것(vivant présent) 너머에만 존재 가능하다"(데리다,
2018: 169). 생명의 참된 가치는 그 목숨이 아니라 "생명체/살아
있는 것에 대한 이러한 초과분(excès sur le vivant)"(데리다, 2018:
169)에 있는 것이다.

1   신형기는 4·19 혁명 이후 각종 개건운동에서 이런 긴급의식이 어떻게
        표현되고 있으며, 5·16 쿠데타 세력이 그 의식을 어떻게 활용하고
        전유했는지를 분석하고 있다(신형기, 2012: 281).

2   부르디외(Pierre Bourdieu)의 장(場) 개념 역시 분화된 사회공간에 대한
        관점을 명확하게 표명하고 있다. 각각의 장은 서로에게 닫혀 있는 소우주이며,
        특정 장의 논리는 다른 장에서는 통용될 수 없고, 모든 장들은 자신에게
        고유한 자본의 유형, 즉 욕망의 대상들을 생산한다(올리브지, 2007: 12).
        한편, 사회이론에서 분화 개념의 발전과 전망에 대해서는 다음을 참조할
        것(Alexander, 1990).

3   이로부터 다음의 네 가지 공리가 도출된다. 첫째, 경제가 곧 근대이고
        경제성장이 곧 경제다. 둘째, 국가와 재벌이 곧 경제다. 셋째, 경제가
        근대화되면 경제 외적 영역도 근대화된다. 넷째, 전통은 근대의 토대가 되어야
        하거나 근대에 자리를 내주어야 한다(김덕영, 2014: 65-66).

4   1971년 1월 1일 신년사에서 박정희는 이렇게 말한다. "문제는 우리의 힘, 즉
        국력에 달려 있는 것입니다. 국력이 약하면 나라가 기울고, 나라가 일어서려면
        국력을 길러야 한다는 것은 흥망성쇠의 기복이 무상했던 인류 역사의 산
        교훈입니다. 더군다나 오늘날과 같이 세계의 모든 나라들이 국가이익을
        위해서는 어제의 적국을 오늘의 우방으로 삼고, 피도 눈물도 없는 적자생존의
        논리를 내세우고 있는 냉혹한 생존 경쟁의 시대에 있어서는 힘없는
        민족은 세계무대에서 영원히 낙오되고 만다는 것을 우리는 깊이 명심해야
        합니다"(PCS8: 18).

5   이와 연관해서 박영신의 지적은 신랄하다. "강대국의 지식인은 세계 지배를
        위한 체제 설계에 관심을 쏟지만, 약소국의 지식인은 지배 체제에 맞춰
        살아가야 할 생존 전략에 매달린다. 강대국에 에워싸인 약소국에게 그
        틈바구니에서 생존하는 것 이상 절실한 것은 없다고 생각하기 때문이다. 하여
        지식인은 언제나 생존의 문제를 최우선의 자리에 올려놓는다. 생존 그 밖의
        것은 관심의 지평에 떠오르지 않는다. 모든 것이 생존의 뒷전으로 밀려난다.
        어떤 생존인가에 대한 물음조차도 던질 여유를 갖지 못한다. 강대국의
        물질자본뿐 아니라 지식 자본의 논리에 줄을 달아 생존의 길을 모색하고자
        발버둥을 치는 것도 이 관심의 테두리 안에서다. 이것이 약소국에서
        살아가는 종속 지식인의 숙속이다"(박영신, 2016: 293).

7장. 생존주의, 사회적 가치, 그리고 죽음의 문제

6   아이러니하게도 '사회적'이라는 용어에 내포된 도덕적 성격을 예리하게
         간파해 낸 사람은 극단적 자유지상주의자인 하이에크(Friedrich A.
         Hayek)다. 그는 '사회적'이라는 형용사가 구체적 현실을 지칭하기보다는
         도덕적 규범에 호소하는 용어라는 사실을 간파했다(하이에크, 1996: 222).
         그에 의하면, '사회적'이라는 표현에는 "모든 구성원들이 특정한 물질적
         지위에 대하여 책임져야 하고, 개개인들이 각자 자기에게 '마땅한(due)' 것을
         받을 수 있도록 책임져야 한다는" 명령이 내포되어 있다(하이에크, 1997:
         170). 이 명령에는 명백히 도덕적 함의가 담겨 있다.

7   정신분석학에서 말하는 억압은 "주체가 어떤 충동과 연관된 표상(사고,
         이미지, 기억)을 밀어내거나 무의식에서 그것을 보존하는 작용"을
         의미한다(Laplanche & Pontalis, 1967: 392).

8   'daransetzen'은 1977년에 밀러(A. V. Miller)가 번역한 영어판(옥스포드대학
         출판부)에는 'staking one's life'로 번역되어 있고, 1993년에 자르칙(G.
         Jarczyk)과 라바리에르(P.-J. Labarrière)가 번역한 불어판(갈리마르)에는
         'engager la vie'로 번역되어 있다.

9   헤겔의 '죽음'의 테마에 대해서는 다음을 참조할 것(코제브, 1981; Pippin,
         2010; Adkins, 2007).

10   최초의 사회장은 1922년에 운양 김윤식의 장례에서 시도되었다. 그러나 그의
         사회장을 둘러싼 갈등이 있었고, 이는 당시의 '사회' 개념의 정의를 둘러싼
         상징투쟁을 보여준다(김현주, 2013: 323-68). 1905년에서 1919년까지
         근대문학에서 '사회'라는 용어의 사용에 대해서는 다음을 참조할 것(이경훈,
         2006: 226-9).

11   https://www.youtube.com/watch?v=7buzI_9frtw
         (검색일. 2024년 7월 31일).

8장

민중의 자기초월 –
민중신학에서
생태계급7가지

"사막 자체와 마찬가지로 절대적으로 민중적인 고독,
앞으로 도래할 민중과 밀접하게 연결되어 있는 고독,
아직 여기 있지는 않지만 민중 없이는 존재할 수
없기 때문에 민중을 불러오고 민중을 갈망하는
고독"(들뢰즈·가타리, 2003: 723).

I. 문제 제기

1970년 11월 전태일의 분신은 한국사회 전체에 큰 충격을 안겼을
뿐 아니라 신학계에도 적잖은 반향을 불러일으켰다(김명배,
2009: 151). 민중신학의 탄생이 그 대표적 실례다. 가령, 독일에서
오랫동안 공부하며 실존주의 신학의 영향을 받았던 안병무는
전태일 사건을 목도한 후 민중사건을 증언하는 새로운 신학적
사명을 발견한다(김명수, 2006: 51).[1] 세계 신학계의 동향을 충실히
소개하며 "현대 신학의 안테나"라 불리던 서남동 역시 전태일 사건
이후 민중신학으로 방향을 튼다(김희헌, 2013: 18). 그는 전태일
사건이 "한국 민중운동의 기점이며 기폭제가 되었다는 사실"에
주목하고, 성서민중과 한국민중의 '합류(合流)'를 자신 신학의
본령으로 설정한다(서남동, 2018: 101).

이런 흐름 속에서 민중신학을 정초한 주요 문헌들이 발표된다.
1975년 2월에 『기독교사상』에 서남동의 "예수, 교회사, 한국교회"가
실렸고 같은 잡지 4월호에 안병무의 "민족, 민중, 교회"와 서남동의
"'민중의 신학'에 대하여"가 실렸다. 이들은 마가복음에서 하층민을
지칭하는 용어로 광범위하게 사용된 '오클로스(ochlos)'를

정치신학적 주체로 끌어내 이를 당대 한국사회의 피억압자들과 연결시키며 '민중(Minjung)' 형상을 분절해 낸다. 이후 안병무가 펼쳐간 '사건의 신학'과 서남동이 제창한 '반(反)-신학'의 중심에는 민중이 확고하게 자리 잡는다. 이 과정에서 1세대 민중신학자들은 해직과 투옥 등 정치적 고난을 겪으며 박정희 군사정권에 저항했다.[2]

이처럼 1970년대 민중신학이 탐색, 증언, 형상화한 저 민중을 나는 '페이션시(patiency)'의 관점을 통해 조망해 보기를 제안한다. 본문에서 상세히 논의하겠지만, 페이션시는 행위자(agent)의 존재와 능력을 가리키는 에이전시(agency)와 대비되는 개념으로서, 감수자(感受者, patient)의 실존, 체험, 힘을 포괄적으로 지칭한다. '페이션시의 관점'을 취한다는 것은 행위자 중심의 세계에서 제대로 의미 부여된 적 없는 수동성의 가치를 복원하고, 지배적 언어의 표상권 외부로 밀려난 감수자의 세계를 가시화하고, 감수 과정에서 만들어지는 관계들과 역량들을 적극적으로 서사하고 평가하려는 입장이라 할 수 있다.

1세대 민중신학의 민중관에는 이런 페이션시의 관점이 일관적으로 표명되어 있다. 안병무는 "민중신학의 동기는 한마디로 말하면 수난"이며(안병무, 1993e: 105), 민중신학은 "민중 편에서", 즉 "모든 것을 '당하는 자'의 편에서" 성서를 읽는다고 단언하고 있다(안병무, 1993b: 99). 서남동에게도 민중신학의 초점은 "고난받은 민중" 또는 "민중이 겪고 있는 고난 자체"에 놓여 있다(서남동, 2018: 232). 이들은 민중의 행위(doing)보다 겪음(suffering)에 우선적 관심을 기울인다. 민중은 역사의 행위자이기 이전에 정치경제적 파괴기계의 작용하에서 부서져가는 감수자로 인지된다. 그렇다면 어떻게 이런 수동적 감수자들이 집합 행위자로 변신할 수 있는가?

민중신학은 이 수수께끼를 민중사건과 예수사건을 연결해 가면서
풀어간다. 말하자면, 이들이 본 민중은 역사의 특정 시점에 예상치
못한 방식으로 집합적 행위자로 솟구치는데, 이 봉기는 예수사건과
그 맥을 같이 한다. 민중은 예수의 죽음과 부활을 반복하면서 가장
깊은 수동성에서 가장 격렬한 능동성까지 횡단하는 존재다. '민중이
메시아'라는 민중신학 특유의 명제 역시 민중의 강력함이 아니라
오히려 그 미약함에 방점이 두어진 것으로 이해된다. 예수처럼,
민중도 파괴된 감수자들이며, 감수 속에서 생성된 역설적 힘을
발휘하여 부활하는 행위자다. 안병무가 화산맥(火山脈)에 비유한
민중사건의 급작성, 격렬성, 반복성은 분화(噴火)가 일어나기까지
축적되었어야 하는 압력, 긴 견딤과 고통의 시간을 전제한다. 이처럼
민중신학은 민중의 고난 속에서 잉태되고 발효되는 "행위형성적
감수능력(agentializing patiency)"을 읽어내고 있다고 말할 수
있다(김홍중, 2019: 28-30).

이런 인식을 바탕으로 이 장에서는 다음 순서로 민중신학의
페이션시적 관점을 탐색하고, 그것이 우리 시대에 갖는 함의를
논의한다. 첫째, 1세대 민중신학자들에게서 공통으로 발견되는 민중
개념의 '미규정성'에 주목하고 그 의미를 성찰한다. 둘째, 안병무가
민중의 성서적 원형으로 부각시킨 '오클로스'가 누구인지 살피고,
오클로스와 예수의 얽힘(어셈블리지)의 신학적 함의를 짚어본다.
셋째, 안병무의 '민중의 자기초월'과 서남동의 '한(恨)과 단(斷)의
변증법' 테마를 고찰함으로써 수동적 감수자가 역사적 행위자로
전환되는 계기를 민중신학이 어떻게 사유했는지를 확인한다. 넷째,

감수에서 행위로 이어지는 과정에 대한 이론적 도식을 제시하고, 이를 바탕으로 민중신학의 통찰을 페이션시의 관점으로 이해할 수 있는 가능성을 탐색한다. 마지막으로, 민중신학의 이 독특한 사유가 생태파국이 진행되는 인류세(Anthropocene)의 저항주체 형성에 어떤 통찰을 던지는지를 성찰해 본다.

II. 민중신학의 민중은 누구인가?

1. 미규정자=x

1970년대 한국사회에서는 민중신학뿐 아니라 그 외의 다양한 영역에서도 민중에 대한 학술적 논의, 문학적 형상화, 운동과 실천, 예술적 재현 등이 활발하게 일어났다(장상철, 2007).[3] 이 시기 민중은 한국사회의 핵심 변혁주체의 위상을 확보했고 민중신학 역시 민중의 행위능력을 강조하고 있지만 거기에는 세심히 살펴봐야 하는 특이성이 있다. 즉, 민중을 구체적으로 규정하고자 했던 다른 분야들과 달리, 1세대 민중신학자 대부분은 민중에 대한 명확한 개념 정의를 의도적으로 거부했다는 사실이 그것이다(김성재, 1996: 226-7).

예를 들어, 안병무는 민중 개념을 학술적으로 정의하지 않겠다는 입장을 반복해서 밝힌다(안병무, 1993d: 216, 232, 324). "'민중이 무엇이냐?'하고 누가 물어올 때, 저는 민중을 한마디로 말하는 것을 거부하고 있어요. 서구의 학문은 모든 것을 개념화해서 파악합니다. 나는 그렇게 하지 않아요. 민중을 설명하면 개념이 되고, 개념이 일단 성립하면 그 개념은 실체와 유리된 것이 되어버려요. (…)

나는 끝끝내 민중을 개념화하지 않겠다는 겁니다"(안병무. 1993b: 33). 말하자면, 민중이란 생명을 갖고 있는 "산 실체"이자 "운동하는 실체"이기 때문에 "관조의 대상이 아니라 체험의 대상"이며, 따라서 증언되어야 하는 존재지 정의의 대상이 아니라는 것이다(안병무, 1993e: 4, 253).[4]

'계시의 하부구조'를 강조하면서 맑스주의적 관점을 원용하는 서남동에게 민중은 우선적으로 "서민대중" 또는 "눌리고 빼앗기는 계층"을 가리킨다(서남동, 2018: 235). 하지만 이런 "사회경제사적" 관점을 넘어서는 "정치신학적 의미"가 그의 민중 형상에도 깊숙이 각인되어 있다(서남동, 2018: 235). 민중의 역사적 주체성, 즉 메시아적 능력이 그것이다. 역사를 이끄는 주체가 미리 결정되어 있지 않은 것처럼, 민중 또한 선험적으로 정해진 집단이 아니다. 이런 입장은 서남동이 "5가지의 '부정문(否定文)'이라는 (부정신학적) 방식으로" 민중을 이야기하는 것을 보면 잘 드러난다(한정헌, 2016: 263). 그에 의하면 민중은 백성도 시민도 프롤레타리아트도 대중도 지식인도 '아닌 무언가'다(서남동, 2018: 224-9). 민중은 오직 부정을 통해서만 말해질 수 있다. 체제에 따라서 변화하는 배치이며 상황적 구축물이기 때문이다. 그래서, 봉건사회, 자본주의 사회, 산업사회의 민중이 모두 다르며, 언젠가는 민중이 아예 소멸할 수도 있다(서남동, 2018: 234-5).

김용복 역시 민중 개념에 고도의 가변성을 부여한다. 그에게 민중은 권력관계에서의 위치성을 범용적으로 가리키는 기표로 이해되고 있다. 이 경우 중요한 것으로 부각되는 것은 민중의 '개념'이나 '의미'가 아니라 항상 변화하는 현실 속에서 매번 새롭게 등장하는 민중적 '존재들'이다.

> "민중은 역동적이고 변화하고 복합적인 살아 있는
> 실체(nature)이다. 이러한 살아 움직이는 실체는
> 자신의 존재를 창조하고 역사 속에서 새로운 움직임과
> 드라마를 만들어 낸다. 그리하여 이 살아 있는
> 실체는 개념적인 용어로서 정의되는 것을 생리적으로
> 거부하게 되는 것이다. (…) 민중은 역동적으로
> 변하는 개념이다. 여성이 남성에게 정치적으로
> 지배를 받고 있다면 여성은 민중의 영역에 속한다. 한
> 민족이 타민족에게 정치적 지배를 받는다고 할 때도
> 지배받는 민족은 민중의 집단이다. 한 인종이 어떤
> 강한 인종에게 지배받을 경우, 역시 지배받는 인종은
> 민중이 되며, 지성인들이 물리적 수단으로 권력을
> 잡은 지배자들에 의해 억압을 받는다면 이들도 역시
> 민중이 된다"(김용복. 1981: 110).

1세대 민중신학자들에게 이처럼 민중은 사회적, 경제적, 정치적,
문화적 위치에 의해 자동적으로 결정되는 거시통계적 집단(계급,
젠더, 세대, 인종 등)이 아니라 역동적이며, 창발적이며, 사건적이며,
분자적인 운동성의 이름이다. 민중은 (베르그송처럼 말하자면)
지성적 개념이 아니라 직관적 개념이다. 생동하고 지속하는 살아
있는 힘이다. 평소에는 보이지 않지만, 특정 순간에 불현듯 나타나는
"민중-사건"이다(Rosanvallon, 1998: 53-55).

저들이 바라본 민중은 고정된 본질을 가지지 않는다는 점에서

탈실체화되고, 선험적 결정을 벗어나 있다는 점에서 탈구조화되고, 다른 시간과 공간을 가로지르며 변이한다는 점에서 탈영토화된 존재다. 한정헌을 빌려 말하자면, 이 민중의 참된 이름은 "미규정자=x"다(한정헌, 2016: 255). x라는 저 빈 자리는 사전에 결정되지도 않았고 거기에서 무엇이 출현할지를 예측할 수 없는 순수한 사건의 자리다. 이런 미규정성과 모호성은 그러나 역설적으로 민중 개념이 특정 시대의 사회역사적 규정성에 함몰되는 것을 막는다. 미지의 사건성에 침윤된 민중의 자리는 역동성과 잠재성을 유지하며, 상이한 시대와 상황 속에서 스스로를 드러낼 수 있는 긴장 어린 가능성을 잃지 않는다. 1세대 민중신학이 펼쳐간 과감하고 독창적인 사유는 이처럼 민중 개념을 미지(未知)와 미규정성을 향해 개방해 놓았기 때문에 가능했던 것처럼 보인다. 그렇다면 1970년대 중반의 시점에서 저 빈 자리 x에 나타났던 존재는 과연 누구인가?

2. 오클로스

민중신학이 바라본 민중의 성서적 원형은 마가복음에 등장하는 '오클로스'다.[5] 안병무의 오클로스론(論)은 1975년의 "민족, 민중, 교회"에서 처음 개진되지만(안병무, 1982a), 그 논의가 전면화되는 것은 1979년 11월에 『현존』 106집에 실린 "예수와 오클로스"에서다.[6] 추정컨대, 이 글은 일본의 성서학자 다가와 겐조(田川建三)의 『마가복음과 민중해방. 원시그리스도교 연구』의 영향하에 집필된 것으로 보인다.[7] 다가와 겐조는 이 저서에서 예수를 둘러싼 무리를 지칭하는 그리스어 단어 오클로스에 대해 다음과 같이 지적한다.

> "먼저 민중을 의미하는 말 λαός(라오스)와

όχλος(오클로스)의 복음서에서의 용법부터
분석해보자. (…) 라오스는 '국민'을 의미한다. 바꿔서
민중 일반을 가리키는 경우도 없는 것은 아니다.
오클로스는 '군중'이다. 라오스 쪽은 70인역에
있어서 '이스라엘의 백성'을 가리키는 특수한 용어로
자주 사용되고 있다. 그리고 라오스에 관한 한 (…)
마가에서는 (…) 단지 2회밖에 사용되고 있지 않다(7:
6, 14: 2). 그에 반하여 누가복음에서는 36회, 같은
저자의 손으로 된 사도행전에서는 48회나 사용되고
있다. 마태에서는 14회가 나온다. 비록 마가복음서가
다른 복음서보다 약간 짧다고 해도 이 숫자의 차이는
뚜렷하다. (…) 마가에서는 통일체로서의 민중, 즉
'국민'이 나오지 않고, 군중이 있을 뿐이라는 사실은
중요하다"(다가와 겐조, 1983: 119-20).

성서 전체를 놓고 보면 위 사실의 특이성은 더욱 두드러진다.
『70인역 성서』를 통틀어 '라오스'는 1,350회 등장하고 '오클로스'는
오직 50회 정도만 발견되는데, 이 50개의 용례 중에서 38회가
마가복음에 나타나고 있다고 한다. 요약하면, 성서에 채택된
'오클로스'라는 단어의 상당 부분이 마가에 의해 쓰여졌다는
것이다(김진호, 2006: 93). 더구나, 마가 이전에 쓰여진 복음서와
바울의 편지에 '오클로스'가 한 차례도 등장하지 않으며 오직 마가
이후의 복음서와 「사도행전」에 가서야 그 단이가 나타나고 있음을
보건대, '오클로스'를 신약에 도입한 것이 마가일 가능성이 매우
높다는 것이다(안병무, 1982b: 87). 그렇다면, 마가가 성서의 무대에
올려놓은 저 오클로스란 누구인가? 그들은 라오스와 어떤 점에서

다른가? 민중신학이 라오스가 아닌 오클로스에서 민중의 원형을
발견했다는 것은 어떤 의미를 갖는가?

오클로스는 "예수가 가는 곳마다 언제나 그를 찾아 모이는 이들"로
묘사되는 예수의 무조건적 추종자들이다(안병무, 1982b: 88).
이들은 "당시의 체제에서 정죄받고 소외당한 계층"이자(안병무,
1982b: 91), "권리를 향유할 수 없는 무리", "눌린 자, 포로된 자들",
"배고프고 헐벗었으며, 슬퍼 통곡하고 박해를 받는 자들"(안병무,
1993e: 21), "지배층과 긴장 관계에 있으며 집권자들의 공포의
대상"이다(안병무, 1982b: 89). 안병무는 이렇게 쓴다. "오클로스란
어떠한 소속성도 없는 사람들, 따라서 권리와 의무가 없는 사람들을
일컫습니다. 가령 노예나 고향을 잃은 방랑자, 거지, 이족(異族),
고용병 등등이 이에 속할 것입니다. 인권이란 그들에게 해당되지
않고, 그들 삶에는 어떤 보장도 없습니다"(안병무, 1993e: 98-
99).[8] 마가복음은 오클로스에 대한 예수의 태도를 각별하게 그린다.
예수는 이들을 불쌍히 여기고, 그들과 허물없이 친교하며, 그들이
자신의 어머니와 형제라고 선언한다(안병무, 1982b: 89-91).
제자들을 무섭게 나무라는 경우는 있지만 오클로스에 대해서는
거의 조건 없는 지지와 애정을 보인다는 점도 특이할 만하다(안병무,
1993e: 129).

민중신학이 오클로스를 (재)발견하는 것은 1970년대 한국사회에서
민중이 부상하던 현상과 동시성을 갖는다. 현실의 변화가 성서를
읽는 방식에 영향을 준 것이다. 이처럼 리얼리티와 성서가 시공을
넘어 공명하는 양상을 서남동은 '합류'라는 탁월한 비유로
포착했다(서남동, 2018: 56-107). 두 물줄기가 섞여 하나의

소용돌이가 되듯, 두 초점이 모여 새로운 의미맥락이 창조된다는 것이다. 이때 오클로스는 신과 민중이 '수난'을 통해 서로 합류하는 해방의 창조적 교점으로 나타나게 된다. 그런데 이처럼 오클로스가 민중의 원형으로 적시되고 있다는 것은 몇 가지 중요한 의미를 갖는다. 우선 오클로스의 존재론적 성격이다.

민중신학의 민중은 정치 공동체에 소속된 '라오스'나 민주주의의 주체인 '데모스(demos)'가 아니며, 그렇다고 빈민을 의미하는 '프토코이(ptokoi)'도 아니다.9 오클로스는 당대 사회의 (인지적) 표상과 (정치적) 대의 바깥에 있는 존재들, 따라서 그 주체성이 사회적으로 인정되지 못한 채 재현(representation) 시스템 바깥에 머무는 존재들이다. 김진호가 지적하듯, 이들은 "주체가 상실된 자", "비존재적 존재", "자신을 표현할 언어를 상실한 상태의 사람", 즉 사회적 영토의 바깥에 머무는 "탈귀속성"과 "실어증"을 앓고 있는 자들이다(김진호, 2006: 100-101). 라오스도 데모스도 아닌 오클로스를 민중의 원형으로 보았다는 것은 민중신학 1세대가 파악한 역사적 변혁의 참된 동인은 이미 가시화되고 조직화되고 인정받은 '몰적(molar)' 집단이 아니라 표상/대의되지 못하는 '분자적(molecular)' 역량의 흐름과 폭발이었다는 사실을 암시한다.

둘째, 오클로스와 예수는 매우 독특한 관계성을 보여준다. 예수는 오클로스에 둘러싸여 있다. 예수와 오클로스의 관계는 단순한 주객(主客)도 사제(師弟)도 일방적 추종 관계도 아니다. 민중과 예수는 하나의 집합체를 이루어 "함께 사건을 일으키는 '우리'"라고 일컬어진다(안병무. 1993b: 96). 이에 대한 안병무의 견해는 단호하고 급진적이다. 그는 이렇게 쓴다. "민중과 더불어 예수가

있는 곳에 민중이, 민중이 있는 곳에 예수가 있다. 그런데 그 민중은
비록 무명으로 등장하나 예수를 부각시키는 배경이 아니다. 민중은
예수와 더불어 있을 때, **예수는 민중과 더불어 있을 때 생동한다.
이 둘은 서로가 관계를 가질 때 생동한다**"(안병무, 1993d: 80.
강조는 저자). 그는 또 이렇게 말한다. "예수는 갈릴래아에서 그의
공생애를 시작하지만 **민중(오클로스)에게 둘러싸여서 그들에게
거의 피동적으로 움직인 것**이 그의 짧은 생애의 모습이지 군림하는
생과는 너무도 거리가 멉니다"(안병무, 1993d: 227. 강조는 저자).

민중신학의 상상력 속에서, 오클로스와 예수는 연합("더불어")을
이루고 있다. 예수는 오클로스를 정동하고 변화시키고 움직여 가는
동시에 오클로스에 의해 정동되고 변화되고 움직여진다. 놀라운
것은 안병무가 예수에게 부여하는 '피동성(被動性)'이다. 예수는
민중에 둘러싸여 있고 민중의 흐름을 따른다. 예수는 군림하는
대신 민중의 흐름에 휩싸여 함께 흐른다. 민중과 예수는 상호구성적
관계로 인지되고 있다. "이 둘은 서로가 관계를 가질 때 생동한다"는
위의 표현이 역설하듯, 이들 사이에는 생명의 생산, 생기(生氣)의
나눔이라는 현상이 발생한다. 이런 점에서 민중과 예수의 관계는
들뢰즈(Gilles Deleuze)와 가타리(Félix Guattari)가 말하는
'어셈블리지(agencement)'를 연상시킨다.[10]

흔히 '배치' 또는 '배치물'로 번역되는 어셈블리지는 이질적인
요소들이 연합하여 만들어진, 위계와 중심과 목적을 갖고 있지
않은 망상(網狀) 네트워크다. 그것은 시스템이나 조직처럼 요소들을
유기적으로 결합하지 않고 "전염병, 유행, 바람"처럼 욕망에 의해
영토화, 탈영토화되는 리좀이다(Deleuze & Parnet, 1996: 84).

예수와 오클로스가 어셈블리지를 이룬다는 말은, 이들이 기능적으로 연결되어 새로운 언표들과 리얼리티를 만들어가는 생명력을 발휘하고 있다는 것을 의미한다. 이것은 물리적이고 정동적인 동시에 담론적인 생성(becoming)이다.[11] 그들은 같은 현장에 현존하며 소통하고 후일 그 언어는 오클로스에 의해 전달, 기억, 해석되어 국경을 넘어서 퍼져간다. 실제로 안병무는 오클로스를 예수사건의 전승 집단으로 파악하고 있다(안병무, 1979; 안병무, 1980; 안병무, 1993c: 311; 안병무, 1993d: 87-122). 오클로스는 예수의 메시지를 경청하는 관중이며, 예수사건을 유언비어(流言蜚語) 형태로 전승하는 번역자인 동시에, 그 의미를 풀어내는 해석자이기도 하다는 것이다(안병무, 1984). 이런 복합적인 의미에서, 안병무에게 마가복음은 예수의 이야기가 아니라 "사회의 전기"다(안병무, 1993d: 75; 안병무, 1993e: 100; 안병무, 1982c: 177).[12]

3. 생존 지향적 민중의 자기초월

오클로스-예수 어셈블리지를 부각시킴으로써 민중신학은 민중에 대해서뿐만 아니라 예수에 대해서도 파격적인 시각을 제시한다. 예수는 개체가 아니라 "집단적(collective) 존재"이자 "민중과 더불어 있는 민중으로서의 예수"로 나타난다(안병무, 1993e: 174). 따라서 예수는 '말씀' 속에 있는 것도 아니고 '마음' 속에 있는 것도 '교회' 있는 것도 아닌 '민중' 속에 존재한다. 더 정확히 말하자면, 예수는 "민중의 고난 속에 현존한다"(안병무, 1993b: 98). "고난당하는 민중의 현장"이 예수의 본령이 된다(안병무, 1993b: 129).

> "예수가 있는 곳에는 언제나 민중이 있고 민중이
> 있는 현장에는 예수가 현존합니다. 제가 이 자리에서

강조하는 것은 예수가 민중을 위해 있다는 사고를
배제해야 한다는 것입니다. 아니, 그는 민중과
더불어 있습니다. 우리는 민중과 예수를 결코
주객도식(主客圖式)의 틀에 넣어서는 안 됩니다.
이런 시각에서 나는 갈릴래아의 예수의 삶과 그의
십자가행에 이르기까지를 통찰해 왔습니다. 십자가의
처형은 한 개인으로서의 예수의 처형에 그치는
것이 아니라 그것은 동시에 **고난당하는 민중의
처형입니다.** (…) 그것은 우리가 하느님을 예수의
수난 바깥에서 찾아서는 안 된다는 것입니다. 아니,
바로 이 사건 속에서만 하느님을 경험해야 합니다.
**십자가에서의 예수의 죽임당함에서 하느님 자신이
처형됐습니다.** 이와 꼭 같은 대답을 우리는 민중의
수난 속에서도 발견했습니다. 이같은 수난 바깥에서
우리는 결코 하느님을 찾을 수 없습니다. 아니, 바로
민중의 수난 속에서만 우리는 현존하는 그리스도를
경험합니다"(안병무, 1993e: 99, 108. 강조는 저자).

이 "현존(現存)의 그리스도"(안병무, 1993b: 42)는 보수 교단의
정죄(定罪)하는 예수도 아니고, 순복음교회의 '삼박자 구원론'이
말하는 "좋으신 하나님"(조용기, 1977: 20-32)이나 "문제해결의
영(靈)"도 아니다(조용기, 1983: 132). 예수는 벌하지도 축복하지도
않는다. 현실 문제를 해결해 주지도 않는다. 그저 민중과 더불어,
민중 속에서, 민중을 통해 '겪고' 있다. 민중이 겪는 자라면 예수도
겪는 자다. 그 겪음 바깥에 예수는 없다. 민중과 예수는 같은 '삶의
자리(Sitz im Leben)'에 있다. 그의 겪음은 십자가형에서 정점에

도달한다. 십자가는 처형되는 자의 모든 정치적 행위능력을 완전히 소멸시키는 제국 권력의 절멸장치다(안병무, 1993a: 220-1; 안병무, 1993e: 107). 십자가 위의 예수는 신으로부터 버림받은 상태에 던져져 있다.

예수와 민중이 어셈블리지를 이룬다면, 십자가에서 죽은 것은 예수뿐 아니라 민중이기도 하다. 동일한 이유로 예수의 부활 속에서 민중도 부활한다. 민중과 예수가 공히 보여주는 저 처형에서 부활로의, 감수자에서 행위자로의 변신을 안병무는 '민중의 자기초월'로 개념화했고, 서남동은 '한(恨)과 단(斷)의 변증법'이라 불렀다. 이것이 바로 예수와 오클로스의 연합을 사고한 민중신학의 두 번째 특이성이다. 민중은 예수를 반복한다. 달리 표현하면 민중은 예수의 생명적 리듬이다. 여기서 주목해야 할 것은 민중신학이 민중을 나이브하게 영웅시하고 있는 것이 아니라는 사실이다.

민중신학은 민중을 '겪는 자'로 보는 관점을 견지한다. 이 관점에는 불가피하게 리얼리즘이 동반된다. 겪는 자들의 현실은 흔히 생존의 절박성, 생존의 필연성, 생존의 무게에 매몰되어 있기 때문이다. 권력과 부가 결여되어 있을 때 살아남기 위해 때로는 비굴해져야 하고, 때로는 타자의 고통에 눈을 감아야 하고, 자신의 생존에 모든 것을 걸어야 하기 때문이다. 현영학은 이 부분에 깊이 주목했다. 그는 엘리트인 자기 자신과 민중 사이에 놓여 있는 극복할 수 없는 거리를 예리하게 인식한다. 그 차이를 부끄러워하고, 그 차이가 어디에서 오는지 성찰한다. 그는 민중의 "고통과 즐거움, 절망과 희망, 세계관과 역사관, 그들의 인생관"을 이해하기를 원한다(현영학, 1997: 87-89). 그렇다면, 그들의 삶과 의식에서 현영학이 발견한 그관(觀)이라 것은 무엇인가?

> "꼬방동네 사람들은 인간으로 살아남기 위해서
> 아귀다툼을 할 수밖에 없다. 그 아귀다툼이 더럽고
> 치사하고 부도덕하게 보인다. 그들은 교육받은 점잖은
> 사람들처럼 삶의 의미를 몰라서 불안해하거나
> 죄책감 때문에 불안해하거나 죽음의 두려움 때문에
> 불안해하지 않는 것 같다. 한탄과 탄식을 하며
> '개같은 세상'을 저주하면서 고독이나 절망을 말하지
> 않는다. 자살도 하지 않는다. 아귀다툼을 하면서도
> 악착같이 살아남으려고 한다. 그들의 오장육부
> 속에는 '불안', '고독', '절망'보다 더 지독한 아픔, 그런
> 말들로서는 표현할 수 없는 더 깊은 한이 맺혀져 있기
> 때문이다"(현영학, 1997: 99).

그것은 바로 살아남기 위한 '아귀다툼'이라는 표현에 집약된
생존에의 가열한 추구, 생존 지향적 인생관이다. 그런데 여기서
주의해야 하는 것은 현영학이 이러한 경향의 바탕에서 "표현할
수 없는 더 깊은 한(恨)"을 발견하고 있다는 사실이다. 그는
민중의 생존주의적 태도를 외부에서 비판하기보다는, 그것을
이해하고 포용하려 한다. 왜냐하면, 민중의 저 '더럽고 치사하고
부도덕하게 보이는' 아귀다툼은 사실 민중이 겪는 고난에 뿌리를
내리고 있기 때문이다. 더 정확히 표현하면, 민중은 생존주의를
'수행(perform)'하는 것이 아니라 생존주의를 '겪고(suffer)'
있다. 생존 지향적 삶이 그들의 성정(性情)에 맞아서, 자발적으로
생존주의자가 되어 생존을 절대시하는 것이 아니다. 그들은

악착같이 모진 태도를 취하지 않으면, 도저히 가혹한 삶의 조건을 버텨낼 수 없기 때문에, 생존주의를 감수하는 것이다.

민중신학이 민중의 삶을 보는 시각에는 이처럼 깊은 이해의 자세가 엿보인다. 이들은 민중의 '이데올로기'나 '허위의식'을 비판하고, 그들의 의식을 고양시켜, 새로운 존재로 해방시키겠다는 의기양양한 지적 개입의 주체가 아니다. 20세기 사회과학이 그러했듯이, 민중을 계도하거나 계몽하는 지식인으로 스스로를 간주하지 않는다. 이들은 오히려 민중 앞에서 부끄러움을 느끼거나, 참담함을 느낀다. 자신들이 민중이 아님을 성찰한다. 이들은 민중을 담화의 '대상'으로 탐구하고, 논의하고, 관찰하는 대신, 민중-되기의 과정에 참여하거나 거기에 휩쓸려 있다.

이는 민중신학자들이 '에이전시'의 관점이 아니라 '페이션시'의 관점에서 민중을 바라보기 때문에 가능했던 것 같다. 즉, 민중신학은 민중을 낭만화하지도 않았고, 질시하거나 무시하지도 않았다. 다만 그들의 생활세계를 짓누르는 생존 문제의 무게를 냉정하게 직시했다. 안병무가 제출한 '민중의 자기초월' 테제가 참된 빛을 발하는 지점이 바로 여기다. 그에 의하면, 민중은 이러한 생존주의의 질곡을 스스로 깨고 나올 수 있는 역량을 갖고 있다. 생존주의의 한계와 문제를 넘어설 수 있는 '자기초월'의 존재다. 그는 이렇게 쓴다.

> "지금 민중은 나누기보다 가지기 위해 안간힘을 쓴다는 것은 사실입니다. 저들은 제 몫을 찾으려 하고, 본능에 따라 움직이고, 이기적일 수도 있고, 고난 속에 비뚤어지기도 하고, 또 배신도 합니다. 저는

민중을 미화하지 않습니다. 그러나 저는 민중의 다른
면을 봅니다. 그것은 민중은 자기초월이 가능하다는
사실입니다"(안병무, 1993b: 122-3).

안병무가 말하는 민중의 자기초월은 민중의 삶을 구조화한
생존주의적 통치성과 욕망의 공리계로부터 민중이 스스로
탈주(탈주체화)하여, 기존의 자기를 넘어서는 새로운 자아의 연결,
어셈블리지, 주체성을 창조하는 과정으로 이해된다. 안병무는
이를 민중봉기와 연결시킨다. 봉기 속에서 민중의 소아(小我)는
비워진다. 정치적 자기-비움(kenosis)이다. 민중의 생존주의적
코나투스(conatus)가 정지하고, 새로운 대승적 주체성이
만들어지는 것이다.

이런 인식을 우리는 서남동에게서도 발견한다. 그는 "고난받는
민중의 메시아성"에 대한 도저한 인식을 보여주는데(서남동, 2018:
145, 156), 이른바 한(恨)과 단(斷)의 변증법이 그것이다. 서남동은
민중의 겪음을 한(恨)으로 포착하고, 그것을 끊어내면서 모순구조를
변혁시키는 행위를 단(斷)으로 개념화하였다. 한은 고통과 억울함의
축적이고 단은 그것을 끊어내는 혁명이다. 한을 이야기함으로써
그는 '죄짓는 민중'이라는 행위자 관점이 아니라 '죄를 당하는
민중'이라는 감수자 관점을 취하게 된다. 그에게 민중은 "범죄를 당한
자들(those who are sinned against) 곧 억울한 자들"이다(서남동,
2018: 141). 바로 이 지점에서도 우리는 페이션시의 관점을 다시
확인한다.

즉, 범죄를 '당한다'는 것은 민중의 생존주의가 그야말로 '살아남기

위해' 불가피하게 선택된 것임을 암시한다. 민중이 보여주는
한계들은 그들의 죄가 아니다. 그것은 그들에게 외부로부터 강요된
무언가다. 따라서 신학은 민중의 마음에 켜켜이 쌓인 울분을 풀고
위로하는 "한(恨)의 사제직"을 수행해야 한다(서남동, 2018: 103-7).
이처럼 서남동이 한(恨)과 단(斷)의 변증법을 사유하는 데 결정적인
영향을 준 사람은 김지하다(서남동, 2018: 105). 민청학련사건으로
사형을 선고받고 수감되어 있던 1974년 11월경부터 1975년 2월
15일 잠시 출옥할 때까지, 김지하는 원고지 500매 이상의 메모를
남기는데, 그중에는 〈성지〉, 〈명산〉, 〈말뚝〉 같은 희곡 작품들과
담시(譚詩) 〈장일담〉13이 포함되어 있었다. 서남동은 저 메모들에서
김지하가 천착하던 한의 테마가 역동적으로 승화되고 있음을
포착하고 이를 자신의 사유로 끌어들인다(서남동, 2018: 129-
30).14 서남동이 인용하는 메모에는 김지하의 다음과 같은 문장들이
등장한다.

> "세속의 변혁을 위해 세속의 집착을 '근원적으로' 끊는
> 것! 순환의 고리를 끊는 것! 단! 쌓이는 한과 거듭하는
> 단! 한편에는 살육과 무한보복과 파괴와 끝없는
> 증오를 불태울 무서운 한의 축적이, 다른 한편에서는
> 그것의 악순환적인 폭발(즉자적 폭발)을 억제
> 조작해서 보다 높은 정신적 힘으로 승화하는 단의
> 반복이 필요하다. 한과 단의 복잡화와 그 변증법적
> 통일, 통일이 전 군중적 차원의 선개 → 나의 예술적
> 결정적 테제의 하나"(서남동, 2018: 132-3).

김지하는 말한다. 한을 끊어내는 힘은 한의 축적과 그 변용에서

온다. 한의 축적이 척력(斥力)으로 전환되어 한 자체를 밀어내고 다른 상태를 창출하는 것이다. 단은 한의 외부가 아니라 한의 내부에서 분화되어 나오는 특정 모멘트다. 김지하의 이 논리는 안병무가 말하는 민중의 자기초월과 흡사하다. 즉, 민중의 속악성의 외부에서 초월적 힘이 개입해 들어오는 것이 아니라 민중의 속악성 자체가 스스로 분열하여 다른 것으로 전환되어 나가듯이, 김지하가 말하는 적극성(단)도 수동성(한)의 자기운동 속에서 순수하게 내재적인 방식으로 도출되어 나온다. 1981년에 '로터스상' 수상 연설에서 그는 '수동적 적극성'이라는 형용모순적 표현으로 이 역설적 논리를 풀어낸다.

> "한의 축적이 없는 곳에서는 한의 극복도 없습니다.
> 축적된 한의 그 엄청난 미는 힘에 의해서만 한 자체는
> 소멸합니다. (…) 그러나 이 역설적인 전환은 한의
> 반복과 복수의 악순환을 끊어버리는 슬기로운 단(斷),
> 영성적이면서도 공동체적인 단, 즉 결단을 조건으로
> 해서만 가능합니다. (…) 우리가 비참한 죽음의 암흑을
> 있는 그대로 둔 채 그것을 뒤집는 부활을, 예토(穢土)
> 속에서 예토 전체를 그대로 정토(淨土)로 변화시키는
> 해탈을, 탁류 속에 들어가 오래 기다려 그 탁류
> 전체를 스스로 맑아지게 하는 도를 말할 때 그것이
> 다름 아닌 연꽃입니다. 그것이 십자가요, '부드러움',
> 즉 생명입니다. 그리고 그것이 이른바 '수동적
> 적극성'입니다. '수동적 적극성'이야말로 참된 용기요
> 참된 결단이며 생명을 본래 있는 그대로 살아나게
> 하는 생명 자신의 가장 생명다운 활동양식입니다.

> 그리고 바로 그것이 '로터스' 즉 연꽃입니다"(김지하, 2009: 14).

예토에서 피어나는 연꽃. 부활로 이어지는 십자가. 아무것도 하지 않지만 그것이 뭔가 중대한 변화를 가져오는 것. 일종의 "활동하는 무(無)"(김지하, 2002b: 59-60). 이 모든 이미지들은 감수에서 솟아나는 믿을 수 없는 행위와 연관이 된다. 아마도 서남동은 김지하로부터 이런 페이션시의 사상, 미학, 감수성을 읽어냈을 것이다. 서남동이 "고난받은 민중이 메시아"라고 말할 때, 그것은 민중의 힘이 막강하다는 의미가 아니라 "민중이 겪고 있는 고난 자체"에 메시아적 역량이 배태되어 있다는 것을 의미한다(서남동, 2018: 232). 바꿔 말하면, 그것은 "권세를 가지고 군림하는 주권자"를 가리키는 것이 아니라 "예수의 고난과 그 경험을 통해서 새 인간성이 동틀 가능성"을 이야기하는 말이다(서남동, 2018: 232).

III. 민중신학과 페이션시

1. 수동성의 힘

민중은 겪는 자들이다. 안병무가 오클로스에서 민중상(像)을 찾고 서남동이 한과 억울함의 정서를 강조할 때, 이들은 모두 감수자, 수동성, 겪음의 의미계열을 민중적인 것의 기저에 배치하고 있다. 그 의미계열의 정점에는 '십자가에 매달린 예수'가 존재한다. 신체가 훼손되고 인격이 부정되고 철저한 무의미 속에서 처형당하는 수난의 예수는 '행위능력=0'의 상태에 던져진 '순수 감수자'다. 하지만 저 '기관 없는 신체'로부터 폭발적 집합행위로 제국을 붕괴시키는 사랑의 '욕망기계들'이 태어난다. 오순절 성령 강림, 바울의 회심, 기독교의 전파가 그것이다. 두려움에 떨며 도망친 자들이 순교자로 돌변하는 「사도행전」의 드라마는 역사 속에서 반복되는 민중사건들에서도 여실히 관찰된다. 안병무에게는 예수도 민중도 근본적으로는 관념과 재현과 상징이 아니라 사건이다. 이를 그는 화산맥에 비유한다.

> "나는 예수를 민중의 사건, 집단적 사건으로 보고 있어요. (…) 예수는 사건입니다. 예수사건은 역사의 흐름과 더불어 민중사건으로서 지금도 계속 일어나고 있다. 그것은 마치 화산맥을 따라 계속 폭발하는 것과 같다. 다시 말해 예수는 민중사건의 거대한 화산맥입니다. (…) 나는 민중의 사건을 거대한 하나의 화산맥에 비유하지요. 하나의 화산맥이 여러 시대를 두고 흘러오면서 각각의 역사적 상황에서 분출하는 것으로 보고 있어요. (…) 그래서 오늘 한국에서 일어나는 민중사건들도 단절된 독립적 사건들이 아니라 2천년 전의 예수사건과 맥을 같이하는 사건들이라고 보고 있어요"(안병무, 1993b: 32-33, 42).

안병무가 말하는 '감수자에서 행위자로의 전환'은 푸코(Michel Foucault)의 계보학을 특징짓는 '장치를 통한 주체화'와 차이를 보인다. 민중이 생성되는 것은, 가령 그리스인들이 자기의 테크놀로지를 통해 스스로를 훈련시키고 수양하거나, 파놉티콘의 규율 권력의 작용하에서 유순한 신체와 자유주의적 영혼을

형성시키는 그런 방식을 따르지 않는다. 민중사건들은 가령
바디우(Alain Badiou)가 말하는 '사건을 통한 주체화'와 더 흡사한
양상을 띤다.[15]

바디우가 말하는 사건은 "상황, 의견 및 제도화된 지식과는 다른
'다른 것'을 도래시키는 것"이자 "우연적이며 예측 불가능하고
나타나자마자 사라지는 잉여적 부가물"로 정의된다(바디우, 2001:
84). 사건은 기존의 언어체계를 통해서는 명명이 불가능하다(바디우,
1995: 107). 발생 영역(사랑, 예술, 과학, 정치)을 불문하고 사건은
'공백(vide)'을 창출하고 기존의 앎에 구멍을 낸다. 바디우는 이
구멍을 진리라 부른다(바디우, 2001: 56). 바디우에게 주체는 언제나
후(後)사건적으로, 진리의 부름에 대한 충실성(fidelité)을 통해서
만들어진다. 이런 점에서 보면, 사건을 통한 주체화는 주체화보다는
오히려 탈(脫)주체화에 더 가깝다고 말할 수 있다. 무언가가 되는
것이 아니라, 실정적으로 주어져 있던 주체성이 깨지는 과정, 기왕의
정체성을 와해시키는 힘에 대한 감응이 주체화에 선행하는 것이다.

> "나 자신 역시 이처럼 경계를 넘는 체험과 순종의
> 체험 사이의 상관관계를 경험한 바 있다. 그것은
> 68년의 5월과 그 이후의 몇 년 동안이었다. 지방의
> 평범한 관리로서, 남편이자 가부장으로서의 나의 삶이,
> 그리고 책을 쓰는 것 이외에는 어떤 비전도 없었던
> 나의 삶이 송두리째 뿌리 뽑히는 것, 이전에는 알지
> 못했던 장소들 즉 교외의 기숙사나 공장이나 가게와
> 같은 장소들에서의 전투적 의무들에 강렬하게 복종된
> 삶의 시작, 경찰과의 대치, 체포 그리고 소송 – **나는**

이 모든 것이 명확한 결정에서 비롯된 것이 아니라, 어떤 특수한 수동성의 형식(une forme spéciale de passivité) 그리고 도래하는 모든 것에 대한 전적인 방기에서 비롯된다는 것을 느꼈다. 수동성은 체념을 의미하는 것이 아니다. **그것은 거의 존재론적인 수동성을 의미하는 것으로서 절대적인 다른 곳에의 연루와 의존을 통해서 당신의 존재를 변화시키는 것이다**(Badiou, 2005: 178-9, 강조는 저자).[16]

바디우의 술회에 의하면, 자신은 68혁명을 '행한 것'이 아니라 그것을 '겪었다'. 혁명이 닥쳐왔을 때 그 힘에 복종했다. 그러한 휘말림을 그는 "특수한 수동성의 형식"이라 부르고 있다. 수동성을 통해 "절대적인 다른 곳에의 연루와 의존"을 체험했고, 그 와중에 존재의 변화가 일어났다는 것이다. 경계를 넘어가는 위반의 모험은 의도적 감행(敢行)의 결과가 아니라 도래한 사건에 대한 순종을 통해 이뤄진 것이다. 이런 바디우의 진술이 부각시키는 주체의 모습은 진리를 생산하는 자가 아니라 반대로 진리를 겪는 자, 실재를 겪는 자, 겪음을 통해 행위자로 전환되는 자, 수동성 속에서 능동성을 구축해 내는 자다. 사건이 발휘하는 힘에 자신을 맡길 수 있는 방기(放棄), 스스로를 수동적으로 만들 수 있는 내맡김의 결과로서 행위가 창발하는 것이다.

2. 페이션시의 관점

이처럼 겪는 존재가 자신의 겪음 속에서 형성하거나 발휘하는 힘인 페이션시를 중심에 두고 리얼리티를 바라보는, 이른바 '페이션시의 관점'은 다음과 같은 독특한 이론적 입장들을 포괄한다(김홍중·조민서, 2021). 첫째, 그것은 "행위자 편향(agential bias)"을 비판하고 그 대안을 모색한다(Wagner, 2019). 행위자 편향은 세계를 행위, 행위자, 행위능력 중심으로 보며, 활동적 행위자만을 무대에 올리고, 피동적 감수자들의 존재, 경험, 역량의 무시를 규범적으로 승인하는 경향이다.

20세기 주류 사회과학은 행위자 편향으로부터 자유로웠던 적이 없다. 행위에 대한 다양한 이론이 제기되었지만, 체험(겪음과 감수와 수난과 고통)에 대한 이론화는 사회이론의 본령에서 제외되었다. 사회는 활동적이고 건강한 행위자들의 공간으로 인지되었을 뿐, 쉽게 눈에 띄지 않는 수많은 감수자들의 세계는 주류 담론에서 거의 발견되지 않는다. 왜냐하면, 인간은 언제나 능동적 역량을 중심으로 이해되었을 뿐, "삶의 비-행위자적(non-agential) 측면"은 학문적 관심에서 배제되었기 때문이다(Reader, 2007: 592). 페이션시의 관점은 이런 시각들을 비판하며, 그들이 천착하지 못했던 감수의 가치와 역량에 주목한다.

둘째, 페이션시의 관점은 행위/감수의 상호 얽힘을 사고한다. 우리가 논리적으로 구분하는 능동/수동이라는 분리된 측면들은 실제로는 긴밀히 착종되어 있다. 행위는 감수를 동반하며 감수는 행위를 전제한다. 가령, 우리가 주먹으로 책상을 칠 때 주먹은 책상을 때리는 행위를 '수행'하지만, 이와 동시에 책상의 저항력을 '겪는다'. 감수자와 행위자의 위치는 이처럼 교호(交互)한다(Reader, 2007: 588). 요컨대, "에이전시와 페이션시는 '상관물(correlates)'이지 서로 배제적인 대립물이 아니다"(Wagner, 2019: 143).

셋째, 한 걸음 더 나가서 페이션시의 관점은 행위/감수, 능동/
수동의 일반화된 위계를 전도시킨다. 이에 의하면, 수동성(감수)은
능동성(행위)보다 시간적으로 선차적이며 존재론적으로 우선적이다.[17]
사회과학이 흔히 그렇게 생각하듯이 행위의 기원은 행위자가 소유한
내적 역량(합리성, 지향성, 의지, 결심)이 아니라, 다른 존재와의 관계
속에서 자신이 겪는 바에 있는 것이다. 감수 즉 정동(affect)이 행위에
앞선다. 행위자 바깥에서 소용돌이치는 힘들과의 연관, 그 힘들에
의한 정동이 행위를 낳는다. 감수가 없다면 행위도 없다. 이런 점에서
모든 행위자는 사실상 "감수-행위자(pati-agent)"다.

'감수-행위자'는 가브리엘 타르드(Gabriel Tarde) 사회이론에
관한 연구에서 내가 제안한 조어다. 타르드는 뒤르케임(Émile
Durkheim)과 달리 수평적으로 작용하는 정동(욕망과 믿음)의
전염력을 인간 행위의 원천으로 보았다. 그에 의하면, 사회는 그런
정동적 영향력들의 전파를 의미하는 모방을 원리로 한다. 이런
시각은 근대 경제학의 합리적 개인 관념에서 발원된 20세기 사회학의
행위이론과 근본적으로 대립한다. 행위의 원인은 개체의 뇌, 의식,
무의식에 있는 것이 아니라, 타자와의 관계 속에, 즉 행위자의 바깥에,
정동의 흐름과의 연결 속에 있다. 타자의 영향을 받는 것, 즉 감수가
행위에 앞선다. 이런 맥락에서, 타르드의 사회적 행위자는 자율적
개체가 아니라 타자로부터의 정동을 감수하고 그 힘으로 행위하는
일종의 감수-행위자인 것이다(김홍중, 2022: 95-99).

넷째, 페이션시의 관점은 감수에 내재하는 (대개 인지/인정되지
못하는) 힘을 포착하고자 한다. 이는 결코 쉬운 과제가 아니다. 많은
경우 겪음의 세계는 시야에서 벗어나 있고, 가청권 밖에 있으며,

그것을 표현할 언어도 충분치 않기 때문이다. 겪는 자들의 세계는
언어에 저항한다. 겪음을 지배하는 것은 신음이나 눈빛이다. '재현
불가능성'이 그 세계를 떠돈다. 이런 점에서, 겪음의 힘을 언표할 수
있는 특수한 위치성을 고민할 필요가 있다. 가령, 바디우가 수동성의
힘을 인지한 것은 68혁명에 휘말려 자신의 일상적 삶의 균형과
질서가 깨지면서였다. 민중신학자들이 민중의 페이션시를 발견한
것도 전태일 사건에 충격을 받고, 그 정치사회적 소용돌이에 휘감겨
수난을 겪어가면서였다. 이들은 감수자들에게 단순히 공감(共感)한
것이 아니다. 능동적 감정이입이 아니다. 누구도 자발적 의지를 통해
타자의 고통을 공감할 수는 없다. 그것은 자칫 가면 쓴 오만일 수
있다. 바디우와 민중신학은 공감이 아니라 일종의 통감(痛感), 즉
타자의 고통이 자신에게 비의지적으로 절감되는 수동적 감응의
참된 역량을 보여준다. 그런 겪음의 장에서만 우리가 페이션시를
말할 수 있기 때문에 페이션시의 담론이 언제나 희소한지 모른다.

3. 감수-행위자

이런 성찰을 바탕으로 민중신학이 본 민중의 감수 세계를 좀 더
깊이 이해하기 위한 방편으로 다음의 다이어그램을 제시한다.
도식에서 화살표들의 진행은 감수로부터 행위가 창발하는 경로인
동시에 감수자들이 소멸되고 사라지는 과정이기도 하다.

사실, 모든 겪음이 행위로 이어지지 않으며, 모든 겪는 자들이
행위자가 되는 것도 아니다. 화살표와 화살표 사이의 심연에는
희생자들, 도태되고 배제된 존재들, 소멸하고 죽어간 존재들이 있다.
화살표의 진행은 승리의 과정이라기보다는 표상되지도 기억되지도
못한 파괴들이 축적되는 과정에 더 가깝다. 다음의 다이어그램에서

순수한 행위 혹은 행위자의 자리는 존재하지 않는다. 모든 행위는
감수의 몫을 배분받고 있다. 행위는 이미 겪어냄의 단계에서부터
시작되고 있다. 하나의 독립된 단위로 분리시킬 수 있는 그런 독자적
행위의 순간은 존재하지 않는다. 모든 행위는 감수의 요소들이
변화해가는 과정에 배태되어 있다. 페이션시의 관점은 이처럼
순수한 자발적 행위(자)의 허구성을 드러낸다.

그림 _ 페이션시의 흐름

우선 '겪게-됨(suffering suffering)'은 감수의 여러 양상 중에서
가장 수동적인 형태를 지칭한다. 그것은 감수를 감수하는 것,
겪음을 겪는 것이다. 일종의 수동적 수동성이다. 어떤 일이 닥쳐왔을
때, 불가항력적 상황에 처했을 때, 행위능력을 발휘할 수 있는
여지가 철저히 막혀 있을 때, 감수는 '겪게-됨'의 형태를 취한다.
민중신학의 깊이는 민중을 저 '겪게-됨'의 자리에서 바라보고
있다는 점에 있다. 오클로스는 가장 도저한 겪게-됨의 상태를 사는
존재들이다. "치면 맞고, 찌르면 피가 나고, 못먹으면 굶고, 한계에
도달하면 죽는 (…) 갈릴래아 민중의 현장"과 십자가는 모두 겪게-
됨의 상징이다(안병무, 1993d: 83).

둘째, '겪어-냄(doing suffering)'은 겪음의 수동성에 행위의
능동성이 부분적으로 개입해 들어온 상태다. 뭔가를 겪어내는 자는
고통과 교섭하고 그 의미를 묻고 겪음 이후를 상상, 예기, 희망,

인내하면서 겪음 속에 행위의 요소를 투입한다. 그것은 그저 겪는 것이 아니라 겪음을 수행하는 것, 겪음을 행위의 대상으로 구성해 내는 것, 일종의 능동적 수동성이다. 겪어-냄 속에서 감수와 행위는 서로에게 일정 정도 침투해 있다. 행위 혹은 저항은 이 겪어-냄의 단계에서부터 이미 개시되고 있는 것이다.

셋째, '감수자-어셈블리지(patient-assemblage)'는 겪게-됨과 겪어-냄의 주체들이 만들어 내는 연결망이다(김홍중, 2023: 213).[18] 부당한 박해, 착취, 핍박을 목격하고 그것을 타자들에게 증언하거나 전달하는 언어는 강렬한 정동적 에너지로 흘러넘친다. 타자의 (부정의한) 겪음을 목격하는 것, 이것이 감수자-어셈블리지의 시작이다. 핍박받는 감수자의 얼굴과 몸짓은 분노와 공포, 연대감과 동정 같은 복합적 감정 에너지를 촉발하며, 그 흐름의 힘으로 감수자와 감수자는 연결된다. 불평등한 권력으로 가로질러진 사회 세계는 수많은 감수자-어셈블리지들의 생성 공간이다. 연약하고 순간적인 연결들, 지배 권력에 부서지기 쉬운 취약한 연결들, 곧바로 분쇄되거나 망각되고 다시 침묵에 빠지는 수많은 감수자-어셈블리지들은 곳곳에서 버섯처럼 솟아나고 시들고 다시 솟아난다. 이중 어떤 감수자-어셈블리지는 파장을 일으키며 사건으로 진화한다. 민중사건이 그런 것이다. 그것은 예수-오클로스 어셈블리지, 인간과 신(예수)의 연결이다. 민중신학이 마가복음에 주목했던 참된 이유가 여기에 있다. 소속이 있는 국민인 라오스는 예수와 연결되기 어렵다. 라오스는 이미 행위자이기 때문이다. 하지만 감수자인 오클로스는 예수와 연결되면서 미래성을 창조하면서 함께 무리를 지어 움직이기 시작했다.

넷째, 하게-됨(suffering doing)의 단계. 민중신학은 감수자-
어셈블리지가 예수사건 이후 화산맥처럼 박동하며 반복한다는 것을
증언했다. 오클로스부터 전태일을 거쳐 민중신학자들까지 휘감은
연결망이 그것이다. 이 과정에서 행위한다는 것, 행위자가 된다는
것은 무엇을 의미하는가? 민중사건이나 예수사건의 행위자는
시장에서 합리적으로 계산하는 경제적 인간처럼 (내적 의도나
계산을 통해) 행위하지 않는다. 그들은 성령의 광폭한 전염력에
휘말려, 행위를 할 수밖에 없게 만드는 외적 힘에 이끌려 행위를
하게 된다. 저들은 행위의 소용돌이 속에서 행위를 겪는 것이다.
수동적 능동성이다.

다섯째, '하게-함(making-do)'은 행위의 결과가 다른 존재자들에게
가해지는 효과를 가리킨다. 행위는 그 자체로 종결되는 것이 아니라
다른 존재들을 변화시키는 흐름으로 이어진다. 이 흐름은 종종
수많은 매개들을 거치거나 우회로를 통과한다. 서남동이 말하는
합류나 안병무가 말하는 화산맥은 행위의 감화력이 역사 속에
저류로 흐르고 있음을 보여준다. 페이션시의 관점에서 보면, 순수한
행위란 없다. 행위는 기본적으로 선행하는 감수를 요청하며 타자를
요청하고 행위자의 바깥을 요청한다.

이상의 논의를 통해 살펴보면, 페이션시는 세 가지 상이한 형태를
모두 포괄한다. 하나는 겪는 자들이 보여주는 인내, 견딤, 버팀,
감당, 기다림의 능력이다. 그것은 외부로부터 오는 폭력적 작용력에
무너지지 않고 버티며 뚫고 나가는 '견디는 힘'으로서의 페이션시다.
또 다른 형태는 자신의 겪음과 타자의 겪음을 이어가는 연대의
능력이다. 이것은 '함께 겪을 수 있는 힘'으로서의 페이션시다.

마지막으로 자신에게 닥쳐오는 사건적 소용돌이에 스스로를 내맡길 수 있는 힘, 수동성에 자신을 방기할 수 있는 능력도 있다. 이것은 사건에 '휘말릴 수 있는 힘'으로서의 페이션시다. 민중신학이 본 민중은 이 세 가지 페이션시를 모두 보여준다. 민중은 지배 권력의 핍박에 굴복하지 않고 버티며(恨), 그 견딤 속에서 다른 감수자들과 연결의 끈들을 창조하며(어셈블리지), 민중사건에 휘말려 저항하는 주체가 된다(斷). 민중이 메시아인 것은 그들의 행위능력이 강해서가 아니라 반대로 페이션시가 강력하기 때문인 것이다.

IV. 인류세

앞서 언급한 것처럼, 민중신학의 민중은 사회통계적 속성들에 의해 기계적으로 결정될 수 없는 '미규정자=x'다. 민중은 시대의 변화에 따라 상이한 모습으로 나타난다. 가령, 성서의 오클로스는 1970년대 한국의 민중과 동일한 존재들이 아니다. 그들에게 작용하는 파괴력도 다르며 수난과 고통의 내용도 다르다. 민중이 자신들에게 주어진 한계를 뚫고 나가는 감수-행위자라면, 그 돌파의 대상과 방식도 상이할 수 있다. 어느 한 시대, 집단, 종류의 특수한 겪음을 일반화하면 민중신학이 발견, 구성, 창설한 민중 개념의 역동성과 개방성은 소멸될 것이다. 민중이라는 형상은 한 지점이나 시점에 고착되는 대신 미래로 열려 있어야 한다.

실제로 21세기의 변화된 상황에서 민중 개념이 어떻게 재규정되어야 하는지에 관해 민중신학 내부에서 이미 다양한 견해들이 제시되어 왔다. 예컨대, 민중을 '여성'이나 '서발턴'에서 찾거나(최순양,

2013; 김나경, 2022), 지구화 과정에서 만들어진 '세계민중'으로
파악하거나(심현주, 2004; 김정숙, 2011), 들뢰즈가 말하는
'소수자'(한정헌, 2017), 네그리(Antonio Negri)와 하트(Michael
Hardt)의 '다중'(권진관, 2009: 53-58), 또는 아감벤(Giorgio
Agamben)의 '잔여(remnant)'로 해석하려는 시도도 있었다(신익상,
2016). 포스트 휴머니즘과의 대화를 꾀하거나(김진호, 2018),
민중신학이 이제는 "수난당하는 인간 민중"을 넘어서 "말을
못하는 민중"으로서의 생태환경을 포함해야 한다는 제안도
제기되었다(권진관, 2012b, 31-33).[19]

이런 다양한 시도의 저변에는 '21세기가 어떤 시대인가'라는 질문이
깔려 있다. 시대의 중심 모순을 무엇으로 파악하느냐에 따라서
모순의 감수자인 민중이 누군지를 규명할 수 있기 때문이다. 이 책이
제안하는 것은 우리 시대를 인류세로 파악하면서 그 안에서 겪음의
자리를 고민해 보자는 것이다.

잘 알려진 것처럼, 인류세는 노벨 화학상 수상자 폴 크뤼첸(Paul
Crutzen)과 생태학자 유진 스토머(Eugene F. Stoermer)가
2000년에 제안한 신조어로서, 약 11,700년 정도 지속된 것으로
알려진 충적세(Holocene)를 종결시키며 새롭게 도래한 것으로
추정되는 지질학적 시대의 명칭이다(Crutzen & Stoermer, 2000).
이 용어는 두 가지 중대한 사실을 함축한다. 하나는 인류세의
인간은 더 이상 자연의 연약한 피조물이 아니라 자신을 둘러싼
지질학적 환경을 과격하게 변화시킬 만큼 강한 행위능력을 발휘하는
"수퍼-행위자(super-agent)"라는 각성이다(해밀턴, 2018: 160). 또
다른 중대한 함의는, 여러 학자들이 예측하듯이 인류세가 지속되는

시기 동안에 다수 생명종들의 멸종과 기후 재난, 그리고 이것이
연쇄적으로 불러일으킬 사회붕괴적 위기들로 점철될 가능성이 높은,
이른바 파국의 시대라는 것이다(김홍중, 2023: 191-2).

인류세 파국은 "장기 비상사태"(쿤슬러, 2011)나 "느린 폭력"(닉슨,
2020)의 형태를 띨 것이다. 즉, 일순간의 종말이 아니라 물질적
상호의존과 순환의 망(網)을 따라 파괴력이 흐르면서 취약한
지점들부터 무너져 가는 느리고 고통스러운 과정이 예기되는 것이다.
인간이 환경에 가한 작용이 다시 인간에게 부메랑처럼 재귀하는
이런 "재귀적 파국"은 재난을 겪는 자들에게 강력한 반성을 강제하는
"성찰적 파국"의 성격을 띠기도 한다(김홍중, 2019: 36-40).

실제로 인류세 담론은 진보의 이념 위에 구축된 근대성이 파산에
이르렀다는 사실을 인정하게 하는 각성효과를 발휘했다. 발전과
해방의 시기로 기록된 근대는 사실상 생명종들의 거주가능지역을
축소해 간 파괴의 시간이었다. 인간의 번영은, 인간 사회보다 훨씬 더
깊은 수준에서 촘촘하게 엮인 물리적, 화학적, 생물학적, 지질학적,
기상학적 인드라망인 '가이아(Gaia)'의 파괴와 동전의 양면을 이루고
있었던 것이다. '생산=파괴'라는 이 역설은 우리로 하여금 다음과
같은 질문들을 새로운 각도에서 고민하게 한다. 인간이란 무엇인가?
사회란, 정의란, 죄란, 행복이란, 악(惡)이란, 아름다움이란, 존재란,
좋은 삶이란 무엇인가? 진보란 무엇인가? 그들이 꿈꾼 이성과 과학과
기술의 정체는 무엇이었나? 인류세는 새로운 눈으로 저 질문들을
보게 하는 변화된 가시성(可視性)과 가지성(可知性)을 열고 있다.
그렇다면 이런 가이아의 지평에서 민중은 어떻게 사고되어야 하는가?

V. 가이아 민중

2015년에 출판된 『가이아와 마주하고』에서 라투르는 러브록(James Lovelock)의 가이아 이론을 재해석한다(Latour, 2017). 라투르가 보는 가이아는 신화적이거나 종교적인 함의를 갖고 있지 않다. 살아 있는 생명체로서의 지구 전체를 가리키지도 않는다. 러브록에게 가해진 오해를 불식시키기 위해, 라투르는 지질학자들이 '임계 영역(critical zone)'이라 명명한 특정 영역에 가이아를 한정시킨다. "대기권과 기반암 사이의 몇 킬로미터 두께"(라투르, 2021a: 114)에 불과한 얇은 생명막(biofilm)을 지칭하는 임계 영역은 수많은 미시 행위자들이 상호 작용하면서 오랫동안 만들어 온 거대한 행위자-네트워크다(김홍중, 2023: 200-3).

임계 영역을 이루는 그 어떤 것(공기, 물, 토양)도 사실상 '자연적'인 것은 없다. 모든 요소들은 특정 생물체들의 생명 활동의 결과로 생산된 것이다. 이런 점에서 보면, 가이아는 지구적 생명체들(행위자들)이 건설해온 거대한 건축물이자 공통의 집(eco)이다. 또한 가이아 안에서 살아가는 존재자들은 서로가 서로에게 거주의 조건을 빚지고 있는 공생자들이다. 가이아는 '함께-생존하기(survive-with)'라는 독특한 존재 방식을 우리로 하여금 사고하게 한다. 생존은 가이아에 거주하는 수많은 중생(衆生)의 보편적 존재 방식이다(가이아적 생존의 수준에서 인간과 비인간의 차이는 존재하지 않는다). 가이아의 생명체들은 자신들의 존속을 위해 고투한다. 하지만, 저들의 생존은 언제나 다른 생명체들의 생존에 의존적이다. 상호 의존적 생존, 서로의 생존을 서로에게 빚지고 있는 그런 의미의 생존. 각자도생(各自圖生)이 아닌 공생적 생존, 즉 가이아는 '함께-생존하기'의 공간이다.

그런데, 문제는 인류세에 접어들어 가이아가 광폭한 행위자가 되어 스스로에게 쇄도해 오고 있다는 사실이다. 스탕제(Isabelle Stengers)의 "가이아의 침입" 테제가 주장하듯, 가이아는 지금 통제할 수 없는 자기-파괴적 운동에 휘말려 있다(Stengers, 2009: 53-54). 라투르도 가이아가 총체적 전쟁상태에 빠져 있다고 진단한다. 그에 의하면, 17세기에 홉스(Thomas Hobbes)가 우려했던 자연상태는 21세기에 행성적 차원에서 광범위하게 현실화되었다. 다만, 작금의 자연상태는 인간과 인간 사이의 사회적 전쟁을 넘어서 만물과 만물 사이에서 벌어지고 있다는 차이를 갖고 있을 뿐이다.

지구의 역사 속에서 형성된 '함께-생존하기'의 관계망들을 타고 이제는 파괴와 죽음의 에너지가 흐른다. '함께-생존하기'를 가능하게 했던 모든 연결망들은 이제 '함께-소멸하기', '함께-멸종하기', '함께-파괴하기'가 실행되는 네트워크로 전환되었다. 우리는 이를 코로나19를 통해 이해하게 되었다. 인간 사회의 여러 물류 시스템, 교통, 소통의 채널들을 따라서 코로나19 바이러스가 이동하면서, 감염선이 확산된 것이다. 유사한 일들이 가이아 전체에서 발생하고 있으며, 라투르는 이를 '전쟁상태'로 파악하고 있다.

> "전쟁상태가 있다는 사실을 인정하는 데 동의하지
> 못한다면 우리는 결코 생태학을 다시 정치화하지 못할
> 것이다. (…) 우리는 홉스가 사회 계약에 선행하는
> 신화적 과거 속에 위치시켰던 '자연 상태(state
> of nature)'에 진입했다. (…) 홉스에게서와 달리,

오늘날의 자연상태는 희한하게도 과거 속에 있지
않다. **자연상태는 우리에게 오고 있다**. 자연상태는
우리의 **현재다**. 더 큰 문제는 그것이 우리의 **미래**일
수도 있다는 것이다. 자연이라는 국가와 그 안의 모든
네이션들을 경외심에 묶어놓을 수 있는 법의 '공통
권력'이 더 이상 존재하지 않기 때문에, 우리는 지금
만물과 각자의 전쟁(a war of all against each)을
겪고 있다. 그 안에서 이제부터는 늑대와 양뿐만이
아니라, 참치와 이산화탄소, 식물의 뿌리 혹은
조류(藻類)도 주인공으로 등장한다. 거의 모든 것에
대해서 의견을 달리하는 수많은 인간 도당의 전쟁도
이에 포함된다"(Latour, 2017: 227, 강조는 라투르).

전쟁은 참치와 세슘, 이산화탄소와 아이의 폐, 아마존 숲과 정유회사,
물고기와 원자력 발전소, 코로나바이러스와 인간 사이에서 벌어지고
있다. 관계와 접촉이 물리적 파괴를 동반한다. 17세기에 홉스가
본 자연상태의 상호살상 관계가 가이아 전체로 확산된 것이다.
이처럼 일반화된 파괴 관계가 바로 인류세를 살아가는 생명체들을
규정하는 '겪음의 배치'이며 '근본적 리얼리티'다.[20] 오클로스가
로마 제국에서 태어나 그 통치기계 속에서 삶을 영위해야 했듯이,
우리 시대의 모든 생명체는 탄생부터 죽음까지 규정해 들어오는
인류세-자본세적 파괴 관계의 내부(가이아)에서 태어나 그 안에서
살아가고 있다. 지구에서 태어난다는 것은 스스로를 파괴하며 더
나아가 그 내부의 생명 형식들도 파괴하는 가이아에서 태어난다는
것을 의미한다. 라투르는 이렇게 쓴다. "제2차 세계대전 직후에 이
생산체계가 몹시 거세게 가속화되어 (…) 생산체계는 파괴체계와

동의어가 되었다"(라투르·슐츠, 2022: 26).

이런 각도에서 보면, 인류세의 지배적 '겪음의 배치'를 국민-국가 내부의 정치경제학적 논리나 문화적 상징폭력으로 환원하는 것은 불가능하다. 파괴는 모세혈관적으로 퍼진 물질적 연결망들을 따라 분자적인 방식으로 전개되고 있다. 국경을 넘어가는 유해 물질들, 인간과 비인간 사이의 인터페이스에서 발생하는 재난들, 사회적 문제구조와 공명하면서, 원인과 결과 사이에 무수한 매개들이 개입하면서 그 파괴력이 은폐되기도 하고 배가되기도 하는 화학적, 물리적, 생물학적 리스크들이 그 실례다.

코로나19 팬데믹을 통해 우리는 대규모의 파국적 사태가 인간 사회의 내부가 아닌 그 외부에서 온다는 사실을 체감했다. 또한, 수많은 생태 재난들을 목격하면서, 우리 시대에 특정 존재자(인간이건 비인간이건)의 실존을 조건 짓는 요인은 이제 생산 관계에서의 위치가 아니라 파괴 관계에서의 위치라는 사실도 깨달아가고 있다. 행성의 물질적 순환과 기후의 영향력, 재난이 발생할 가능성의 분포, 그리고 다중적 보호막의 불평등한 배분 구조로 이뤄진 파괴 관계가 어느 때보다 더 큰 규정력을 발휘하고 있는 것이다. 이제 순수한 '사회적' 위치는 존재하지 않는다. 중요한 것은 오히려 "지리-사회적(geo-social) 위치"다(라투르, 2021a: 93-94). 누군가가 어디에, 어떤 장소에, 어떤 보호막들에 둘러싸여서, 어떤 취약성들의 중첩 속에서 거주하느냐가 문제다. 요건대, 가이아적 파국을 어떻게 겪어내고 있느냐가 문제다.

파괴 관계에서 형성되는 정치적 주체는 울리히 벡(Ulrich Beck)이 말하는 "인류학적 쇼크"의 과정을 통해 형성될 가능성이 높다(Beck, 1987).[21] 즉, 충격적 사태와 재난들을 목격하거나 체험하면서, 기존의 생각과 정체성을 잃는 파상(破像) 속에서 대안적 미래를 향한 비전을 모색하려는 몸짓이 솟아나는 것이다. 가령, 재난을 겪었거나, 기후변화로 난민적 위치에 던져졌거나, 생태 파국의 심각성을 고발하는 예술작품에 흔들리고, 스스로 환경 질병을 겪는 자들, 미래의 암울함에 절망하면서 아이를 갖지 않겠다고 결심하는 청년세대, 공장식 축산의 잔혹함과 가축 살처분의 무자비함에 전율하며 새로운 문명적 가치를 추구하고자 번민하는 자들…. 이 모든 잠재적 정치 주체들은 자신들에게 닥쳐온 '겪음'을 통해 기왕의 가치관에 지각변동을 체험하고, 자신 주변의 겪는 자(것)들을 바라보게 되며, 그 응시와 목격(目擊)의 거듭되는 반복 속에서 불현듯 감수자들과의 연결선들을 만들어 나간다.

왜 페미니스트가 비건이 되고 동물권에 더 빨리 민감해지고 생태주의자가 되는가? 왜 겪는 자들이 겪는 것들에 더 가까이 다가가고, 인간-너머의 겪음까지 실천을 뻗쳐 가는가? 피해자들이, 무너진 자들이, 아픈 자들이 왜 함께 움직이는가? 파괴 관계에서의 위치성, 겪는 자들의 감수성을 공유하기 때문이다. 라투르가 인류세의 새로운 정치세력으로서 명명한 "생태계급"[22]은 이런 겪음의 연대와 겪음의 연결, 즉 감수자-어셈블리지를 통해 구성되는 것이 아닐까?

실제로 라투르가 말하는 생태계급은 생산수단의 소유 여부(맑스)나 사회적 장(場)에서의 위치(부르디외)에 의해 규정되지 않으며, 생태 파국 속에서 형성되어 가는 열린 개념이다(생태계급도 말하자면

'미규정자=x'인 것이다). 생태계급은 아직 정치의 무대에 본격적으로
출현하지 않았다. 거주지를 잃어가는 약 2억 5천만 명의 토착민들,
폭넓은 지식인 계층, 생태 문제에 대한 민감성을 가진 청년세대,
기후 난민, 재난의 피해자들과 같은 생태계급의 구성원들의 세력과
경험은 분산된 채 흩어져 있다(라투르·슐츠, 2022: 68-70, 74).
들뢰즈를 빌려 말하자면, 이들은 아직 도래하지 않은 "부재하는
민중(peuple qui manque)"이다(Deleuze, 2003: 302). 이들의
도래는 우리 앞에 가능성이자 기회이자 희망으로 남겨져 있다.

생산의 상상계, 생산의 관계망 속에서 형성되던 산업사회의 주체와
달리 생태계급은 파괴 관계 속에서, 점점 더 자주 일상을 침범해
오는 생태 재난 속에서, 더 나은 미래를 상상하는 것의 점증하는
불가능성 속에서, 다양한 매개를 통해 연결되고 있다. 이처럼 파괴
관계가 강제하는 '겪게-됨'의 주체에서 서서히 집합적 행위자로
변화해 가는 생태계급이 가이아 민중의 참된 모습이 아닐까? 우리가
1세대 민중신학의 발견을 '민중은 감수-행위자다'라는 명제로
집약할 수 있다면, 이제 우리는 이 명제를 뒤집어 '감수-행위자가
민중이다'라고 말해야 하는 것은 아닐까? 감수하는 인간들, 동물들,
식물들, 미생물들과 가이아 그 자체. 이 모든 감수자들에게 우리는
민중신학이 1970년대에 부여했던 메시아의 자격을 부여해야
하는 것은 아닐까? 결국 중요한 것은 민중이라는 기표가 아니라,
그 기표가 가리키는 현실 속의 존재들과의 마주침이기 때문이다.
'민중이 무엇이냐'가 아니라 '누가/무엇이 민중이냐'가 더 적실하고
절박한 질문이기 때문이다. 이 또한 1세대 민중신학이 우리에게
가르쳐준 깨달음이 아니던가?

보론. K-컬처 혹은 민중의 귀환[23]

〈기생충〉(2019)과 〈오징어 게임〉(2021)은 전 세계적으로 선풍적 인기를 얻었다. 나는 그 반향의 근원에 저들 작품이 보여주는 통렬한 '사회학적 상상력'이 있다고 생각한다. 말하자면, 저 작품들은 우리가 오래전부터 망각해 온 용어인 '민중'을 불러냈다.

1970년대 '민중'이라는 기표는 한국사회의 강력한 변혁 주체로서 등장한다. 하지만 '민중'은 그 이후 서서히 정치적 힘을 상실해 간다. 1980년대에는 '계급'이, 1990년대에는 '시민'이, 그리고 2000년대에는 '다중(多衆)'이 그 자리를 대체한다. 이런 과정에서 우리는 '민중'이 누구인지, 그 단어가 구체적으로 어떤 존재들을 지칭하는지 말하기 어려운 그런 상황을 맞이하게 되었다.

〈기생충〉과 〈오징어 게임〉은 사회가 꾸는 집합 몽상들이 투사되는 '스크린'에 민중이라는 형상을 다시 불러냈다. 21세기, 4차 산업 혁명과 디지털 혁명의 시대. AI가 소설을 쓰고, 작곡을 하고, 드론이 전쟁을 하고, 북극의 빙하가 녹고, 시베리아 동토층의 메탄가스가 분출되고, 자연 발화한 산불들로 방대한 숲들이 파괴되는 이 파국의 시대에, 민중은 다시 우리 앞에 나타났다. 민중은 소멸하지도, 사라지지도, 지양되지도 않았다. 〈기생충〉 송강호의 얼굴. 〈오징어 게임〉 이정재의 얼굴. 디디-위베르만(Georges Didi-Huberman)의 표현을 빌려 말하자면, K-컬처는 민중을 '노출(exposer)'시킨 것이다(디디-위베르만, 2023).

〈기생충〉이 말하고자 하는 사회철학적 메시지는 무엇일까? 그것은 21세기 한국사회의 적대적 위계질서는 이중구조가 아니라

삼중구조라는 사실이다. 부자(富者)와 빈자(貧者)의 대립, 자본가와
프롤레타리아트의 대립, 갑(甲)과 을(乙)의 대립이 아니다.
〈기생충〉이 보여주는 세계에는 세 가지 상이한 위계적 위치들이
존재한다. 첫째, 부유한 주인. 둘째, 일차(一次) 기생자. 셋째,
이차(二次) 기생자. 봉준호는 민중을 단일 범주로 그려내지 않았다.
그는 민중을 이원화한다. 눈에 보이는 민중들이 있고, 그 존재를 볼
수조차 없는 그런 민중들이 있다.

말하자면, 반지하에 사는 기택(송강호 분)의 가족은 부유한
동익(이선균 분)의 가족에 은밀히 스며들어 기생하는데 성공하지만,
그 지하실에 비밀 거처를 만들어 놓고 살아가던 문광(이정은
분)의 남편을 만남으로써, 또 다른 혹은 더 낮은 기생체의 존재를
깨닫는다. 이들을 가르는 가시성의 선(線), 냄새의 선, 언어의 선,
풍경의 선, 폭력의 선이 드러날 때 동시에 깨우쳐지는 것은 우리
시대의 한국사회가 동일한 하나의 세계가 아니라는 것, 사회에는
단순히 잘 사는 자들과 못 사는 자들이 있는 것이 아니라, 보이지
않는 자들도 있다는 것이다.

저 이차 기생자들은 누구인가?

자영업이 망해서 사채를 끌어 쓰고 업자들로부터의 협박을 피해
지하에 숨어버린 문광의 남편. 그가 사는 지하실은 하나의 완벽한
세계를 이루고 있다. 예전에 고시 준비를 하며 공부했을 법률
교과서들이 꽂혀 있는 책상. 그는 지하를 불편해하지 않는다. 마치
거기서 태어나, 결혼도 거기서 한 듯 느끼며, 지상으로 나가고
싶은 욕망 자체가 박탈된 채 연명해간다. 비극적인 것은 그가 생존

가능성의 끝에 몰렸을 때, 테러리스트로 돌변한다는 사실이다. 그의
손에 쥐어진 칼은 부유한 자들의 아름다운 파티에 피를 부르고,
곧이어 기택의 손으로 옮겨져 동익의 가슴에 꽂힌다. 이러한 극단적
폭력을 통해서만 견고해진 21세기의 불평등 구조가 흔들릴 수
있는 것인가? 봉준호는 이렇게 말하는 듯이 보이기도 한다. 아니,
불평등 구조를 흔들고자 폭력을 사용하는 것이 아니야. 폭력은
이제 피부에서 땀이 분비되듯 억눌린 자들에 의해서 저렇게 솟아날
거야. 저런 절망적 폭력들이 이처럼 고도화된 불평등 구조에서는
불가피하게 분비되어 나올 것이야. 불길하다. 하지만 우리는 현실에서
이미 그런 폭력들의 분출을 경험하고 있다.

한편, 〈오징어 게임〉은 저 문광의 남편이 지하에서 지상으로
탈출하는 과정을, 치밀하게 설계되고 상연되는 일종의 생존 게임으로
전환시켜 극화하고 있다. 게임에 참가하기 위해 모여든 사람들은
문광의 남편처럼 경제적인 면이나 사회적인 면에서 삶의 벼랑에
몰려 있는 자들이다. 큰 빚을 지고 있거나, 실패 후 재기조차 어려운
사람들, 외국인 노동자, 혹은 탈북자들이다. 이들이 참여하는 게임의
법칙은 '서바이벌'이다. 그런데, 여기서 서바이벌은 결코 비유적 의미가
아니다. 패배자는 실제로 죽는다. 총에 맞거나 추락하여 죽는다.

주인공 성기훈(이정재 분)은 우여곡절 끝에 최후로 살아남는다.
하지만, 자신이 생존하는 과정에서 죽어간 자들에 대한 심적
부채감에 짓눌려 자신이 획득한 막대한 상금에 손을 대지 않는다.
물질적 빚으로부터 해방되었지만, 이제 도덕적 빚에 다시 허덕이고
있다. 게임에서 이기고 나서야 그는 이런 잔혹한 게임을 설계하고
이를 즐긴 자들에 대한 분노를 느낀다. 〈오징어 게임〉의 후속작에서

이 분노는 아마도 이야기를 이끌어가는 서사적 동력이 될 듯하다.
생존한다는 것은 무엇인가? 〈오징어 게임〉은 적나라하게 보여준다.
생존은 주체적 활동이라기보다는 관계적 겪음에 더 가깝다. 우리는
생존 '한다'기보다는 자신의 생존 사건을 '겪는다'. 바로 이런 이유로
생존자는 〈오징어 게임〉의 성기훈처럼 '망연자실(茫然自失)'의 상태,
무기력하고 수동적인 상태에 빠진다. 그는 자신에게 일어난 '생존'에
의미를 부여해야 하고, 생존하지 못한 자들의 삶의 의미를 생각해
내야 한다. 생존자는 이런 점에서 자신 내면의 도덕성의 목소리에
붙들려 있다. 그는 생존 경쟁에서 이긴 승리자가 아니라, 자신의
승리 속에서 정작 존재의 정당성을 상실하고 헤매는 인간이다.

민중에게 생명이란 그것이 최대치로 위협받는 자리에서
분석적으로 쪼개질 수 없는 하나의 덩어리를 이룬다. 이
절박성은 비오스(bios)와 조에(zoē)를 쉽게 구분하려는 어떤
시도도 비웃는다. 민중이 생존권을 울부짖을 때, 그 생존은
각자도생하겠다는 그런 의미의 생존이 아니다. 그것은 물질적
생존에 대한 추구나 탐닉이 아니다. 생존에 대한 호소는 타자들과
'함께-생존하기'를 의미한다. 함께-생존한다는 것은 동일성에 기초한
연대나 운동이 아니다.

함께-생존하기는 모두가 생존 위기에 직면해 있을 때, 모두가 오징어
게임에서 (한 사람만을 제외하고) 다 죽어가야 하는 상황에 던져져
있을 때, 그런 극한 상황에서 나타나는 어떤 희박하고, 부조리하고,
쉽게 이야기하기 어려운 공존 형식이다. 목숨의 가치를 끌어안고,
그럼에도 불구하고 나의 목숨만이 아닌 다른 목숨들의 생존과
연결되는 것. 민중이 말하는 생존은 이런 것이다.

1   전태일 사건이 어떻게 민중신학의 출발점이 되었는지에 대한 안병무의 술회는
    다음을 볼 것(안병무, 1993b: 313-5).

2   1세대 민중신학자로는 안병무(1922-1996), 서남동(1918-1984),
    현영학(1921-2004), 김용복(1938-2022), 서광선(1932-2022),
    문동환(1921-2019), 문익환(1918-1996)이 있다. 김진호에 의하면,
    민중에 대한 증언으로 출발한 1세대 민중신학은 1980년대에 접어들면서
    맑스주의와 접속한 변혁의 신학으로 진화했고(2세대), 1990년대
    이후에는 다양한 현대사상들(알튀세, 푸코, 탈식민주의)과의 만남을
    통해 문화적 저항담론으로 성장한 3세대로 이어진다(김진호, 1994).
    한편, 민중신학이라는 용어가 공식적으로 사용되어 국제적으로 통용되기
    시작한 것은 1979년에 한국에서 열린 아시아기독교협의회(CCA)
    신학협의회에서다(최형묵, 2023: 20-23).

3   강인철의 개념사 연구에 의하면, 한국에서 '민중'이라는 용어가 사용된
    최초의 용례는 15세기인 조선 초로 거슬러 올라간다. 이후 오랫동안 '민중'은
    피지배계층, 통치 대상, 군사동원 대상을 총칭해 왔다. 용어에 중요한
    의미론적 변화가 나타난 것은 1919년 3·1운동 이후다. 단어의 사용 빈도가
    급증했고, 저항적이며 변혁적인 역사주체라는 의미를 새롭게 획득하게
    된다(강인철, 2023: 39-47). 이후 약 50년 동안 일종의 잠복기를 거친 후
    1970년대에 '민중'은 다시 부활한다. 1980년대에 민중이라는 용어는 "급진화,
    대중화, 정치화"를 거치며 하나의 개념으로서 전성기를 구가하지만, 그 이후
    '시민'이나 '다중'과의 경쟁 속에서 힘을 상실해 간다(강인철, 2023: 236면).
    사회학의 경우 한완상의 민중사회학이 대표적이다(한완상, 1980; 한완상,
    1981). 한완상의 민중 개념에 대한 평가와 그 비판적 재구성의 시도로는
    다음을 볼 것(한상진, 1987; 정수복, 2022). 한편, 민중과 더불어 20세기
    한국사회의 중요한 개념인 국민, 인민, 시민의 차이에 대해서는 다음을 볼
    것(박명규, 2014).

4   이런 점에서 안병무의 민중을 개념이 아닌 정동으로 읽어야 한다는 이정희의
    다음과 같은 주장은 설득력을 갖는다. "민중에 대한 개념 규정을 끈질기게
    거부하는 안병무의 사유는 그러기에 비재현적(비표상적) 사유 양식으로서의
    '정념(affectus)'에 접근한다. 중요한 것은 민중이 누구냐가 아니라 어떻게
    만나느냐, '마주침(occurus)'이다. (…) 마주칠 때, 참여할 때, 연대할 때 그때
    민중은 자신을 "보여준다""(이정희, 2006: 244). 실제로 안병무는 이렇게
    쓴다. "민중신학은 민중을 의식화나 계몽의 대상으로 삼는 주체적 위치에
    있는 것이 아니라 오히려 민중과의 만남에서 얻은 충격의 산물이다"(안병무,
    1993d: 332).

5   이와 더불어 이들은 '암하레츠(am ha'aretz)'라는 용어에도 주목한다. 안병무에 의하면 암하레츠는 "배우지 못하고 경건하지 못한 반율법적 계층을 지칭"한다(안병무, 1982b: 102). 서남동은 안병무보다 더 적극적으로 암하레츠를 예수의 민중으로 언급하고 있다(서남동, 2018: 65). "예수는 무조건 가난한 자, 눌린 자, 당시 로마의 식민지인 유대땅의 '암하레츠'와 자기를 동일화했다. 이 점이 다음 시대의 교회와 교회사의 규범이다. 이들이 본 역사적 전망은 어떠한 것일까? 그것은 절망이다. 단축된 역사, 종말이다. (…) 그것은 종말을 기다리는 공동체이며 새 질서를 기다리는 혁명적인 신앙이었다. '암하레츠'의 꿈이었다"(서남동, 2018: 20).

6   안병무는 이 글에 대해 다음처럼 회상한다. "내가 민중을 신학의 테마로 해서 글을 쓴 것은 1972년으로 거슬러 올라갑니다. "예수와 민중(=오클로스)"이라는 짤막한 글을 쓴 것이 1972년이었으니까요. (…) 군사독재가 들어서면서 사건이 터질 때마다 많은 사람들이 체포되고 고문당하고 투옥되었지요. 그럴 때 그 독재 아래 있는 사람들을 다 민중이라고 생각했어요. 사람들이 당하는 고통이 가슴에 사무쳤고, 이것이 바로 민족의 한(恨), 민중의 한이 아닌가 생각하면서 그것에 대한 해답을 성서에서 찾다가 발견한 것이 '오클로스(ochlos)'였습니다"(안병무, 1993b: 31).

7   이 책은 1965년 1월에 스트라스부르 대학에 제출된 저자의 박사학위 논문을 원본으로 한다. 1966년에 파리의 PUF 출판사에서 불어로 출판된 저서를 다시 일본어로 발전시켜 1968년에 재출판한 것이다. 안병무는 다가와 겐조의 글을 읽고 그에 영향을 받았을 것으로 추정된다(김진호, 2006: 93-94). 하지만 이를 명시적으로 언급하고 있지는 않다. 반면, 서남동은 1979년 3월에 『신학사상』(24)에 발표된 글 "민중의 신학"에서 다가와 겐조의 저서를 언급하고 인용하면서 그에 대한 논평을 달고 있다. 이 글은 『민중신학의 탐구』에 "두 이야기의 합류"라는 제목으로 실려 있다(서남동, 2018: 66-67). 또한 서남동은 자신의 제자인 김명식이 다가와 겐조의 『마가복음과 민중해방』을 번역하자 그 책에 추천의 글을 쓴다(서남동, 1983: i-iii).

8   그의 이런 시각은 기본적으로 다른 민중신학자들에게도 공유되고 있다. 예컨대, 현영학에 의하면 오클로스는 "역사의 어려움과 아픔을 가장 밑바닥과 심층부에서 짊어져 온 사람들"(현영학, 1997: 92)이며 서남동이 보는 오클로스는 "그 시대의 지배종교가 '죄인'이라고 부른 그런 사람들"(서남동, 2018: 65)이다.

9   권진관은 프로토코이와 오클로스의 차이를 보여주는 존재로 '세리(稅吏)'를
        거론한다. 세리는 빈자는 아니지만 예수의 오클로스였다. 즉, 무시되고 소외된
        사회적 존재들이라는 것이다(권진관, 2012a: 15-17).

10   한정헌과 이정희는 들뢰즈적 관점에서 민중신학을 독해한다. 한정헌은
        들뢰즈의 '다양체', '유목론', '전쟁기계', '리토르넬로', '소수자' 개념과
        민중신학적 사유의 유사성을 지적하며(한정헌, 2015: 67), 이정희는 특히
        '기계' 개념에 주목한다(이정희, 2006: 237-8).

11   오클로스와 예수와 제자를 연결하는 두려움(φοβέω, 포베오)에 대한
        탐구로는 다음을 볼 것(이서영, 2022).

12   한편, 민중의 사회전기에 관해서는 김용복의 다음 저서를 볼 것(김용복,
        1981).

13   이에 관해서는 1976년 12월 23일 박세경, 이돈명, 이세중, 조준희, 황인철,
        홍성우 변호사에 의해서 작성된 변론요지서를 참조할 것(홍성우, 2012: 107
        이하).

14   김지하와 서남동의 영향 관계에 관한 연구로 다음을 참조할 것(조현범, 2023:
        149-62).

15   민중신학을 바디우의 관점에서 읽는 시도로는 다음을 볼 것(허석헌, 2023).

16   이 저서에서 바디우는 20세기의 정치미학적 시대정신을 "passion du
        réel"이라 부른다. 이 표현은 대개 우리말로 '실재에의 열정'으로 번역된다.
        하지만 바디우 사건 철학의 기조를 염두에 두고 본다면 위의 표현은 '실재를
        향한 열정'이라는 의미뿐 아니라 '실재의 겪음'이라는 의미 또한 갖는 것으로
        보아야 한다. 실재는 그것을 향해 갈 수 있는 무언가가 아니라 느닷없이
        도래하여 기왕의 주관성을 무너뜨리는 '겪음(passion)'을 야기하기 때문이다.
        한편, 사건에의 휘말림에 대한 철학적 성찰에 관해서는 다음을 볼 것(이진경,
        2012: 72-112).

17   수동성에 대한 철학적 접근으로는 다음을 참조할 것(Wall, 1999).

18   감수자들이 연대할 때, 그들은 억압된 기억 속의 죽은 자들(감수자들)을 불러낸다. 민중신학의 신학적 상상력 속에서 감수자의 연맹 속에는 과거 역사 속에서 희생된 민중들과 더불어 십자가 위의 예수가 함께 있다. 민중사건이란 감수자들의 저 연결망이 불러일으키는 정동적 파동이며, 이 파동에의 연결을 통해서 행위가 가시화되고 확산된다.

19   서남동은 이미 1970년대 초반에 생태 윤리와 생태 사상을 다루는 글들을 발표한다(서남동, 1976). 이에 관해서는 다음의 연구를 참조할 것(이철호, 2016).

20   파괴 관계는 가이아가 스스로를 향해 재앙적 힘으로 돌진해 오는 상황에서 생명체가 겪어야 하는 모든 파괴력의 불평등한 분배 구조를 가리킨다. 이에 대해서는 다음을 볼 것(김홍중, 2023: 209-10).

21   울리히 벡은 이 논문에서 유럽인들이 체르노빌 참사를 통해 '겪게 된' 거대한 충격파 속에서 자신의 위험사회론을 수용하게 되는 과정을 '인류학적 쇼크'라고 부르며 그 구체적 내용들을 분석하고 있다. 더 나아가 그는 파국적 체험이 문명의 제도와 가치를 변화시키는 원동력으로 작용할 수도 있다는 '해방적 파국주의(emancipatory catastrophism)'를 개진한다(Beck, 2016).

22   한글로 '녹색 계급'이라 번역된 원어는 '생태계급(ecological class)'이다. 이 글에서는 '생태계급'으로 통일한다.

23   이 글은 다음의 글을 수정, 보완한 것이다(김홍중, 2021).

9장

21세기 생존주의의
재구성 – 공(公),
케노시스, 인류세

I. 감격의 정치학

1960년대 신상옥(申相玉, 1926-2006)은 세 편의 흥미로운 발전주의 로맨스 영화를 찍는다. 1961년의 〈상록수〉, 1963년의 〈쌀〉, 1967년의 〈산(山)〉이 그것이다. 이들 영화는 모두 다음과 같은 공통의 서사구조를 갖고 있다. 즉, 연애 관계로 묶인 남성 지도자와 여성 지도자가 가난한 농민대중을 계몽하는 사업을 추진하는데,[1] 이 과정에서 자신들을 박해하는 타락한 권력과 싸우면서 난관을 겪지만, 결국 농민 대중의 마음을 움직이고 사업에 성공한다는 것.

영화가 그리는 리더의 이미지는 전형적이다. 사심 없고, 금욕적이고, 단순하고, 투명하다. 삶 전체가 계몽사업에 바쳐져 있다. 민중들은 지도자를 존경하는 동시에 의심하고, 따르는 동시에 배반한다. 민중의 생활세계는 배고픔, 무기력, 비참으로 얼룩져 있다. 지도자는 거기 뛰어들어 사람들을 설득하고, 모범을 보이고, 움직이고, 조직하고, 싸운다. 부패한 지역 유력자들의 음모와 협잡을 이겨내고 민중과 하나가 되는 순간, 영화에서 집합적 에너지가 분출되기 시작한다. 감격(感激). 배우들도 감격하고 관객들도 감격한다. 신상옥 영화가 노리는 정치적 효과는 이 감격의 생산이다. 발전주의는 '감격'의 정치학이다. 사업이 고초 끝에 성취되는 순간의 엑스타시. 재건의 감격, 합심(合心)의 감격. 부활의 감격. 생명마저도 무언가에 바치는 완벽한 헌신의 감격. 1960년대 발전주의 영화를 대표하는 〈쌀〉의 감격은 자연과의 싸움에서 이겨 식량이 확보되는 순간, 모두가 생존에 성공하는 순간 폭발한다.

영화의 주인공 용은 한국전쟁에서 다리를 다친 상이군인이다.

아버지가 위독하다는 전보를 받고 그는 서둘러 귀향한다. 그의
고향은 무주 구천동 근처의 메마른 골짜기 마을. 일제 강점기의
가혹한 공출 요구에도 쌀 네 가마밖에 내지 못했다는 거친
황무지다. 용의 꿈은 이 척박한 땅을 옥토로 바꾸는 것이다. 묘책이
하나 있었다. 농지 옆 돌산에 굴을 뚫어 그 너머 고지대에서 흐르는
강물을 끌어오는 개간공사가 그것이다. 용은 관청에 가서 일제가
만들어 놓았다는 개간 지도를 구해와 마을 청년들을 설득, 사업을
시작한다. 하지만 홍수가 나고, 전염병이 돌고, 관리들은 무관심하고,
마을 유력자가 사업을 방해하는 등 악재와 난관에 사업은 거의
수포로 돌아가고, 용은 곤경에 처한다. 결국 5·16 쿠데타로 집권한
새로운 권력이 개간 사업의 중요성을 인지하여 막대한 물량 지원을
해줌으로써, 굴이 뚫린다.

터널이 뚫리는 장면은 감격의 스펙터클 그 자체다. 저편 강물에서
굴을 통해 쏟아져 들어온 폭류(暴流)가, 마치 마을 사람들의
마음속에서 분출되는 배고픔의 한(恨)과 생존에의 욕망처럼
격렬하게, 모든 것을 쓸어가며 농토로 쏟아져 내리는 것이다.
운집한 동네 사람들은 이 장면을 환희에 가득 찬 채 바라보고 있다.
사람들의 얼굴은 고난을 이겨냈다는 승리감과 미래에의 희망으로
빛난다. 감격은 폭발한다. 유토피아는 실현되었고, 이제 인간을
괴롭히던 척박한 땅이 인간을 위해 쌀을 생산한다.

II. 시차(時差) 혹은 시차(視差)

〈쌀〉이 그리는 땅은 인간의 적(敵)이다. 용은 땅과 인간의 싸움을 이야기한다. 그 싸움은 인간이 이길 수 있는 싸움이라며 청년들을 독려한다. 1967년의 〈산〉에서 주인공들이 탄광을 뚫기 위해 갱도를 파고 내려갈 때도 마찬가지다. 땅은 저항이고, 도전이고, 한계다. 자연 자체가 그러하다. 1960년대의 꿈, 배고픔을 면하고 잘 살고 싶다는 꿈속에서, 땅과 산은 완강한 벽(壁)이자 그것을 뚫고 나가야 비로소 생존이 가능한 장애물이다.

〈쌀〉과 같은 해에 상영된 김수용(金洙容, 1929-2023) 감독의 〈혈맥(血脈)〉에도 유사한 감격의 장면이 등장한다. 영화는 해방 이후 월남민들이 모여 사는 해방촌 이야기를 그리고 있는데, 그 마지막 장면에 감독은 1960년대 가난한 청년들에게 미래의 상징으로 여겨졌을 한 형상을 제시한다. 현대식 공장이다. 피난 와서 비참하게 산 부모 세대와 달리 당대 청년들(신성일, 엄앵란 분)의 꿈은 공장 굴뚝에서 시커멓게 솟아나는 연기로 (그야말로 노골적으로) 형상화되고 있다. 〈혈맥〉의 감격은 '매연'에 녹아 있다. 검게 치솟으며 화면 왼쪽으로 길게 흐르는 문명의 연기, 산업화의 연기. 피난민촌의 지긋지긋한 빈곤을 일거에 부숴 버리며 미래를 약속하는 감격적인 물질, 검은 매연.

모든 시대는 그 시대에 고유한 감격의 방식을 갖고 있다. 〈쌀〉과 〈혈맥〉은 1960년대 초반 한국사회를 배경으로 한다. 근대화와 산업화가 시작될 무렵이자, 박정희 시대가 시작되는 시점이다. 당시의 시대상을 생각해 보면, 공장 매연이나 터널 공사를 통해 물줄기가 터져 나오는 장면이 어떤 정서적 반응을 일으켰을지를 상상하는 것은 어려운 일이 아니다. 그런데, 여기서 흥미로운 것은 저 동일한 장면들이 생태 위기와 기후 파국이라는 문제와 직면해 있는 21세기 인간에게는 어떤 감흥을 불러일으키느냐는 문제다.

아마도 우리 시대의 관객들은 매연을 보면서 불쾌와 우려의 감정을 느낄 것이다. 〈혈맥〉의 청년세대에게 미래 '생존'을 보장하는 징표였던 매연은 이제 그들의 손자 세대들에게는 (생물학적) '생존'을 위협하는 위해 물질로 인지된다. 동일한 사물에 완전히 상반된 의미가 부여되는 것이다. 사실, 벡(Ulrich Beck)이 '재귀적 근대화(reflexive modernization)' 개념으로 이야기하고자 했던 것이 정확히 이러한 아이러니였다. 그는 19세기 후반과 20세기 초반의 초기 근대가 이룬 성공(가령 원자력 발전소의 설립)이 20세기 후반 후기 근대에 이르러 부메랑처럼(각종 암과 피폭, 혹은 거대 원전 재해의 재앙) 되돌아오는 것에 주목했다(벡, 1998: 27).

얼핏 보면, 〈쌀〉의 경우는 조금 다르다고 느낄 수도 있다. 주로 농토와 석산(石山) 개간을 둘러싼 투쟁이 그려지는 이 영화의 배경은 공장도 도시도 아니기 때문이다. 하지만, 〈쌀〉에서 지속적으로 강조되는 자연에 대한 태도는 석연치 않은 불안감을 가져다준다. 사실, 〈쌀〉에 등장하는 이른바 '생존주의자들'은 선하고, 이타적이며, 도덕적인 사람들이다. 이들은 공동체 구성원들의 고통을 함께 느끼며, 생존을 위해 개인적 희생과 노고를 다하고 있다. 하지만 곤혹스럽게도 이들이 갖고 있는 자연에 대한 감각은 전형적인 서구 근대의 자연관과 일치한다. 이들은 (자연에 대한 태도의 관점에서 말하자면) 데카르트주의자들이다.

근대 서구의 기계적 자연관을 정초한 것은 이른바 "비활성의 원리(principe d'inertie)"였다(Martin, 2001: 188). 이에 의하면, 자연은 아무런 생기(vitality)를 갖고 있지 않다. 데카르트(René Descartes)의 용어로 표현하면 산도, 땅도, 바다도 그저 '연장체(res extensa)'일 뿐이다. 생명도, 감각도, 사고 능력도 거기에는 없다. 죽어 있기 때문에 활동성도 자발성도 없다. 따라서, 인간이 자연이라는 물질 덩어리를 가공하고, 변형시키고, 파괴하는 것은 아무런 문제가 되지 않는다. 개발주의 로맨스 영화의 주요 테마 중 하나가 이처럼 죽은 물질에 불과한 땅과 산에 대해 배고픈 인간들이 벌이는 영웅적 투쟁의 드라마다. 자연은 생존해야 하는 인간과 대립하고 그들의 의지를 좌절시키지만, 결국 인간적 복리에 기여하는 원료이자 채굴되어야 하는 자원으로 의미 부여된다.

여기서 흥미로운 인물이 바로 〈쌀〉에 나오는 무당이다. 무당은 산에 굴을 뚫으려 하는 청년들을 가로막고 그들의 시도가 산신령을 노하게 할 것이라고 일갈한다. 용과 청년들은 무당의 생각이 터무니없는 미신이라 비판한다. 무당의 산신령론은 사실 별다른 진정성이 있는 것은 아니었다. 왜냐하면, 무당은 자신이 경제적으로 의지하고 있는 마을 유력자 송태호의 사주를 받고 청년들의 사업을 저지하려 한 것이기 때문이다.

하지만, 영화에서 단지 미신에 불과한 것으로 치부된 무당의 산신령론은 사실 자연을 비활성적 사물로 보는 폭력적 태도의 대척에 서 있는 애니미즘적이고 샤머니즘적인 세계관을 드러내고 있다. 이 관점에 의하면 자연의 모든 사물들에게도 영혼이 존재하며, 그들도 살아 있는 행위자들이며, 어엿한 존재자들이다. 영화에서

무당은 (본의 아니게) 자연에 대한 폭력적 세계관의 해악을
'시대를 거슬러' 꿰뚫고 있는 반(反)-생존주의자로 읽힐 수 있는
것이다. 한 시대가 어리석은 악인으로 그리는 자가 그 다음 시대의
대안을 표방하고 있는 것이다. 아이러니가 아닐 수 없다.

요컨대, 〈쌀〉이 표방하는 '생존'은 21세기 인간이 소망하는 '생존'의
이미지와 근본적으로 대립하고 있다. 동일한 용어를 사용하고
있음에도 불구하고, 1960년대의 저 숭고한 생존주의자들이
추구한 생존은 21세기의 인간들에게 요청되는 생태적 생존과
그 지향점에서 충돌한다. 두 상이한 '생존'의 의미론이 대립한다.
한편에는 '냉전 생존주의 레짐'의 의미론이 있다. 여기서 생존은
개체부터 공동체를 거쳐 민족-국가로 확장되는 모든 단위들이
기본적 생명의 조건과 안전을 확보하는 것을 의미한다. 이를
위해 인간은 자연에 대한 지배력을 갖고 있어야 하며(물과 땅에
대한 권력), 산업적 능력(현대식 공장)을 갖추어야 한다. 하지만
영화가 상영된 시대와 지금 우리가 살고 있는 시대 사이에
존재하는 약 60년의 시차(時差)는 (생존 문제와 연관해서) 현격한
시차(視差)를 만들어내고 있다.[2] 우리는 저들과 의미가 다른
생존의 형식을 꿈꾸기 시작했다. 그것이 무엇인가? 환언하면,
21세기에 생존주의는 어느 방향으로 진화해 갈 것인가?

III. 인류세와 가이아 싸움

위의 질문은 사실 '21세기를 어떤 시대로 보는가' 혹은
'21세기에 생존주의의 형성을 야기하는 가장 중요한 비상상황이

무엇인가'라는 질문과 긴밀히 연관되어 있다. 이와 연관해서 나는
우리 시대를 (국민-국가를 초월하는) 행성적 수준에서 펼쳐지는
생존 위기적 비상상황인 인류세로 파악한다. 따라서, 인류세가
부과하는 독특한 조건들로부터 새로운 의미, 내용, 함의를 가진
생존주의가 형성되어 나올 것으로 예상한다. 이를 '인류세
생존주의'라 부르고자 한다.

주지하듯, 인류세는 폴 크뤼첸과 유진 스토머가 2000년에 《IGBP
뉴스레터》에 기고한 짧은 글에 처음 등장하는 신조어다. 이들은
수온 상승과 수질 산성화로 산호초가 탈색되는 현상을 연구하다가
암석, 물, 대기에 인간 활동이 야기한 흔적이 그토록 깊게 새겨져
있다는 사실에 충격을 받고, 이 새로운 발견을 지질학적 시간 규정에
반영해야 할 필요성을 제기한다. "인간 행위가 지구와 대기에 미친
중요하고 점증하는 영향을 고려해 보건대 (…) 지질학과 환경학에서
인류의 중심적 역할을 강조하는 것이 참으로 적절하게 보입니다.
그리하여 우리는 현재의 지질학적 시대를 '인류세'라 부를 것을
제안하는 바입니다. (…) 인류는 수천 년 동안, 어쩌면 아마 다가올
몇백만 년 동안 주요한 지질학적 힘으로 남게 될 것입니다"(Crutzen
& Stoermer, 2000: 17-18).

이 개념이 제안된 이후 다양한 분야에서 상당한 논쟁과 논의가
진행되어 왔고, 여러 학문 분야들이 지적인 충격에 휩싸였다. 그
충격은 대개 인류세 담론에 내포된 다음과 같은 두 가지 함의와
연관이 있다. 첫 번째 함의는 인류세라는 문제 제기 속에서 변화된
인간의 이미지다. 말하자면, 인류세 담론은 지구라는 행성에서
지질학적으로 가장 강력한 행위능력을 발휘하고 있는 존재가

화산도, 혜성이나 운석도, 해일도, 지각변동도 아닌 인간이라는 사실을 드러냈다. 오랫동안 우리가 스스로에게 형성해 온 인간 관념은 이로 인해 저변부터 흔들렸다. 인간은 결코 연약한 피조물이 아니다. 반대로 인간은 광폭한 힘을 발휘하여, 자연 물질들의 관계를 변형시켜 버리는 "지질학적 슈퍼파워"(Ellis et al., 2016: 192)다.

인류세 개념의 두 번째 중대한 함의는 이처럼 행성적 수준으로 신장된 인간 행위능력의 부정적 결과로, 머지않은 장래에 전대미문의 격변이 닥쳐오리라는 어두운 전망이다. 모턴(Timothy Morton)은 이렇게 쓰고 있다. "세계의 종말은 이미 벌어졌다. 우리는 세계가 끝난 시점을 이상하리만치 정확히 알고 있다. 문명의 이기(利器)가 역사기록이나 지질 시대와 쉽사리 연관되는 것은 아니다. 그렇지만 이 경우에는 기이할 정도로 명확하다. 1784년 4월, 제임스 와트가 증기기관으로 특허를 획득하면서 지구 표층에 탄소가 축적되기 시작했다 – 즉 인류가 행성 규모로 지구물리학적 힘을 개시한 시점이다"(모턴, 2022: 21). 모턴이 말하는 "인류가 행성 규모로 지구물리학적 힘을 개시한 시점"이 인류세의 시작을 의미한다면, 그 시점은 종말이 시작된 시점, 인류세의 파국이 개시된 시점이다. 이런 암울한 진단은 그러나 모턴만의 것은 아니다.

라투르 역시 이자벨 스탕제(Isabelle Stengers)의 "가이아의 난입(intrusion of Gaia)" 테제를 원용하면서,[3] 인류세 파국상황을 '가이아' 형상을 중심으로 풀어간다. 가이아란 무엇인가? 잘 알려진 것처럼 러브록(James Lovelock)은 1970년대에 지구가 살아있다는 도발적 발상을 제출하면서, 이 살아 있는 지구를 그리스 신화에 나오는 여신의 이름을 빌려 가이아라 명명한다(러브록, 2003).

그러나, 러브록의 생각은 과학계에 전혀 받아들여지지 않았고, 오직 뉴에이지나 영성 운동을 수행하는 사람들에게만 반향을 일으켰다.

라투르는 러브록이 제안한 가이아의 신화적 이미지를 우리가 직관적으로 이해할 수 있는 대안적 관점으로 전환시킨다. 그에 의하면, 가이아는 결코 살아 있는 행성 전체나 거대 생명체 혹은 유기체를 의미하는 것이 아니라, 지질학자들이 '임계 영역(critical zone)'이라 부르는 것과 정확히 일치한다. 임계 영역은 "대기권과 기반암(基盤岩) 사이에 형성되어 있는 얇은 생명막(biofilm)"(라투르, 2021a: 114. 번역은 부분수정)을 가리킨다.

생명체들은 고작 몇 킬로미터 정도밖에 되지 않는 임계 영역 안에서만 생존할 수 있다. 그 밖으로 한 발짝만 나가도 우리는 숨을 쉴 수 없다. 더 파고 내려가도 거주 가능 지대는 없다. 임계 영역이라는 이 희귀한 막은 화성에도, 금성에도, 목성에도 없다. 오직 지구에만 있다. 그것이 바로 가이아다. 지구가 살아 있다는 것은 지구에 임계 영역이 존재한다는 것을 의미한다. 그렇다면 이것은 어떻게 만들어진 것일까? 임계 영역은 수십억 년 동안 지구상에 출몰했던 수많은 생명체들의 활동을 통해서 만들어진 인위적 산물이다. 라투르는 이렇게 쓴다.

> "우리가 마주하는 모든 것, 산, 광물, 우리가
> 들이마시는 공기, 우리 몸을 담그는 강, 채소를 심는
> 가루 형태의 배양토, 우리가 길들이려 노력하는
> 각종 바이러스, 버섯을 따라가곤 하는 숲, 이 모든

것이, 하다못해 푸른 하늘마저도, 결과이자 생산물,
그렇다, 이 말을 분명히 해야 하는데, 도시 생활자나
시골 생활자 다 같이 그에 대해 가족 같은 유사함을
지닌 행위 역량들(puissances d'agir)의 가공물인
것이다. 지구 위에 그야말로 정확하게 '자연적'인
것은 아무것도 없다. 우리가 그 말로 일찍이 그
어떤 생명체에 의해서도 건드려진 적 없는 상태를
지칭하려 한다면 그렇다"(라투르, 2021b: 37).

가이아는 생명체에게 외부로부터 주어지는 '환경'이 아니다.
가이아와 생명체는 서로에게 삼투되어 있다. 또한 가이아는 (사회나
인간과 구분되는) '자연'으로 이해되어서도 안 된다. 인간도,
사회도 가이아의 한 부분이다. 가이아는 일종의 "지구-사회(geo-
society)"다(김홍중, 2023: 205). 그 사회를 구성하는 것은
인간들만이 아니라 수많은 생명체들과 토양, 공기, 물과 같은 물질적
요소들도 포함된다. 말하자면, 가이아는 행위자들(생명체들)이
수십억 년 동안 함께 만들어온 일종의 집단 창작물이다. 인위적
건축물이다. 공동의 집이다. 푸른 하늘과 그것을 구성하는 산소의
비율, 지구의 항상적인(지금은 크게 동요되어 변화하고 있는)
기온은 그렇게 형성된 것이다. 그렇기 때문에 가이아는 희소하고
취약하다.

인류세의 문명사적 의미는 바로 여기에 있다. 인류세에 접어들어서
비로소 우리는 가이아의 존재를 실제로 체감할 수 있게 되었다.
'가이아의 난입'이 의미하는 바가 그것이다. 가이아는 광폭해진
대기의 움직임 속에서, 평형이 깨진 기온과 그 결과로 나타나는

재앙들 속에서 자신의 모습을 드러냈다. 가이아는 가시적이 되었다. 우리는 인간의 존재론적 좌표가 재조정되어야 한다는 것을 이제 알게 되었다. 우리가 가족, 지역, 사회, 국가에 태어나기 이전에 가이아에서 태어났다는 사실, 우리가 숨 쉬고, 먹고, 거주하는 것이 오직 인간들의 힘으로 이뤄지는 것이 아니라 임계 영역을 구성하는 촘촘한 상호의존망 덕택이라는 사실을 알게 되었다(Latour, 2017).

인류세가 우리에게 가르쳐준 것은 가이아의 이러한 실정성(positivity)이다. 가이아는 관념이 아니며 상상의 산물이 아니다. 가이아는 일종의 생존-제도다. 지구상에 뭔가가 생명을 갖고 생존해 가고자 한다면, 그것은 반드시 임계 영역과 연결되어, 거기 자신의 자리를 잡고, 다른 거주자들과 관계를 맺어야 한다. 가이아라는 생존-제도에 포함되어야 한다. 환언하면, 가이아에서 생존은 언제나 상호의존이며 공생적이다. 나의 생존을 가능하게 하는 타자의 생존이 거기서는 절대적 의미를 갖는다. 가이아에서의 생존은 언제나 함께-생존하는 것이다.

문제는 이런 가이아가 파괴되는 시간의 이름이 또한 인류세라는 것이다. 인류세에 진행 중인 가이아 파국은 (종교인들이 말하는) 세계의 종말도 아니고, (SF 영화들이 그리는 것과 같은) 행성의 쪼개짐이나 소멸과 같은 것도 아니다. 그 파국은 이미 시작되어 진행되고 있는 가이아의 지속적 파괴 과정이다. 홀로세(Holocene)의 가이아는 그 내부에 수많은 생명체들이 공존, 공생할 수 있는 균형 상태를 갖고 있었다. 하지만 인류세의 도래는 그 균형의 교란, 임계 영역의 축소, 수많은 가이아 시민들의 생존 조건의 악화를 동반했다. 이 모든 과정의 귀결점이 제6의

멸종이다(Heise, 2016; Van Dooren, 2016). 인류세에 가이아의
시민들은 "생태-존재론적 긴급상황"(김홍중, 2019: 14)에 던져져 있다.

사실 인류세라는 새로운 시간 감각, 그에 동반된 인간관과
파국주의는 우리로 하여금 전통적으로 인문학과 사회과학이
자명한 것으로 여겨온 다수의 개념들을 새로운 시각에서 바라보게
하는 충격 효과를 발휘했다. 가령, 우리는 인류세 이후에 인간이란
무엇인가, 사회란 무엇인가, 악(惡)이란 무엇인가, 정의란 무엇인가,
세계란 무엇인가와 같은 근본적 질문들을 다시 던지고 있다.
인류세의 인간이 파괴자로 나타나고 있다면, 사회는 이제 자연과
구분되지 않으며, 악(惡)은 과도한 인간의 생산 행위에 내포된
파괴력이고, 정의와 세계 역시 그런 방식으로 새로운 의미를 부여받게
되는 것이다. 그런데, 이처럼 새롭게 던져져야 하는 질문의 목록에
'생존이란 무엇인가?'라는 물음 역시 포함되어 있다.

Ⅳ. 생존이 공(公)이다

1. 비오스와 조에

잘 알려진 것처럼, '생존'이라는 개념에는 언제나 철학적 폄하가
동반되었다. 실제로, 그리스어에서 인간의 생명은 두 가지
상이한 용어로 표현되고 있다. 하나가 '조에(zoē)'다. 이 용어는
"모든 생명체(동물, 인간 혹은 신)에 공통된 것"을 가리키며
"살아 있음이라는 단순한 사실"을 지칭한다. 동물원(zoo)이나
동물학(zoology)에 그 흔적이 남아 있는 이 용어는 생물학적 목숨,
널것의 생명을 의미한다. 이와 대비되는 또 다른 생명의 형태가

비오스(bios)로서, 이는 "어떤 개인이나 집단에 특유한 삶의 형태나 방식"을 지칭하는 말로 사용되었다(아감벤, 2008: 33).

이 두 생명 형태는 두 가지 대표적 삶의 공간과 조응한다. 즉 조에는 가정(oikos)과 연결되며, 비오스는 공적이고 정치적인 공간인 폴리스(polis)와 연결된다. 가정에서 이뤄지는 물질적 신진대사, 생산과 재생산, 사적 생명 활동은 모두 조에와 연관되어 있다. 반대로 언어를 통해 이뤄지는 공적 활동은 비오스와 연관된다. 조에/비오스라는 생명 형태의 구분은 경제/정치, 사적 영역/공적 영역, 생물학적 생존/상징적 생명의 구분과 조응하고 있는 것이다. 여기서 철학적으로 인간 고유의 우월한 생명 형태로 간주된 것은 언제나 비오스다. 이런 입장을 선명하게 표명했던 대표적 철학자가 아렌트(Hannah Arendt)다.

"모험과 영광스런 일에 착수하고 후에는 오로지 국사에 헌신하기 위해서 가정을 떠나는 일은 용기를 요구한다. 왜냐하면 사람들은 가정 내에서만 일차적으로 자신의 생명과 생존에 대한 염려에 몰두할 수 있기 때문이다. 정치적 영역에 들어가고자 하는 자는 누구나 우선 자기 생명을 버릴 준비가 되어 있어야만 한다. 그리고 생명에 대한 너무 지나친 사랑은 자유에는 방해가 되며 이것은 동시에 노예성의 확실한 표시이다. (…) 단순한 삶의 필연성을 지배하고 노동과 생산으로부터 자유로우며, 자신의 생존에 대해 모든 피조물이 갖는 내적 충동을 극복하는 정도에 이르러서 더 이상 생물학적 과정에 매여 있지 않게

되었을 때, 이를 '좋은 삶'이라 부를 수 있다"(아렌트,
1996: 88-89. 강조는 저자).

아렌트는 주장한다. 인간의 존엄성은 먹고, 마시고, 생식하는 물질적
신진대사의 삶, 즉 생존에 있는 것이 아니라 조에-너머의, 목숨-
너머의, 생존-너머의 생명성에 있으며, 그것이 바로 정치적으로
주어지는 생명인 비오스다. 아렌트는 '단순한 삶(bare life)'에 대한
정치적 삶의 우위를 명확히 하고 있다.[4] 그런데 이 지점에서 우리는
인류세라는 새로운 시대의 도래가 저와 같은 전통적 관점을 다시
돌아보게 한다는 사실에 주목해야 한다. 가령, 생태재앙의 현장에서
죽어가는 생명체들의 '생존'은 과연 비정치적인 것일까? 기후재앙,
팬데믹과 폭염, 해수면 상승으로 인한 이주, 숲의 파괴 같은 현장에서
우리가 목격하는 인간, 비인간 생명체들에게서 우리는 과연 조에와
비오스를 구분해 낼 수 있을까? 산불로 거주지를 잃고 불에 그을린
채 도로로 도망쳐 나온 코알라의 연기나는 몸뚱이가 온몸으로
표현하는 '생물학적 생명' 그리고 생존에의 욕망은 공적인 것 혹은
정치적인 것과 무관한 것일까?

그렇지 않다. 가이아는 평평하고 일의적인 장소다. 거기에 공적/사적
영역의 구분선은 생각보다 쉽게 그어지기 어렵다. 인간과 비인간의
존재론적 차이도 없다. 인간이 거주하는 곳은 동물이나 식물이나
균류(菌類)가 거주하는 곳과 동일한 장소다. 동물이 생존할 수 없는
세계에서는 인간도 생존할 수 없다. 곤충이 생존할 수 없는 세계는
인간이 거주할 수 없는 세계다. 인간만이 '세계'를 이루고, 동물들은
'세계의 빈곤'에 시달린다는 하이데거의 통찰은 이런 상황에서
별다른 적실성이 없다(하이데거, 2001).

지구적 존재자들은 동일한, 하나의, 평평한 세계, 즉 가이아에서
산다. 이는 무엇을 의미하는가? 그것은 가이아 파국 속에서
나타나는 것은 인간에게 고유한 '정치적 생명'의 존귀함이 아니라,
목숨을 가진 모든 생명체들의 '조에'의 존귀함이라는 사실이다.
인류세적 파국은 '생명'에 대한 오랜 철학적 관념을 급진적으로
반성하게 한다. 우리 시대의 가장 중요한 정치, 가장 중요한 이성,
가장 중요한 언어, 가장 중요한 '공적' 생명은 멸종에 처한 지구적
생명체들의 '목숨'과 분리할 수 없다. 인류세 생존주의는 생존
위기 상황을 맞이한 생명체들의 '조에'를 정치적 문제로 제기하는
것이다. 목숨은 단순히 공적(公的)이고 정치적일 뿐 아니라 현존하는
권력들의 정당성을 초월한다.

2. '공(公)=가이아'라는 도식

조에와 공(公)이 이렇게 연결되는 것은 어떻게 가능한가? 왜 생명의
가장 생물학적인 차원과 우리가 흔히 개체나 가족이 아닌 공동체나
국가와 연결시키는 공(公)이 매개 없이 연결되는 일이 인류세에
가능한가? 왜 인류세 생존주의는 이 연결을 인정하고 승인하는
것일까? 그것은 바로 '공(公)'이라는 관념에 대해서 근대문명이
설정해 온 원리들이 인류세에 재구성되고 있기 때문이다. 사실
이런 재구성의 철학적 시도는 이미 18세기 후반에 칸트(Immanuel
Kant)에 의해서 수행된 바 있다(가라타니 고진, 2001). 1784년의
글 "계몽이란 무엇인가에 대한 답변"에서 칸트는 계몽의 핵심을
"이성을 공적으로 사용할 자유"로 파악하고 있다(칸트, 1992: 13-
15). 칸트가 말하는 '이성의 공적 사용'이란 구체적으로 무엇을
의미하는가? 그는 이렇게 설명한다.

"내가 말하는 이성의 공적인 사용이란 어떤 사람이
한 사람의 학자로서 독자 대중 앞에서 이성을
사용하는 경우이다. 반면에 이성의 사적인 사용은
그에게 맡겨진 어떤 시민적 지위나 공직에서 이성을
사용하는 경우이다. 공동체의 이해가 걸려 있는 많은
일들은 어떤 기계적 장치를 필요로 하는데, 공동체의
구성원들은 이 장치에 의해 단지 수동적으로 정부의
명령대로 그 일을 수행할 수밖에 없다. 그 결과 정부는
그들에게 공공의 목적을 지시하고, 혹은 적어도
그들로 하여금 이런 공공의 목적을 파괴하지 못하게
할 수 있다. 그러나 그 기계 장치의 한 부분이 자신을
전체 공동체의 한 구성원으로서, 혹은 세계시민사회의
한 구성원으로서 간주하는 한에서, 그리고 저작을
통해 대중에게 이야기하는 학자의 자격으로서는 그는
확실히 논의할 수 있다"(칸트, 1992: 16).

위의 인용문에서 칸트는 일반적으로 사용되는 '사적', '공적'이라는
용어의 의미를 매우 독특하게 비틀고 있다. 가령 왜 그는 소위
'공공적'인 직무라 할 수 있는 시민적 지위나 공직을 바탕으로
이성을 사용하는 것을 이성의 '사적 사용'이라 말하고 있는가?
해답은 간명하다. 칸트에 의하면, 그것이 어떤 단위의 공동체라
할지라도, 특정 공동체의 이익이나 권익에 복무하는 이성의 사용은
'사적'인 사용이기 때문이다. 설시 그것이 '국가'를 위한 것이라
할지라도, 나의 '국가'는 내가 속해 있는 하나의 커다란 '공동체'일
뿐이기 때문이다.

그렇다면 이성의 진정한 공적 사용이란 어떤 경우를 가리키는가?
그것이 바로 이성을 특정 국가/공동체의 입장을 초월한
'코스모폴리턴'한 입장에서 사용하는 경우다. 공화국의 이성도,
국가의 이성, 왕조의 이성도 공(公)이 아니다. 그들 너머에 있는
미지의 어떤 관계, 거기에 공(公)이 있다. 여기서 우리가 주목해야
할 것은 칸트가 지금 공(公)의 지점을 특정하고 있지 않다는 것이다.
그것은 미래의 프로젝트다. 칸트 당대에는 UN도 EU도 존재하지
않았다. 상상과 사변의 대상이었을 뿐이다. 오히려 중요한 것은
공(公)의 자리가 운동하고 있다는 것이다. 계몽 이전의 인간이
자명하게 여기는 자신의 소속들(가족, 교회, 국가)에는 공(公)이
없다. 공(公)은 그것들로부터의 탈주체화 속에서 나타난다. 가족도
조직도 국가도 아닌 그러나 그것이 아직 무엇인지 모르는 바로 그
지평, 거기로 나아가는 운동 자체가 공(公)의 자리다. 특히 여기서
결정적으로 파괴되고 있는 것은 바로 '공(公)=국가'라는 도식이다.

우리가 인류세의 관점에서 칸트가 말하는 저 공(公)을 생각해
본다면 그것은 무엇으로 나타날까? 우리는 칸트의 저 논리를 어떻게
인류세의 시대로 끌고 와 번역할 것인가? 이에 대한 한 해답이 바로
'공(公)=가이아'라는 도식이다. 앞서 언급한 것처럼, 가이아라는
인류세의 존재론적 좌표는 인간이 갖고 있는 모든 원천적 소속들이
탈각되고 그저 단순한 생명, 벌거벗은 생명으로 다른 생명체들과
만나는 리얼리티의 근원적 차원이다. 가이아는 비오스의 연결망이
아니라 조에의 연결망, 조에적 관계망, 조에의 얽힘이다. 그리고 지금
가이아에서 발생하고 있는 사태는 저 연결망의 파괴, 즉 수많은
목숨들의 살해다.

이런 맥락에서 보면, 우리가 인류세의 시대에 이성을 공적으로
사용한다는 것의 의미를 좀 더 구체적으로 사고해 볼 수 있다.
그것은 자신이 일하는 기업의 입장에서, 자신이 살고 있는 지역의
이해관계를 위해, 자신이 믿는 종교의 독트린을 따라서, 자기가
태어난 국가의 이익을 위해 이성을 사용하는 것이 아니다. 여기서
한 걸음 더 나아가서 인간 사회의 국제적 연합의 관점을 따라
이성을 사유하는 것을 의미하는 것 또한 아니다. 왜냐하면,
인류세는 우리에게 인간-너머의 지평이 하나의 생명적 실재로서
실존함을 알려주었기 때문이다. 국가-너머의 조직조차도 (그것이
정치경제적 글로벌 질서이건 아니면 문화적 코스모폴리턴 질서이건)
모두 사(私)에 불과하다. 글로벌과 코스모폴리턴 너머로 나아가지
못한다면, 그것은 또다시 인간중심주의라는 사적 이해관계에
함몰되는 것이다. 그 너머, 거기가 가이아이다. 가이아가 공(公)이다.
가이아로 나아가는 운동이 사유의 공적 운동이다. 이런 점에서,
인류세에 이성을 공적으로 사용하는 것은 가이아의 입장에서
사고하고, 행동하고, 느끼는 것이다. 이 지점에서 바로 가이아
생존주의의 가능성이 움터 오는 것이다.

3. 생민(生民)

흥미로운 것은 칸트의 사유와 (동일하지는 않지만) 유사한
함의를 가지는 공(公)의 논리를 중국 전통사상에서도 발견할 수
있다는 것이다. 중국의 공(公)과 사(私) 개념을 탐구했던 미조구치
유조(溝口雄三)에 의하면, 중국에는 민(民)이 먹고사는 문제를
각자도생의 문제로 보지 않고 공적(公的)인 문제로 보는 전통이
있다. 조금 길지만 그의 글을 그대로 인용하면 다음과 같다.

"이처럼 조정, 국가가 사(私)로 간주되는 것은 천(天),
천하(天下)를 공(公)으로 여기는 관점에서 나온
것이다. 조정, 국가의 바깥쪽에 그것을 초월한 천(天),
천하(天下)의 공(公)이 존재한다는 점에 중국의
공(公)의 특질이 있다. 그렇다면 천, 천하의 공(公)을
정치, 사회의 단계에서 파악했을 때 구체적으로
그것은 무엇이었을까? 결론부터 말하자면 하나는
생민(生民)이며 다른 하나는 균(均)이었을 것으로
생각한다. (…) 생민은 하늘이 낳은 백성, 즉 생존을
하늘에 의거하는 백성이었다. 생민은 하늘에 의거해서
살아가는 것이지 조정, 국가, 더구나 관에 의거해서
살아가는 것이 아니다. 적어도 원리적으로는 하늘의
민이지 조정, 국가의 민은 아닌 것이다. "백성이
원하는 바, 하늘이 반드시 이에 따른다"고 말해지는
이유이다. '백성이 원하는 바'란 구체적으로는 "하늘이
백성을 낳음에, 먹고 입는 것으로 명(命)을 삼는다"고
말해지는 생존욕이며, 특히 명나라 말기가 되면
소유욕의 문제와 뒤얽혀서 민측으로부터 요구의
강도가 높아진다. (…) 군주는 생민이 지니고 있는
생존과 소유의 '천(天)'욕(欲)을 충족시켜 주는 천명의
대리집행인이므로 '천'욕을 박탈해서 '자신을 받들게
하는(自奉=私)' 일은 물론 허락되지 않으며, 생민의
'천'욕은 모두가 예외없이 '한결같이' 원하는 바이기
때문에 치우침 없이 충족되어야 할 공욕('公'欲)이라는
의미가 된다"(미조구치 유조, 2004: 71-72).

여기서 우리는 칸트가 논한 공(公)과 매우 흡사한 논리를 발견한다. 즉, 중국 전통사상에서 공(公)의 자리는 국가나 왕조가 아니다. '공(公)=국가'의 논리가 여기서도 부정되고 있다. 공(公)은 국가 너머의 천하에 귀속된다.[5] 이런 구도 하에서 통치 대상인 민(民)은 어디에 위치하고 있는가? 미조구치 유조에 따르면, "민(民)은 천(天)이 낳은 자연적 존재로서의 생민이고, 그 위에 올라타고 있을 따름인 왕조=국가의 명운(命運)에 연루되지" 않는다(미조구치 유조, 2020: 115).[6] 먹고 살아가야 하는 민, 즉 생민은 왕조나 국가라는 사(私)에 속하는 존재가 아니라 천하라는 공(公)에 속해 있다. 따라서, 그들의 생존은 국가보다 더 깊고 원천적인 공(公)의 문제가 된다. 생민의 먹고 사는 문제, 그들의 조에는 분명 '욕(欲)'이지만 사욕(私欲)이 아닌 공욕(公欲)이며 천욕(天欲)이다. 따라서 민의 생존은 진정한 정치의 대상이자, 영역이다.

여기서 우리는 칸트가 말하는 '세계' 그리고 코스모폴리터니즘과 중국 사상의 '천하'라는 관념을 비교, 검토하려는 것이 아니다. 다만, 중요한 것은 미조구치 유조가 이야기한 저 중국의 '공(公)=천하=생민(生民)'이라는 도식을 다시 인류세에 적용하면 어떤 통찰이 나올 수 있는지를 생각해 보는 것이다.

칸트를 언급하면서 논의했던 것과 유사하게, 중국의 공(公) 사상의 핵심은 국가/왕조 수준을 넘어서는 좀 더 근원적인 존재론적 차원으로 사고를 이동해가는 운동성이다. 그렇다면, 여기서도 우리는 가이아를 공(公)의 인류세적 지평으로 끌어낼 수 있지 않을까? 즉, '천하=가이아'라는 도식이 그것이다. 만일 이 도식이 가능하다면, 우리는 생민 개념 역시 인류세의 관점에서 오직 인간

백성만을 가리키는 것이 아니라, 가이아에서 함께 살아가는(共生) 모든 존재자들을 내포하는 개념으로 확장시킬 수 있을 것이다. 즉, 인류세의 공(公)은 가이아 중생들의 생존 그 자체에서 찾아져야 한다. 가이아 중생들이 서로를 도와가면서 얽혀 생존해가는 조에의 인드라망(網), 그것이 공(公)이다.

인류세 생존주의는 이처럼 근대의 생존단위들(자아, 가족, 조직, 국가, 민족)을 넘어서 가이아라는 단위에서 생존을 사고할 것을 요청한다. 여기서 가이아는 인간과 비인간을 모두 내포하는 중생(衆生)의 거주지다. 그 거주지는 생명체들과 물, 공기, 흙, 광물 등의 무기물이 상호작용 속에서 서로 얽혀 만들어진 임계 영역이다. 우리가 인류세에 공(公)을 말한다면, 공(公)의 입장에서, 공(公)을 위하여, 공(公)의 이름으로 행위하고 존재하고 사유한다면, 그것은 바로 가이아의 수준에서 행위하고 존재하고 사유하는 것을 의미한다. 국민-국가, 혹은 인간 공동체가 독점하고 있던 공(公)의 이념을 회수하여, 가이아에서 살아가고 있는 수많은 생명체들의 목숨에 그것을 공평하게 재분배하는 것, 이것이 인류세 생존주의다. 이때, 공(公)은 국가 수준이 아닌 행성 수준으로 확장되고, 행성의 거주자들의 '생존'과 직접 연결되면서 새로운 문명사적 함의를 갖게 된다. '목숨=공(公)'이라는 새로운 회로가 인류세 생존주의의 가장 중요한 사상적 기초를 이루게 되는 것이다.

V. 생존은 케노시스다

1. 코나투스와 케노시스

그런데, 바로 이 지점에서 우리는 가이아 안에서 인간이 차지하고 있는 위치를 좀 더 깊게 질문하게 된다. 인간과 비인간은, 임계 영역의 논리에서 보면 아무런 질적 차이를 갖고 있지 않은 동등한 가이아의 시민이다. 가이아를 이루는 모든 행위자들은 (인간이건 비인간이건 상관없이) 상호의존의 망에서 중요한 역할들을 수행하면서 공존 시스템의 형성과 유지에 기여하고 있기 때문이다. 하지만, 인류세의 인간은 비인간 생명체들에게 현격한 힘의 차이를 드러내면서 위협적인 작용들을 가한다. 달리 표현하면, '인간의 생존'과 '비인간의 생존'은 상호배제적 관계를 맺고 있는 것이다. 그렇다면 인간이 가이아에서 차지하는 저 위치는 정의로운 것인가? 정당한 것인가? 인류세 생존주의가 말하는 생존은 과연 누구를 또는 무엇을 위한 생존인가?

이 질문은 앞서 논의한 '생존=공(公)'이라는 테제와 더불어 또 다른 테제의 필요성을 제기한다. '생존=케노시스(kenosis)'라는 테제가 그것이다. 여기서 케노시스는 '자기-비움'을 의미하는 신학적 개념이다. 케노시스 신학이 추구하는 것은 자아의 강화, 존재의 확장이 아니다. 반대로 그것은 존재를 삭감시키고, 제거하고, 오히려 무(無)에 가까운 상태로 스스로를 '탈창조(decreation)'하는 것을 지향한다.[7]

이러한 사고는 근대철학의 인간관에 크게 배치된다. 우리가 잘 알고 있듯이, 근대철학이 바라본 인간은 자신의 존재를 보존, 유지,

확장하려는 충동에 의해 움직이는 존재다.[8] 이를 대표하는 개념이
코나투스(conatus)다. 스피노자는 『에티카』 3부에서 이렇게 쓴다.
"모든 사물은, 자신의 존재의 역능(puissance)에 의해서, 자신 존재
속에서 지속하고자 노력한다(persévérer dans son être)"(Spinoza,
1954: 421). 코나투스는 존재 지속의 노력과 경향으로서 인간뿐
아닌 모든 존재자들에게 자연철학적 수준에서 부과된 원리다.[9]

말하자면, 코나투스와 케노시스는 완전한 존재론적 대립항을
이룬다. 하나는 존재의 연속, 보존, 확장을 향하고 있으며, 다른
하나는 존재의 삭감, 소멸, 약화를 향한다. 우리가 생존이라는
문제를 코나투스의 관점으로 보느냐, 아니면 케노시스의 관점으로
보느냐에 따라서 완전히 상이한 생존주의가 도출되는 것이다. 가령,
생존을 코나투스의 원리에서 사고한다면 (실제로 서구 근대가
그러했듯이) 우리는 코나투스적 존재들의 무한한 활동을 승인하게
되는데, 이는 제한된 행성적 자원의 물리적 한계와 반드시 충돌하게
된다. 지구는 유한하고 코나투스는 무한할 때, 양자의 충돌은 고갈,
파괴, 오염으로 귀결될 것임이 자명하기 때문이다. 인류세가 도래한
원인이 바로 거기에 있지 않았던가?

이런 맥락에서 인류세 생존주의는 '생존=코나투스'의 도식을 승인할
수 없으며, 생존의 의미를 코나투스가 아닌 다른 존재론적 원리
위에 설정해야 할 필요가 있다. 이런 문제의식에서 비롯된 것이
'생존=케노시스'의 도식이다. 이것은 하나의 역설적 해법이다. 어떻게
생존이 존재의 자기-비움과 연결되는가? 생존하기 위해서는 강력한
힘을 소유하고, 타자를 제압할 수 있는 힘을 갖고 있어야 하는 것이
아닌가? 하지만, 앞서 분석한 인류세 파국 상황을 깊게 들여다보면

'생존=케노시스'의 의미를 이해하는 것이 그다지 어렵지 않음을
이내 깨닫게 된다. 인간이 가이아 파국에서 살아남고자 한다면,
오히려 인간은 과도하게 신장된 행위능력을 스스로 비워 내야
한다. 즉, 생존하기 위해서 존재의 축소를 설계하고 실행해야 한다.
존재의 강화(코나투스)가 생존을 불가능하게 하며 오히려 존재의
삭감(케노시스)이 생존을 가능하게 한다는 이 역설을 이해하기
위해, 우리는 우선 근대철학이 육성한 코나투스적 관점이 무엇이며,
그것이 어떤 결과를 가져왔는지를 살펴볼 필요가 있다.

2. 코나투스적 관점

코나투스적 관점은 서구 근대의 존재론적 상상계를 지배해 왔다.
이에 의하면, 있는 것은 더 많이 있고자, 더 강력하게 있고자
움직인다. 존재는 축적되는 것이고, 확장되는 것이고, 팽창하는
것이다. '있음(esse)'은 존재의 '고집(persévérance)'이며, 존재의
보존이며, 존재의 확장이며, 존재의 극대화다. 있음과 없음 사이에는
절대적 간극이 가로질러져 있다. 없음은 재현과 표상이 불가능하며,
사유될 수도 없다. 존재는 결코 없음(소멸, 죽음, 자기-파괴)을
향하지 않는다. 외적으로 그렇게 보일지라도, 사실 그것은 가면을 쓴
코나투스일 뿐이다.

이런 경향은 사실 20세기 사회과학에서도 선명하게 발견된다.
사회과학은 '코나투스' 개념을 주로 '이해관심(interest)'이라는
용어로 번역해왔다(Bourdieu, 2022; Lordon, 2006).[10] 베버가
말했듯이 "모든 인간 행위가 이해관심에 기초"한다면(Schwartz,
1997: 66), 대가를 바라지 않는 무사심성이나 타자를 위한 계산
없는 희생은 인간 행위의 현실적, 합리적, 일반적 원리가 될 수 없다.

그것은 성인(聖人)들의 품성이거나, 비정상적 상태에서만 관찰되는 예외들이다. 이른바 '정상적' 행위자는 희생하는 존재도, 선물하는 존재도, 타자를 위한 삶을 사는 존재, 환대의 주체도 아니다. 왜냐하면, 코나투스적 행위자는 자신에게 이득이 없다면 행위하지 않기 때문이다.

그런데, 우리는 이 '있음=코나투스'라는 도식이 근대적 인간 개념(백인, 부르주아, 이성애자, 성인, 비장애인, 남성)과 결합하는 순간 비극의 씨앗들이 탄생하는 것을 본다. 근대인은 중세의 어둠에서 풀려난 '욕망의 존재'로 해방되어 지구 전체를 탐색하며, 맹렬히 자신의 이해관계와 욕망의 추구를 실현하는 '코나투스적 행위자'로 탄생한다. 그리고 이 과정에서 우리는 근대성의 비극들이 자행됨을 목도한다. 남아메리카 대륙 원주민들의 대규모 학살, 비유럽의 식민화, 노예제도와 대농장, 자본주의적 착취와 수탈이 그것이다. 근대적 코나투스 철학은 자본주의적 존재의 욕망, 충동, 주체성을 묘하게 닮아 있다. 그리고 이는 우리로 하여금 다음과 같은 질문을 던지지 않을 수 없게 한다.

코나투스는 과연 정의로운가? 코나투스적 관점이 당연시하는 존재의 강화 논리가 타자들의 파괴, 착취, 지배를 불가피하게 내포하고 있다면, 존재를 코나투스와 동일시하는 관점은 어떤 점에서 규범적 정당성을 가질 수 있는가? 코나투스적으로 존재하는 것은 과연 유일한 존재의 방식인가? 존재한다는 것은 오직 자기를 확장하려는 맹렬한 충동을 수반할 수밖에 없는가? 존재를 삭감하고, 약화시키고, 대신 덜 파괴적인 자존적 존재의 형태를 갖는 것은 어떻게 가능한가?

지구가 현재보다 10배 더 큰 행성이라면, 아마도 우리는 여전히 코나투스적 존재 증강을 긍정할 수 있을지도 모른다. 그것은 발전이고, 번영이고, 행복일 것이다. 하지만, 우리가 살아가는 이 시대는 과열된 코나투스의 폭발적 작동들이 쌓여서 급기야 생명 조건의 공통 거주지(가이아) 그 자체가 심각하게 훼손되어 버린 파괴의 시대, 인류세다. 인간 코나투스의 극대화는 비인간 코나투스에 대한 무시(비인간의 생명성에 대한 부인과 비인간의 도구성에 대한 승인)와 병행했고, 이처럼 과도하게 인정되고 촉구되고 격려된 인간 코나투스의 폭발이 바로 제6의 멸종과 가이아 파국이라는 위기로 우리를 몰아넣게 된 에너지 역동이었던 것이다.

더 많은 활동을 통한 더 많은 생산과 축적, 끝없는 운동, 그런 자기확장의 논리에 기초한 사회를 실현하기를 우리가 원한다면, 우리는 아마도 지구 바깥의 다른 행성을 식민화하여 거기서 다시 근대와 자본주의의 코나투스적 삶을 이어가야 하는지도 모른다. 우리가 코나투스의 상상계를 넘어서야 할 현실적인 이유가 바로 거기에 있다. 더 확장되지 않고, 더 팽창하지 않고, 더 성장하지 않고, 더 강해지지 않고, 더 먹지 않고, 더 마시지 않고, 더 소비하지 않고, 더 움직이지 않고, 그럼에도 불구하고 '잘 존재'할 수 있는 가능성, 그런 존재를 긍정하고, 그런 존재들의 공존에 기초한 사회를 상상하고 구축할 수 있는 사회철학적, 사회윤리적, 사회사상적 가능성은 우리에게 주어져 있는가?

인류세 생존주의는 바로 이런 질문들과 연결되어 있다. 인류세 파국에 대한 해답은 '코나투스'일 수 없다. 그것은 '케노시스' 쪽에서 찾아져야 한다. 가장 강력한 행성적 행위자인 인간이 스스로의 행위능력을 삭감시키는 케노시스의 원리를 고민하지 않는다면, 우리는 파멸적 상황을 피해 가기 어렵다. 말하자면, 가이아 중생(衆生)의 생존을 위해서 우리는 인간의 힘을 제한하고 삭감하고 통제해야 한다.

3. 케노시스와 생존

자기-비움, 자기-제한, 혹은 자기-비허(卑虛)를 의미하는 '케노시스(kenosis)'는 기독교 신학에서 사용되는 용어로(몰트만, 2017), 원래 유대 신비주의 카발라의 창조론에 그 기원을 둔다. 이삭 루리아(Isaac Luria, 1534-1572)에 의해 정립된 카발라 교의에 의하면 창조는 '축소(Zimzum)'라는 신학적 모티프를 핵심으로 한다.[11] 침줌(축소)이란 세계의 창조를 신의 확장이 아니라 반대로 신의 사라짐, 은거, 퇴각으로 이해하는 논리다. 신은 자신이 창조한 세계에서 물러난다. 자기를 비운다. 테히루(Tehiru)라 불리는 하나의 점 속으로 응축해 들어간다. 루리아의 신화는 이처럼 창조주를 처음부터 추방 상태에 던져져 있으며 이를 극복하고 다시 복귀해야 하는 '숨은 신'으로 표상하고 있다(Scholem, 1973: 261-82).

이렇게 자기를 비움으로써 신은 피조물들에게 자유와 활동의 공간을 만든다. 자기를 축소시키고 대신 피조물들에게 힘을 부여하는 것이다(이언, 2015: 27-28). 시몬 베유(Simone Weil)는 이를 다음과 같이 표현한다. "창조는 신의 입장에서는 자기 확장이 아니라 은거와 포기의 행위다. 신과 모든 피조물을 더해도 신 혼자보다 못한 것이다. 신은 이런 축소를 받아들였다. 신은 자기로부터 존재의 일부를 비웠다. 이 신성의 행위를 통해 스스로를 비운 것이다. (…) 신은 그때 이미 자신이 아닌 것들과 자기보다 무한하게 열등한 것들이 존재할 수 있도록 허락한 것이다"(Weil, 2016: 137-8).

케노시스는 창조론뿐 아니라 기독론(christology)에서도 매우 중요하다. 그 이유는 신이 인간으로 육화되어 온 예수의 강생 때문이다. 신이 인간이 되었다는 것은 신의 신성(神性)이 스스로 비워졌음을 의미한다. 신은 신성을 포기하고 인간으로 내려온다. 신의 이러한 자기-포기가 예수라는 형상인데, 예수는 그렇게 포기한 신성을 십자가에서 다시 한번 극단적으로 비워낸다. 십자가형은 단순한 죽음이 아니라 존재 자체의 완전한 폐위를 의미하는 정치적 극형이기 때문이다.

실제로 성서에서 '케노시스'라는 용어가 등장하는 지점도 예수의 십자가형을 언급하는 빌립보서의 다음과 같은 구절이다. "그는 근본 하나님의 본체시나 하나님과 동등됨을 취할 것으로 여기지 아니하시고 오히려 자기를 비워 종의 형체를 가져 사람들과 같이 되었고 사람의 모양으로 나타나셨으매 자기를 낮추시고 죽기까지 복종하셨으니 곧 십자가에 죽으심이라"(빌립보서 2: 6-8). 여기서 '자기를 비워'라고 번역된 희랍어 동사가 바로 '케노오(κενόω)'로서 그 명사형이 케노시스다.

케노시스의 관점을 전개한 대표적인 철학자로 우리는 임마누엘 레비나스(Emmanuel Lévinas)를 이야기할 수 있다(Hof, 2016; van Riessen, 2007).[12] 레비나스에게 존재는 코나투스로 환원되지 않는 고도의 윤리적 차원을 갖는다. 존재는 팽창과 확장과 축적과 발전이 아닌 타자들과의 근원적 연관 속에서 사유된다. 가령, 레비나스 윤리의 핵심은 '존재의 코나투스(conatus essendi)'로부터의 벗어남이다. 레비나스에게 주체는 그저 타자의 인질(otage)일 뿐이며, 자신이 의식하거나 결단을 내리기 이전부터 이미 타자들에 대한 책임성의 구조에 윤리적으로 묶여 있다. 그는 다음과 같이 반(反)-코나투스 윤리학을 천명한다.

> "존재(esse)는 사이존재(interesse)다. 존재성은 이해관심(intéressement)이다. 이해관심은 자신의 부정의 상대성에 봉착한 정신이나, 자신의 죽음의 무의미성을 받아들인 인간에게만 나타나는 것이 아니다. 이해관심은 부정성에 대한 이런 반박으로만 귀착하지 않는다. 긍정적인 면에서, 이해관심은 존재자의 **코나투스**로 확증된다. 이 **코나투스**가 아니라면 긍정성이 대체 다른 무엇을 의미할 수 있겠는가? 존재의 이해관심은 서로 싸움을 벌이는, 만인에 대한 만인의 투쟁을 벌이는 에고이즘들 속에서, 서로 전쟁 중에 있고 그래서 함께 있는, 여러 알레르기적 에고이즘들 속에서 그 극적 모습을 드러낸다"(레비나스, 2021: 18-19. 강조는 레비나스).

위의 인용문에서, 레비나스는 스피노자의 코나투스와 홉스의 자연상태를 직접 연결시키고 있다. 양자를 잇는 핵심은 존재의 이해관심과 코나투스, 즉 "존재를 고집함(le persister à l'être)"(레비나스, 2021: 19)이다. 존재를 이처럼 코나투스와 이해관계의 관점에서 보는 한에서, 우리는 타자를 망각할 수밖에 없다. 타자는 주체의 코나투스적 운동의 대상이나 자원이라는 의미만을 갖게 될 것이다. 하지만, 레비나스의 타자에 대한 관점은 급진적이다.

그가 타자에 대한 책임을 말할 때, 그 책임은 자유주의적 개인의 자발성, 합리성, 결정이나 판단 같은 것과 아무런 연관을 갖지 않는다. 주체는 언제나, 이미, 타자와의 관계에서 "극단적 수동성", "떠맡을 수 없는 수동성", "최상의 수동성", 즉 "모든 수동성보다 더 수동적인 수동성" 속에 있다(레비나스, 2021: 109, 114). 즉, 주체는 아무런 자발성을 갖고 있지 않다. 이러한 근원적이고 급진적인 수동성 속에서, 주체는 속절없이 타자에게 열린 채 헐벗고, 벌거벗고, 수난과 고통을 겪으며, 상처받기 쉬움에 노출되어 있는 것이다. 레비나스에게 주체는 정립되는 것(posé)이 아니라 폐위(dé-posé)되는 것이다. 주체는 소유물을 상실하고, 삭감되고, 소실되고, 비워진다. 레비나스의 주체는 "자신을 거스른다(malgré soi)"(레비나스, 2021: 163). 즉 자신의 욕망과 자신이 유지되기 위해 필요한 모든 것들을 박탈당한다. 명백한 케노시스적 주체다.

그가 주체의 이런 수동성과 비워짐, 그리고 타자에 대한 책임성을 의미하기 위해 자주 사용하는 표현은 '자기 입에 들어 있는 빵을 꺼내 타인에게 주는 것'이다. 이를 "향유의 탈핵화(dénucléation)"라고 부르기도 한다(레비나스, 2021: 143). 자기 입으로 들어가서 자기 살이 되려 하는 음식물을 입에서 꺼내어 타자에게 주는 것, 자기의 소유를 비우는 것, 자기의 살을 타자에게 주는 것. 이것이 레비나스 윤리학의 실천적 강령이다. 레비나스의 이런 급진적인 윤리학의 형성에는 홀로코스트의 영향이

컸다. 그 자신이 제2차 세계 대전에서 포로로 잡히는 체험을 했고,
수용소에서 친족을 잃는 아픔을 겪은 그는 자신의 윤리학의 핵심에
주체가 아닌 타자를 배치하고, 바로 이를 통해 자신의 존재를
타자의 존재가능성의 박탈과 연결시키는 윤리적 사유의 극한을
향해 갔던 것이다. 그는 이렇게 쓴다.

> "양심의 최초의 빛은 인간이 자신의 이웃으로 가는
> 길 위에서 번쩍인다. 고독한 개인이란 도대체 무엇이란
> 말인가? 양분, 공기, 햇빛을 빼앗아 그 생명을
> 짓누르고 부수는 모든 것에 대해 아랑곳하지도
> 않으면서, 자신의 본성과 존재가 원래 그러한 것이라고
> 정당화하는 어떤 나무, 성장하는 나무와 같은 것이
> 아닌가? 빼앗는 자, 그것이 개인이다. 양심이라는
> 것은 (정신의 최초의 불꽃도 마찬가지이지만) 자신의
> 옆에 쌓여가는 시체들을 발견하는 것, 내가 무언가를
> 죽이면서 존재한다는 사실에 대한 경악에서 오는
> 것이다. (…) 양심, 그것이 정의이다. 살해하지 않으면서
> 존재한다는 것"(Lévinas, 1976: 144-5).

레비나스의 통찰은 이것이다. 내가 존재한다는 것은 (실제로 내
손으로 누군가를 혹은 무언가를 죽이지 않았다고 해도) 결국
타자를 살해했다는 것을 의미한다. 내가 여기에 있다는 것은, 내가
아니었다면 여기에 있었을 수도 있는 누군가의 자리를 빼앗은
것이다. 나의 생존은 타자의 생존가능성을 빼앗는 것, 죽이는
것이다. '존재=코나투스=생존'으로 이어지는 이 존재론의 회로
속에서 "존재한다는 것, 그것은 정의로운 것인가?"(Lévinas, 2002:

163). 레비나스는 묻는다. 어떻게 타자를 살해하지 않고 존재할 수 있는가?

아마도 레비나스는 결코 의도하지 않았겠지만, 우리는 저 질문의 어두운 진실을 인류세 시대의 인간에게 던지지 않을 수 없다. 인간이 근대 자본주의 문명 속에서 존재해 온 코나투스적 방식은 위에서 레비나스가 말하는 "양분, 공기, 햇빛을 빼앗아 그 생명을 짓누르고 부수는" 역사 그 자체가 아니었던가? 우리가 발전이라 부르고, 자유라 부르고, 해방이라 부른 그 수백 년의 시간은 사실상 우리 존재의 확장 속에서 다른 존재자들이 살해되어 간 파괴와 살육의 시간이 아니었던가? 그렇다면, 우리에게 남은 과제는 자명한 것이 아닌가? 그것이 탈성장(degrowth)이 되었건(라투슈, 2014), 아니면 포스트 휴머니즘이 되었건(브라이도티, 2015), 아니면 해러웨이가 말하는 복수종들(multispecies)의 정치가 되었건(해러웨이, 2022), 인간 문명이 스스로를 비우고, 스스로를 제한하고, 스스로를 낮추고, 스스로를 감축시켜야 하는 것이 아닌가? 신이 신성을 비우고 십자가를 졌다면, 인류세의 인간은 인간성을 비우고 가이아로 내려가야 한다. 인간의 케노시스, 인간성의 케노시스다. 이 과제를 어떻게 실행할 것인가? 이것이 아마도 21세기 인류세 생존주의에게 제기되는 가장 핵심적인 질문일 것이다.

1   세 영화에서 모두 대중을 계도하는 지도자 역할을 맡은 배우는 신용균이고,
     최은희가 그를 도와 함께 민중 운동을 수행하는 조력자(助力者)로 등장한다.
     〈상록수〉와 〈쌀〉에 대한 분석으로는 다음을 볼 것(스티븐 정, 2011).

2   이 말은 과거에 존재했던 모든 생존주의적 의미론들이 21세기에는 소멸할
     것이라거나 무효화될 것이라는 주장이 아니다. 만국공법 생존주의 레짐의
     핵심 문제였던 정치공동체의 존속이라는 문제는 21세기에도 여전히 중요하다.
     미중(美中) 양극체제 하에서 한국사회는 여전히 국민-국가의 생존과 안전과
     평화라는 근본 문제를 떠안을 것임을 예상케 한다. 마찬가지로 산업화
     과정에서 부각된 경제적 생존의 문제도 여전히 21세기 사회의 핵심 문제로
     남아 있을 것이다. 또한 신자유주의적 생존주의의 문화적 헤게모니도 갑자기
     사라지는 일은 없을 것이다. 사실, 저 세 가지 상이한 생존의 의미론들은
     20세기가 진행되는 과정에서 이미 층화(層化)를 통해 상호 접합되는 양상을
     보여왔다. 냉전 생존주의는 구한말의 트라우마에 대한 기억을 반향하고
     있었으며, 발전주의는 신자유주의적 생존주의에도 큰 영향을 미치면서
     존속되었다. 마찬가지로, 21세기에 새로운 유형의 생존주의가 새롭게 등장할
     때 우리가 주목해야 하는 것은, 그 생존주의의 내용뿐 아니라 그것이 다른
     기존의 생존주의들과 맺는 관계와 배치의 양상인 것이다.

3   스탕제는 가이아가 인류세에 광폭하고 예민하고 변덕스러운 행위자로서 인간
     세계에 난입하고 있다는 사실을 지적한다(Stengers, 2009: 50-54). 이런
     지적을 통해 스탕제는 가이아 개념과 친화적이던 모성적 이미지를 제거한다.
     이제 가이아를 인간 중심적으로 이해하는 것은 불가능하다. 왜냐하면,
     가이아는 인간과 무관한 방식으로 움직이면서, 궁극적으로는 스스로를
     파괴하는 자멸적 힘으로 작용하고 있기 때문이다.

4   벤야민, 아렌트, 아감벤에게 이 개념들이 어떻게 상이한 방식으로
     사용되었는지에 대해서는 다음의 연구를 볼 것(Fassin, 2010).

5   중국사상의 맥락에서 천하(天下)에 대해서는 다음을 참조할 것(자오팅양,
     2022).

6   이런 생민사상은 중국의 근대혁명 과정(신해혁명에서 문화대혁명)에
     큰 영향을 미친다. 즉, 급진적 사회변동의 논리를 제공한다(가지타니
     가이·다카구치 고타, 2021: 159).

7   탈창조는 시몬 베유(Simone Weil)의 개념으로서 자아를 텅 빈 상태로
     전환시키는 자기-비움의 일종이다. 베유는 『중력과 은총』에서 탈창조를
     다음과 같이 정의한다. "탈창조. 창조된 것이 창조되지 않은 것이 되게
     하기. 파괴. 창조된 것이 무(無)가 되게 하기. 파괴는 탈창조의 사악한
     대체물이다"(Weil, 1988: 81).

8   "정신사적으로 볼 때 근대 사회철학의 등장은 사회적 삶을 근본적으로
     '자기보존'을 위한 투쟁관계로 규정하려는 계획에 따른 것이다"
     (호네트, 2011: 35).

9   사회과학에서 코나투스 개념에 대해서는 다음을 참조할 것(Fuller, 2008:
     169-78).

10   사실 이해관심이라는 용어는 철학적으로 사이-존재, 존재의 관계성에 대한
     인식과 결부되어 있다. 하이데거는 이렇게 쓴다. "Inter-esse가 의미하는 것은
     사물들 중간에 그리고 그들 사이에 있다는 것, 어떤 사물의 중간에 자리를
     잡고 거기서 무너지지 않고 버틴다는 것이다"(Heidegger, 1958: 154).

11   창조, 부서진 그릇(shebbira), 회복(tikkun)은 카발라 교의의 세 가지 주요
     테마를 이룬다. 이에 대해서는 다음을 참조할 것(Scholem, 1966: 128;
     Scholem, 1974: 218-40).

12   인류세에 베유의 탈창조의 윤리가 어떤 의미를 갖는지에 대한 논의로는
     다음을 볼 것(Lawson, 2024).

참고 문헌

참고 문헌

- 가라타니 고진. 2001. 『윤리21』. 송태욱 옮김. 사회평론.
- 가지타니 가이·다카구치 고타. 2021. 『행복한 감시국가, 중국』. 박성민 옮김. 눌와.
- 강성률. 2005. 『하길종, 혹은 행진했던 영화바보』. 이론과실천.
- 강인철. 2023. 『민중, 시대와 역사 속에서』. 성균관대학교출판부.
- 강정인. 2014. 『한국 현대 정치사상과 박정희』. 아카넷.
- ＿＿＿. 2017. 『죽음은 어떻게 정치가 되는가』. 책세상.
- 고승희. 1999. "아산정신과 현대그룹의 기업문화". 『경영사학』 14(1).
- 고지현. 2007. 『꿈과 깨어나기』. 유로서적.
- 공제욱. 1993. 『1950년대 한국의 자본가연구』. 백산서당.
- 괴테, 요한 볼프강 폰. 2010. 『파우스트 2』. 이인웅 옮김. 문학동네.
- 구경서. 1998. 『박정희 정치연설 연구』. 건국대학교 대학원 정치학과 박사학위 논문.
- 구해근. 2002. 『한국노동계급의 형성』. 신광영 옮김. 창비.
- 권명아. 2010. "죽음과의 입맞춤". 『4·19와 모더니티』. 우찬제·이광호 엮음. 문학과지성사.
- 권영욱. 2006. 『결단은 칼처럼 행동은 화살처럼』. 아라크네.
- 권진관. 2009. 『예수. 민중의 상징. 민중. 예수의 상징』. 동연.
- ＿＿＿. 2012a. 『민중신학 에세이』. 동연.
- ＿＿＿. 2012b. "민중과 생태환경의 주체화를 위한 신학. 서남동을 중심으로". 『신학연구』 60.
- 권태준. 2006. 『한국의 세기 뛰어넘기』. 나남.
- 그레이버, 데이비드. 2009. 『가치이론에 대한 인류학적 접근』. 서정은 옮김. 그린비.
- 그로스, 엘리자베스. 2019. 『몸 페미니즘을 향해』. 임옥희 옮김. 꿈꾼문고.
- 금동현·이정숙. 2019. "김기영 영화미학 형성기 연구". 『어문론총』 82.
- 기든스, 앤소니. 1998a. "탈전통사회에서 산다는 것". 래쉬, 스콧 (외). 『성찰적 근대화』. 임현진·정일준 옮김. 한울.
- ＿＿＿. 1998b. 『사회구성론』. 황명주·정희태·권진현 옮김. 자작아카데미.
- ＿＿＿. 2003. 『현대사회의 성 사랑 에로티시즘 – 친밀성의 구조 변동』. 배은경·황정미 옮김. 새물결.
- 김경일. 2003. 『한국의 근대와 근대성』. 백산서당.
- 김금동. 2006. "김기영의 〈하녀〉에 나타난 장르 연구". 『문학과 영상』 7(2).
- 김기영. 1996. 『김기영 시나리오 선집 I』. 집문당.
- 김나경. 2022. "안병무가 꿈꾼 산실(産室). 품공동체. 여성민중신학을 중심으로". 『신학사상』 199.

- 김대환. 1998. "돌진적 성장이 낳은 이중위험사회". 『사상』 38.
- 김덕영. 2014. 『환원근대』. 길.
- 김명배. 2009. 『한국 기독교 사회운동사』. 북코리아.
- 김명수. 2006. 『안병무 – 시대와 민중의 증언자』. 살림.
- 김민배. 1997. "기획논문 법체계를 통해 본 박정희 유신정권". 『역사비평』 39.
- 김보현. 2011. "박정희 시대 지배체제의 통치전략과 기술". 『사회와역사』 90.
- 김상준. 2011. 『맹자의 땀. 성왕의 피』. 아카넷.
- ＿＿＿. 2014. 『유교의 정치적 무의식』. 글항아리.
- 김성수. 1999. "아산 정주영의 생애와 경영이념". 『경영사학』 19.
- 김성재. 1996. "민중신학의 발전 과정과 방법론". 『신학사상』 95.
- 김소영. 2000. 『근대성의 유령들』. 씨앗을뿌리는사람.
- 김수남. 2003. 『한국영화감독론 2』. 지식산업사.
- 김영미. 2009. 『그들의 새마을 운동』. 푸른역사.
- 김예진. 2022. "박수근과 나목". 『박수근. 봄을 기다리는 나목』. 국립현대미술관.
- 김용구. 2014. 『만국공법』. 소화.
- 김용규. 2004. "지젝의 대타자와 실재계의 윤리". 『비평과이론』 9(1).
- 김용복. 1981. 『한국민중과 기독교』. 형성사.
- 김우철. 2015. 『1970년대 대통령 시찰을 통해서 본 국가통치의 공간성 연구』. 서울대학교 지리학과 석사학위논문.
- 김원. 2006. 『여공 1970, 그녀들의 反역사』. 이매진.
- 김윤태. 2012. 『한국의 재벌과 발전국가』. 한울 아카데미.
- 김종삼. 2005. 『김종삼 전집』. 권명옥 엮음. 나남.
- 김종태. 2013. "박정희 정부 시기 선진국 담론의 부상과 발전주의적 국가정체성의 형성". 『한국사회학』 47(1).
- ＿＿＿. 2014. "한국 발전주의의 담론 구조". 『경제와사회』 103.
- 김정렴. 1997. 『아! 박정희』. 랜덤하우스코리아.
- 김정숙. 2011. "21세기 세계화 시대의 민중신학. 종말론적 영성으로서의 민중영성". 『신학과세계』 72.
- 김지하. 2002a. 『김지하. 전집 1권. 철학사상』. 실천문학사.
- ＿＿＿. 2002b. "민중문학의 형식문제". 『김지하 전집 제3권. 미학사상』. 실천문학사.
- ＿＿＿. 2003. 『생명학1』. 화남.
- ＿＿＿. 2009. 『밥』. 솔.
- 김진호. 1994. "민중신학이란 무엇인가". 『시대와 민중신학 1』. 다산글방.
- ＿＿＿. 2006. "고통에서 고통으로 – 민중의 재발견". 김진호 (외). 『죽은 민중의 시대. 안병무를 다시 본다』. 삼인.

참고 문헌

- _____. 2018. "포스트휴먼과 민중신학. 어떻게 만날까?". 『제3시대』 138.
- 김현옥. 1969. 『우리의 노력은 무한한 가능을 낳는다: 김 시장의 시정 신념』. 서울특별시공보실.
- 김현주. 2013. 『사회의 발견』. 소명출판.
- 김현철. 2004. "1970년대 초 박정희의 한반도 평화구상과 자주, 통일외교의 모색". 『통일정책연구』 13(1).
- 김홍중. 2007. "근대적 성찰성의 풍경과 성찰적 주체의 알레고리". 『한국사회학』 41(3).
- _____. 2014. "마음의 사회학을 이론화하기". 『한국사회학』 48(4).
- _____. 2015a. "꿈에 대한 사회학적 성찰". 『경제와사회』 108.
- _____. 2015b. "서바이벌, 생존주의, 그리고 청년세대". 『한국사회학』 49(1).
- _____. 2015c. "성찰적 노스텔지어: 생존주의적 근대성과 중민의 꿈". 『사회와 이론』 27.
- _____. 2019. "인류세의 사회이론 1: 파국과 페이션시(patiency)". 『과학기술학연구』 19(3).
- _____. 2021. "〈오징어 게임〉에 대한 몇 가지 상념들". 『기본소득』 10.
- _____. 2022. "가브리엘 타르드와 21세기 사회이론. 정동. 페이션시. 어셈블리지 개념을 중심으로". 『한국사회학』 56(1).
- _____. 2023. "인류세의 사회이론 2: 울리히 벡과 브루노 라투르의 파국주의적 전회". 『한국사회학』 57(4).
- 김홍중·조민서. 2021. "페이션시의 재발견. 고프만과 부르디외를 중심으로". 『한국사회학』 55(3).
- 김화영·안연식. 2014. "'위대한 기업'을 추구한 창업가 정주영의 특성 및 역량". 『경영사학』 29(4).
- 김흥수. 1999. 『한국전쟁과 기복신앙 확산연구』. 한국기독교역사연구소.
- 김희헌. 2013. 『서남동의 철학』. 이화여자대학교출판부.
- 나종석. 2015. "전통과 근대. 한국의 유교적 근대성 논의를 중심으로". 『사회와 철학』 30.
- _____. 2024. 『유교와 한국 근대성』. 예문서원.
- 노중기. 2022. 『신자유주의 노동세계와 민주노조운동』. 후마니타스.
- 닉슨, 롭. 2020. 『느린 폭력과 빈자의 환경주의』. 김홍옥 옮김. 에코리브르.
- 다가와 겐조. 1983. 『마가복음과 민중해방』. 김명식 옮김. 사계절.
- 다르도, 피에르·라발, 크리스티앙. 2022. 『새로운 세계 합리성』. 심세광·전혜리 옮김. 그린비.
- 데리다, 자크. 2018. 『신앙과 지식』. 신정아·최용호 옮김. 아카넷.
- 도베르뉴, 피터·르바론, 제네비브. 2015. 『저항주식회사』. 황성원 옮김. 동녘.
- 도킨스, 리처드. 2018. 『이기적 유전자』. 홍영남·이상임 옮김. 을유문화사.

- 뒤르케임, 에밀. 1992. 『종교 생활의 원초적 형태』. 노치준·민혜숙 옮김. 민영사.
- 들뢰즈, 질. 2004. 『차이와 반복』. 김상환 옮김. 민음사.
- _____. 2019. 『푸코』. 허경 옮김. 그린비.
- 들뢰즈, 질·가타리, 펠릭스. 2003. 『천 개의 고원』. 김재인 옮김. 새물결.
- _____. 2004. 『카프카』. 이진경 옮김. 동문선.
- _____. 2014. 『안티 오이디푸스』. 김재인 옮김. 민음사.
- 디디-위베르만, 조르주. 2023. 『민중들의 이미지. 노출된 민중들, 형상화하는 민중들』. 여문주 옮김. 현실문화A.
- 라캉, 자크. 2016. 『자크 라캉 세미나 1. 프로이트의 기술론』. 맹정현 옮김. 새물결.
- 라투르, 브뤼노. 2018. 『판도라의 희망』. 장하원·홍성욱 옮김. 휴머니스트.
- _____. 2021a. 『지구와 충돌하지 않고 착륙하는 법』. 박범순 옮김. 이음.
- _____. 2021b. 『나는 어디에 있는가?』. 김예령 옮김. 이음.
- 라투르, 브뤼노·슐츠, 니콜라이. 2022. 『녹색 계급의 출현』. 이규현 옮김. 이음.
- 라튜슈, 세르주. 2014. 『탈성장사회』. 양상모 옮김. 오래된생각.
- 러브록, 제임스. 2003. 『가이아』. 홍욱희 옮김. 갈라파고스.
- 레비나스, 엠마누엘. 2021. 『존재와 달리 또는 존재성을 넘어』. 문성원 옮김. 그린비.
- 루만, 니클라스. 2001. 『복지국가의 정치이론』. 김종길 옮김. 일신사.
- _____. 2012. 『사회의 사회 2』. 장춘익 옮김. 새물결.
- 루카치, 게오르그. 2007. 『소설의 이론』. 김경식 옮김. 문예출판사.
- 르죈, 필립. 1998. 『자서전의 규약』. 윤진 옮김. 문학과지성사.
- 리스트, 질베르. 2013. 『발전은 영원할 것이라는 환상』. 신해경 옮김. 봄날의책.
- 마나베 유코. 2015. 『열사의 탄생』. 김경남 옮김. 민속원.
- 마르크스, 칼. 2008. 『자본 I-1』. 강신준 옮김. 길.
- 마상윤. 2003. "안보와 민주주의 그리고 박정희의 길". 『국제정치논총』 43(4).
- 맥마이클, 필립. 2013. 『거대한 역설』. 조효제 옮김. 교양인.
- 모턴, 티모시. 2022. 『하이퍼객체』. 김지연 옮김. 현실문화.
- 몰트만, 위르겐. 2017. 『창조 안에 계신 하나님』. 김균진 옮김. 대한기독교서회.
- 문승숙. 2007. 『군사주의에 갇힌 근대』. 이현정 옮김. 또하나의문화.
- 미조구치 유조. 2004. 『중국의 공과 사』. 정태섭·김용천 옮김. 신서원.
- _____. 2020. 『방법으로서의 중국』. 서광덕·최정섭 옮김. 산지니.
- 민두기. 2001. 『시간과의 경쟁』. 연세대학교 출판부.
- 바네겜, 라울. 2006. 『일상생활의 혁명』. 주형일 옮김. 이후.
- 바디우, 알랭. 1995. 『철학을 위한 선언』. 이종영 옮김. 백의.

- _____. 2001. 『윤리학』. 이종영 옮김. 동문선.
- 박노자. 2005. 『우승열패의 신화』. 한겨레출판사.
- 박대현. 2015. 『혁명과 죽음』. 소명출판.
- 박명규. 2014. 『국민·인민·시민』. 소화.
- 박상섭. 2012. 『국가, 전쟁, 한국』. 인간사랑.
- 박영신. 2016. "하벨은 누구인가?" 바츨라프 하벨. 『불가능의 예술』. 이택광 옮김. 경희대학교 출판문화원.
- 박완서. 1992. "나에게 소설은 무엇인가". 『박완서 문학앨범』. 웅진출판.
- _____. 2006. "부처님 근처". 『박완서 단편소설 전집 1. 부끄러움을 가르칩니다』. 문학동네.
- _____. 2012a. 『박완서 소설전집 1. 나목』. 세계사.
- _____. 2012b. 『기나긴 하루』. 문학동네.
- 박유영. 2005. 『한국형 기업가 정신의 사례연구』. 숭실대학교 출판부.
- 박정희. 1961. 『지도자도』. 국가재건최고회의.
- _____. 1965. 『박정희대통령연설문집 제1집(1963년 12월-1964년 12월)』. 대통령공보비서관실.
- _____. 1966. 『박정희대통령연설문집 제2집(1965년 1월-12월)』. 대통령비서실.
- _____. 1967. 『박정희대통령연설문집 제3집(1966년 1월-12월)』. 대통령비서실.
- _____. 1968. 『박정희대통령연설문집 제4집(1967년 1월-12월)』. 대통령비서실.
- _____. 1969. 『박정희대통령연설문집 제5집(1968년 1월-12월)』. 대통령비서실.
- _____. 1970. 『박정희대통령연설문집 제6집(1969년 1월-12월)』. 대통령비서실.
- _____. 1971. 『박정희대통령연설문집 제7집(1970년 1월-12월)』. 대통령비서실.
- _____. 1972. 『박정희대통령연설문집 제8집(1971년 1월-12월)』. 대통령비서실.
- _____. 1973. 『박정희대통령연설문집 제9집(1972년 1월-12월)』. 대통령비서실.
- _____. 1974. 『박정희대통령연설문집 제10집(1973년 1월-12월)』. 대통령비서실.
- _____. 1975. 『박정희대통령연설문집 제11집(1974년 1월-12월)』. 대통령비서실.

- _____. 1976. 『박정희대통령연설문집 제12집(1975년 1월-12월)』. 대통령비서실.
- _____. 1977. 『박정희대통령연설문집 제13집(1976년 1월-12월)』. 대통령비서실.
- _____. 1978. 『박정희대통령연설문집 제14집(1977년 1월-12월)』. 대통령비서실.
- _____. 2005a. "우리민족의 나아갈 길"(1962). 『하면 된다! 떨쳐 일어나자』. 동서문화사.
- _____. 2005b. "국가와 혁명과 나"(1963). 『하면 된다! 떨쳐 일어나자』. 동서문화사.
- _____. 2005c. "다시는 나 같은 불운한 군인이 없기를"(1963). 『한국 국민에게 고함』. 동서문화사.
- _____. 2005d. "민족의 저력"(1971). 『나라가 위급할 때 어찌 목숨을 아끼리』. 동서문화사.
- _____. 2005e. "민족중흥의 길"(1978). 『나라가 위급할 때 어찌 목숨을 아끼리』. 동서문화사.
- 박태원. 1998. 『박태원 소설선』. 최혜실 엮음. 문학과지성사.
- 베버, 막스. 1997. 『경제와 사회 I』. 박성환 옮김. 문학과지성사.
- _____. 2002. "세계종교의 경제윤리. 비교종교사회학적 시도". 『막스 베버 사상 선집 I』. 전성우 옮김. 나남.
- _____. 2008. "종교사회학논문집. 서언". 『막스 베버 종교사회학 선집』. 전성우 옮김. 나남.
- _____. 2010. "프로테스탄티즘의 윤리와 자본주의정신". 『프로테스탄티즘의 윤리와 자본주의 정신』. 김덕영 옮김. 길.
- 벡, 울리히. 1998. "정치의 재창조". 『성찰적 근대화』. 임현진·정일준 옮김. 한울.
- 벤야민, 발터. 2005. 『아케이드 프로젝트 1』. 조형준 옮김. 새물결.
- _____. 2008a. "역사의 개념에 대하여". 『발터 벤야민 선집 5』. 최성만 옮김. 길.
- _____. 2008b. "종교로서의 자본주의". 『발터 벤야민 선집 5』. 최성만 옮김. 길.
- _____. 2010. "보들레르의 몇 가지 모티프에 대하여". 김영옥·황현산 옮김. 『발터 벤야민 선집 4』. 길.
- 부르디외, 피에르. 1995. 『자본주의의 아비투스』. 최종철 옮김. 동문선.
- 브라이도티, 로지. 2015. 『포스트휴먼』. 이경란 옮김. 아카넷.
- 비포, 베라르디. 2013. 『프레카리아트를 위한 랩소디』. 정유리 옮김. 난장.
- 서남동. 1976. 『전환시대의 신학』. 한국신학연구소.

참고 문헌

_____, 1983. "추천의 글". 다가와 겐조.『마가복음과 민중해방』. 김명식 옮김. 사계절.

_____, 2018.『민중신학의 탐구』. 동연.

서동진. 2003. "백수, 탈근대 자본주의의 무능력자들".『당대비평』 23.

_____. 2009.『자유의 의지 자기계발의 의지』. 돌배게.

서울대학교 사회발전연구소. 2014.『이중위험사회의 재난과 공공성』(연구최종보고서).

서울역사박물관. 2013a.『돌격건설! 김현옥 시장의 서울 1. 1966-1967』. 서울책방.

_____. 2013b.『돌격건설! 김현옥 시장의 서울 1. 1968-1970』. 서울책방.

_____. 2016.『도시는 선이다. 불도저 시장 김현옥』. 서울책방.

서재진. 1991.『한국의 자본가 계급』. 나남.

성경륭. 1998. "실업과 사회해체".『사상』 38.

세넷, 리처드. 2006.『뉴캐피털리즘』. 유병선 옮김. 문예출판사.

소바냐르그, 안. 2009.『들뢰즈와 예술』. 이정하 옮김. 열화당.

소영현. 2014. "전쟁 경험의 역사화, 한국사회의 속물화". 김예림 (외).『정치의 임계, 공공성의 모험』. 혜안.

손호철 외. 2003.『한국의 정치사회적 지배담론과 민주주의 동학』. 함께읽는책.

송병기. 2023.『각자도사 사회』. 어크로스.

송호근. 2011.『인민의 탄생』. 민음사.

슈미트, 칼. 2010.『정치신학. 주권론에 관한 네 개의 장』. 김항 옮김. 그린비.

스티븐 정. 2011. "대중 멜로드라마와 개발의 스펙터클".『기억과 전망』 25.

신기욱·로빈슨, 마이클 (편). 2006.『한국의 식민지 근대성』. 도면회 옮김. 삼인.

신연재. 1991.『동아시아 3국의 사회진화론 수용에 관한 연구』. 서울대학교 대학원 외교학과 박사학위논문.

신익상. 2016. "근본주의와 가난의 문제. 민중신학의 '민중'과 아감벤의 '잔여'를 연결하며".『신학연구』 68.

신형기. 2012. "혁신 담론과 대중의 위치".『현대문학의 연구』 47.

심현주. 2004. "지구화시대의 민중신학".『신학사상』 126.

아감벤, 조르조. 2008.『호모 사케르』. 박진우 옮김. 새물결.

아렌트, 한나. 1996.『인간의 조건』. 이진우·태정호 옮김. 한길사.

안미야. 2004. "공옥진의 춤 인생과 병신춤 성립 배경에 관한 연구".『한국체육학지』 43(2).

안병무. 1979. "전달자와 해석자".『현존』 101.

- _____. 1980. "그리스도교와 민중언어". 『현존』 108.
- _____. 1982a. "민족·민중·교회". NCC 신학연구위원회 (편). 『민중과 한국신학』. 한국신학연구소.
- _____. 1982b. "예수와 오클로스". NCC 신학연구위원회 (편). 『민중과 한국신학』. 한국신학연구소.
- _____. 1982c. "마가복음에서 본 역사의 주체". NCC 신학연구위원회 (편). 『민중과 한국신학』. 한국신학연구소.
- _____. 1984. "예수사건의 전승모체". 『신학사상』 47.
- _____. 1993a. 『안병무 전집 1: 역사와 해석』. 한길사.
- _____. 1993b. 『안병무 전집 2: 민중신학을 말한다』. 한길사.
- _____. 1993c. 『안병무 전집 4: 예수의 이야기』. 한길사.
- _____. 1993d. 『안병무 전집 5: 민중과 성서』. 한길사.
- _____. 1993e. 『안병무 전집 6: 역사와 민중』. 한길사.
- 안치운. 1995. 『추송웅 연구』. 예니.
- _____. 1999. 『추송웅. 배우의 말과 몸짓』. 나무숲.
- 알튀세, 루이. 1992. 『마키아벨리의 고독』. 김민석 옮김. 중원문화.
- 야마무로 신이치. 2010. 『러일전쟁의 세기』. 정재정 옮김. 소화.
- 오카 마리. 2024. 『기억·서사』. 김병규 옮김. 교유서가.
- 올리브지, 스테판. 2007. 『부르디외, 커뮤니케이션을 말하다』. 이상길 옮김.
- 유선영. 2017. 『식민지 트라우마』. 푸른역사.
- 유종일. 2007. "신자유주의, 세계화, 한국경제". 『창작과비평』 137.
- 윤상우. 2006. "한국 발전국가의 형성·변동과 세계체제적 조건, 1960– 1990". 『경제와사회』 72.
- _____. 2009. "외환위기 이후 한국의 발전주의적 신자유주의화". 『경제와사회』 83.
- 윤정란. 2015. 『한국전쟁과 기독교』. 한울.
- 이경재. 2011. "박완서 소설의 오빠 표상 연구". 『우리문학연구』 32.
- 이경훈. 2006. 『한국 근대문학 풍속사전』. 태학사.
- 이명박. 1995. 『신화는 없다』. 김영사.
- 이병철. 2014. 『호암자전』. 나남.
- 이상록. 2011. "경제제일주의의 사회적 구성과 '생산적 주체' 만들기". 『역사문제연구』 15(1).
- 이서영. 2022. "오클로스(ὄχλος)와 두려움. 감정사회학으로 접근하는 마가복음의 오클로스". 『신학연구』 81.
- 이언, 바버. 2015. "하나님의 능력. 과정 신학 관점". 폴킹혼, 존 (편). 『케노시스 창조이론』. 박동식 옮김. 새물결플러스.
- 이연호. 2007. 『전설의 낙인』. 한국영상자료원.

참고 문헌

- 이영재. 2016. 『공장과 신화』. 학민사.
- 이영진. 2016. "부끄러움과 전향". 『민주주의와 인권』 16(2).
- _____. 2018. "'좀비'에서 인간으로의 생명 연습: 한국의 '전후'에 대한 정신사적 고찰". 『민주주의와 인권』 18(2).
- 이옥. 2001. 『선생, 세상의 그물을 조심하시오』. 심경호 옮김. 태학사.
- 이우영. 1991. 『박정희 통치이념의 지식사회학적 연구』. 연세대학교 사회학과 박사학위 논문.
- 이장규. 2014. 『대한민국 대통령들의 한국경제 이야기 1』. 살림.
- 이재열. 1998. "대형사고와 위험". 『사상』 38.
- 이정희. 2006. "이론으로서의 모험 - 그 상상력의 배후". 김진호 (외). 『죽은 민중의 시대: 안병무를 다시 본다』. 삼인.
- 이진경. 2012. 『대중과 흐름』. 그린비.
- 이철호. 2016. "김지하의 영성(靈性): 1970년대 민중신학과 기독교 생명정치의 한 맥락". 『동악어문학』 68.
- 이택후. 1992. 『중국현대사상사의 굴절』. 김형종 옮김. 지식산업사.
- 이한구. 2004. 『한국재벌사』. 대명출판사.
- 이효인. 2002. 『하녀들 봉기하다』. 하늘아래.
- 임미리. 2015. 『한국 정치에서 저항적 자살에 관한 연구』. 한국학중앙연구원 박사학위논문.
- 임원혁. 2009. "신자유주의, 정말 끝났는가". 『창작과비평』 143.
- 임지현. 2004. "'대중독재'의 지형도 그리기". 『대중독재1』. 임지현·김용우 엮음. 책세상.
- 임홍배. 2014. 『괴테가 탐사한 근대』. 창비.
- 자오팅양. 2022. 『천하, 세계와 미래에 대한 중국의 철학』. 김중섭 옮김. 이음.
- 장경섭. 1998. "압축적 근대성과 복합위험사회". 『비교사회』 2.
- _____. 2009. 『가족, 생애, 정치경제』. 창비.
- _____. 2023. 『압축 근대성의 논리』. 문학사상.
- 장상철. 2007. "1970년대 '민중' 개념의 재등장". 『경제와사회』 74.
- 장은주. 2008. "상처 입은 삶의 빗나간 인정투쟁". 『사회비평』 39.
- _____. 2014. 『유교적 근대성의 미래』. 한국학술정보.
- _____. 2017. "메리토크라시와 민주주의: 유교적 근대성의 맥락에서". 『철학연구』 119.
- 전상진. 2008. "자기계발의 사회학". 『문화와사회』 5.
- 전인권. 2006. 『박정희 평전』. 이학사.
- 전재호. 1997. 『박정희 체제의 민족주의 연구』. 서강대학교 정치학과 박사학위 논문.
- _____. 2000. 『반동적 근대주의자 박정희』. 책세상.

- 정광희. 1998. "후쿠자와 유키치의 학문론에 관한 일고찰". 『교육과학연구』 28.
- 정대용. 2001. 『아산 정주영의 기업가정신』. 삼영사.
- 정미라. 2020. 『현대성과 자기보존욕망』. 한국문화사.
- 정성호. 1999. "한국전쟁과 인구사회학적 변화". 『한국전쟁과 사회구조의 변화』. 한국정신문화연구원 (편). 백산서당.
- 정수복. 2012. 『한국인의 문화적 문법』. 생각의나무.
- _____. 2022. 『한국사회학의 지성사 3』. 푸른역사.
- 정윤재. 2001. "근대국가의 발전에 대한 정치리더십 접근". 『장면, 윤보선, 박정희』. 한국정신문화연구원 편. 백산서당.
- 정재경. 1991. 『박정희사상서설』. 집문당.
- 정주영. 1985. 『아산 정주영 연설문집』. 아산고희기념출판위원회.
- _____. 1991. 『시련은 있어도 실패는 없다』. 제삼기획.
- _____. 1997a. 『한국 경제 이야기』. 울산대학교출판부.
- _____. 1997b. 『새로운 시작에의 열망』. 울산대학교출판부.
- _____. 1998. 『이 땅에 태어나서』. 솔.
- 정진홍. 1985. 『한국종교문화의 이해』. 집문당.
- 제임스, 윌리엄. 2000. 『종교적 경험의 다양성』. 김재영 옮김. 한길사.
- 조갑제. 1998. 『내 무덤에 침을 뱉어라 1』. 조선일보사.
- 조동성. 1990. 『한국재벌연구』. 매일경제신문사.
- 조명래. 2003. "한국 개발주의의 역사와 현주소". 『환경과 생명』 37.
- 조세희. 2024. 『난장이가 쏘아올린 작은 공』. 이성과힘.
- 조용기. 1977. 『삼박자구원』. 영산출판사.
- _____. 1983. 『5중복음과 삼박자축복』. 영산출판사.
- 조해인. 1984. 『헤아릴 수 없는 한의 모습까지를』. 해냄.
- 조현범. 2023. "김지하와 한국 그리스도교 사상". 『공존의 인간학』 10.
- 조희연. 2002. "'발전국가'의 변화와 국가-시민사회, 사회운동의 변화". 『사회와철학』 4.
- _____. 2007. 『박정희와 개발독재시대』. 역사비평사.
- 지동욱. 2002. 『대한민국 재벌』. 삼각형비즈.
- 지젝, 슬라보예. 2007. 『죽은 신을 위하여』. 김정아 옮김. 길.
- 지주형. 2011. 『한국 신자유주의의 기원과 형성』. 책세상.
- 차미령. 2015. "생존과 수치. 1970년대 박완서 소설과 생존주의의 이면". 『한국현대문학연구』 47.
- 차일석. 2005. 『영원한 꿈 서울을 위한 증언』. 동서문화사.
- 최순양. 2013. "스피박의 서발턴(하위주체)의 관점에서 바라본 아시아 여성신학과 민중신학적 담론에 대한 문제제기". 『신학논단』 72.

- 최정규. 2009. 『이타적 인간의 출현』. 뿌리와이파리.
- 최정균. 2024. 『유전자 지배사회』. 동아시아.
- 최정운. 1999. 『오월의 사회과학』. 풀빛.
- _____. 2013. 『한국인의 탄생』. 미지북스.
- 최형묵. 2023. 『민중신학 개념지도』. 동연.
- 추송웅. 1981. 『빠알간 피이터 추송웅』. 기린원.
- 카네티, 엘리아스. 2002. 『군중과 권력』. 강두식·박병덕 옮김. 바다출판사.
- 카프카, 프란츠. 1997. 『카프카 전집1. 변신』. 이주동 옮김. 솔.
- 칸트, 이마누엘. 1992. 『칸트의 역사철학』. 이한구 편역. 서광사.
- 케인즈, 존 메이나드. 2007. 『고용, 이자 및 화폐의 일반이론』. 조순 옮김. 비봉출판사.
- 코제브, 알렉상드르. 1981. 『역사와 현실변증법』. 설헌영 옮김. 한벗.
- 콜린스, 랜들. 2009. 『사회적 삶의 에너지』. 진수미 옮김. 한울.
- 콜브룩, 클레어. 2008. 『이미지와 생명, 들뢰즈의 예술 철학』. 정유경 옮김. 그린비.
- 쿤슬러, 제임스 하워드. 2011. 『장기 비상시대』. 이한중 옮김. 갈라파고스.
- 타르드, 가브리엘. 2012. 『모방의 법칙』. 이상률 옮김. 문예출판사.
- _____. 2015. 『모나돌로지와 사회학』. 이상률 옮김. 이책.
- 푸코, 미셀. 1997. "자기의 테크놀로지"(1988). 『자기의 테크놀로지』. 이희원 옮김. 동문선.
- _____. 2004. 『성의 역사 2』. 문경자·신은경 옮김. 나남.
- _____. 2007. 『주체의 해석학』. 심세광 옮김. 동문선.
- _____. 2012. 『생명관리정치의 탄생』. 오트르망 옮김. 난장.
- 프로이트, 지그문트. 1997. 『정신분석학의 근본개념』. 윤희기·박찬부 옮김. 열린책들.
- _____. 2004. "쾌락원칙을 넘어서". 『정신분석학의 근본개념』. 윤희기·박찬부 옮김. 열린책들.
- 하이데거, 마르틴. 2001. 『형이상학의 근본개념들』. 이기상·강태성 옮김. 까치.
- 하이에크, 프리드리히. 1996. 『치명적 자만』. 신중섭 옮김. 한국경제연구원.
- _____. 1997. 『법, 입법, 그리고 자유 II』. 민경국 옮김. 자유기업센터.
- 한국헌법연구회. 2003. "안정, 번영, 통일에의 길". 김효전 (편). 『유신헌법자료집』. 한국공법학회.
- 한상진. 1987. 『민중의 사회과학적 인식』. 문학과지성사.
- _____. 1995. "광복 50년의 한국사회". 『사상』 25.
- 한석정. 2016. 『만주 모던』. 문학과지성사.

- 한승훈. 2021. 『무당과 유생의 대결』. 사우.
- 한완상. 1980. 『민중과 사회』. 종로서적.
- _____. 1981. 『민중사회학』. 종로서적.
- 한정헌. 2015. "들뢰즈 사상에서 본 안병무의 소수자신학". 『한국기독교신학논총』 96.
- _____. 2016. "들뢰즈 사상의 민중신학적 이해. '오늘의 민중신학'으로서의 소수자신학을 향하여". 『한국기독교신학논총』 100.
- _____. 2017. "죽재 서남동의 소수자신학 연구. 들뢰즈/가타리 사상과의 비교를 중심으로". 『신학논단』 88.
- 함재봉. 2000. 『유교, 자본주의, 민주주의』. 전통과현대.
- 해러웨이, 도나. 2022. 『종과 종이 만날 때』. 최유미 옮김. 갈무리.
- 해밀턴, 클라이브. 2018. 『인류세』. 정서진 옮김. 이상북스.
- 허석헌. 2023. "알랭 바디우의 사건의 철학을 통한 안병무의 사건론의 재발견". 『대학과 선교』 55.
- 허지웅. 2010. 『망령의 기억』. 한국영상자료원.
- 헤겔, 프리드리히. 2005. 『정신현상학 1』. 임석진 옮김. 한길사.
- 현대건설주식회사 (편). 1997. 『현대건설 50년사』. 현대건설주식회사.
- 현영학. 1997. 『예수의 탈춤』. 한국신학연구소.
- 호네트, 악셀. 2011. 『인정투쟁』. 이현재 · 문성훈 옮김. 사월의책.
- 홉스, 토마스. 2008. 『리바이어던 1. 2』. 진석용 옮김. 나남.
- 홍기빈. 2006. "신자유주의, 이념인가? '글로벌 스탠더드'인가?". 『시민과세계』 8.
- 홍성우. 2012. 『인권변론자료집 2. 1970년대』. 한인섭 정리. 경인문화사.
- 홍찬숙. 2015. 『개인화』. 서울대학교출판문화원.
- 황대권. 2005. "지금도 계속되는 박정희 패러다임". 『창작과비평』 128.
- 황병주. 2008. 『박정희 체제의 지배담론』. 한양대학교 사학과 박사학위 논문.
- 후쿠자와 유키치. 2003. 『학문의 권장』. 남상영 · 사사가와 고이치 옮김. 소화.

- Abélès, Marc. 2006. *Politique de la survie*. Paris. Flammarion.
- Adkins, Brendt. 2007. *Death and Desire*. Edinburgh. Edinburgh University Press.
- Agamben, Giorgio. 2000. *Le temps qui reste*, trad. J. Revel, Paris, Payot & Rivages.
- Alexander, Jeffrey, C. 1990. "Differentiation Theory", in eds. J. C. Alexander & P. Colomy. *Differentiation Theory and Social Change*. N.Y. Columbia University Press.
- Arendt, Hannah. 1970. *Men in Dark Times*. Mariner Books.

참고 문헌

- Badiou. Alain. 2005. *Le Siècle*. Paris. Seuil.
- Beck, Ulrich. 1987. "The Anthropological Shock. Chernobyl and the Contours of the Risk Society". *Berkeley Journal of Sociology* 32.
- _____. 2016. *The Metamorphosis of the World*. Cambridge. Polity.
- Benasayag, Miguel. 2008. *La santé à tout prix*. Paris. Bayard.
- Benjamin, Walter. 1969. *Illuminations*. trans by H. Zohn. New York. Schocken Books.
- _____. 2009. *The Origin of German Tragic Drama*. trans by J. Osborne and G. Steiner. Verso.
- Bettelheim, Bruno. 1979. *Survivre*. traduit par Théo Carlier. Paris. Laffont.
- Boltanski, Luc & Chiapello, Ève. 1999. *Le nouvel esprit du capitalisme*. Paris. Gallimard.
- Bonta, Mark & Protevi, John. 2004. *Deleuze and Geophilosophy*. Edinburgh. Edinburgh University Press.
- Bourdieu, Pierre. 1998. *Contre-feux*. Paris. Raison d'agir.
- _____. 2003. *Méditations pascaliennes*. Paris. Seuil.
- _____. 2022. *L'intérêt au désintéressement*. Raisons d'agir/ Seuil.
- Butler, Judith. 2009. *Frames of War*. London. Verso.
- Castells, Manuel. 1992. "Four Asia Tigers with a Dragon Head". in *State and Development in the Asian Pacific Rim*. edited by R. P. Appelbaum and J. Henderson. London. Sage.
- Chang, Kyung-Sup. 2010. *South Korea under Compressed Modernity*. London and New York. Routledge.
- _____. 2022. *The Logic of Compressed Modernity*. London. Polity.
- Clapham, Christopher. 1996. *Africa and the International System. The Politics of State Survival*. Cambridge. Cambridge University Press.
- Crutzen. Paul J. and Stoermer. Eugene F. 2000. "The 'Anthropocene'". *The International Geosphere-Biosphere Programme (IGBP) Newsletter* 41.
- Dean, Mitchell. 1999. *Governmentality*. London. Sage.
- Deleuze, Gilles. 1993. *Critique et clinique*. Paris. Minuit.
- _____. 2002. *Francis Bacon. Logique de la sensation*. Paris. Seuil.

- _____. 2003. *Deux régimes de fous*. Textes et entretiens 1975–1995. Paris. Minuit.
- _____. 2023. *Sur la peinture*. Paris. Minuit.
- Deleuze, Gilles & Guattari, Félix. 1991. *Qu'est-ce que la philosophie?*. Paris. Minuit.
- Deleuze, Gilles & Parnet, Claire. 1996. *Dialogues*. Paris. Flammarion.
- Eakin, Paul J. 1999. *How Our Lives Become Stories*. Ithaca and London. Cornell University Press.
- Ellis, Erle et al. 2016. "Involve Social Scientists in Defining the Anthropocene". *Nature* 540.
- Ewald, François. 1986. *État-providence*. Paris. Grasset.
- Esteva, Gustavo. 1992. "Development". in *The Development Dictionary*. edited by Wolfgang Sachs. London. Zed Books.
- Fassin, Didier. 2010. "Ethics of Survival. A Democratic Approach to the Politics of Life". *Humanity* 1(1).
- Fischbach, Franck. 1999. *Fichte et Hegel*. Paris. PUF.
- Flaubert, Gustave. 1980. *Correspondance II (juillet 1851 - décembre 1858)*. éd. J. Bruneau. Paris. Gallimard.
- Foucault, Michel. 1975. *Surveiller et punir*. Paris. Gallimard.
- _____. 2004a. *Sécurité, territoire, population*. Paris. Seuil.
- _____. 2004b. *Naissance de la biopolitique*. Paris. Seuil.
- Freeman, Mark & Brockmeier, Jens. 2001. "Narrative Integrity". in *Narrative and Identity*. edited by Jens Brockmeier and Donal Carbaugh. Amsterdam/Philadelphia. John Benjamins Publishing Company.
- Fuller, Steve. 2008. "Conatus". in *Key Concepts*. edited Michael Grenfell. London and New York. Routledge.
- Gordon, Colin. 1991. "Governmental Rationality". in *Foucault Effect*. edited by G. Burchell, C. Gordon, P. Miller. Brighton. Harverster.
- Guéguen, Haud & Malochet, Guillaume. 2012. *Les théories de la reconnaissance*. Paris. La Découverte.
- Hage, Ghassan. 2003. *Against Paranoid Nationalism*. Pluto Press.
- Hart, Francis R. 1970. "Notes for an Anatomy of Modern Autobiography". *New Literary History* 1(3).
- Hart-Landsberg, Matin. 1993. *The Rush to Development*. New York. Monthly Review Press.

- Hazleden, Rebecca. 2003. "Love yourself". *Journal of Sociology* 39(4).
- Heidegger, Martin. 1958. "Que veut dire 《penser》?" in *Essais et conférences*. Paris. Gallimard.
- Heilbroner, Robert L. 1985. *The Nature and Logic of Capitalism*. New York & London. W. W. Norton & Company.
- Heise, Ursula K. 2016. *Imagining Extinction*. Chicago. The University of Chicago Press.
- Hof, Christine. 2016. *Philosophie et kénose chez Simone Weil*. Paris. L'Harmattan.
- Holstein, James A. and Gubrium, Jaber F. 2000. *The Self We Live By: Narrative Identity in a Postmodern World*. New York. Oxford University Press.
- Kim, Hong Jung. 2014. "L'éthique chamanique et l'esprit du néo-libéralisme coréen". *Sociétés* 122.
- Lacan, Jacques. 1986. *L'éthique de la psychanalyse*. Paris. Seuil.
- Lapierre, Laurent. 1994. "L'imaginaire et le leadership". *Imaginarie et leadership. tome III*. Montréal. Presses HEC.
- Laplanche, Jean & Pontalis, Jean-Bertrand. 1967. *Vocabulaire de la psychanalyse*. Paris. PUF.
- Lasch, Christopher. 1978. *The Culture of Narcissism*. New York. W. W. Norton & Company.
- _____. 1984. *The Minimal Self*. New York & London. W. W. Norton & Company.
- Latour. Bruno. 2017. *Facing Gaia*. translated by Catherine Porter. Cambridge. Polity.
- Lawson, Kathryn. 2024. *Ecological Ethics and the Philosophy of Simone Weil.* London. Routledge.
- Lemke, Thomas. 2002. "Foucault, Governmentality, and Critique". *Rethinking Marxism* 14(3).
- _____. 2019. *Foucault's Analysis of Modern Governmentality*. London. Verso.
- Lévinas, Emmanuel. 1976. *Difficile liberté*. Paris. Albin Michel.
- _____. 2002. *Is it Righteous to Be? Interviews with Emmanuel Levinas*. Stanford, California. Stanford University Press.
- Lordon, Frédéric. 2006. *L'intérêt souverain*. Paris. La Découverte.

- Luhmann, Niklas. 1990. "Paradox of System Differentiation". edited by J. C. Alexander & P. Colomy. *Differentiation Theory and Social Change*. N.Y. Columbia University Press.
- _____. 2013. *A Systems Theory of Religion*. translated by David A. Brenner and Adrian Hermann. Stanford, California. Stanford University Press.
- Martin, Jean-Clet. 2001. "Tarde. Une nouvelle Monadologie". *Multitudes* 7.
- Moon, Chung-In & Jun, Byung-Joon. 2011. "Modernizing Strategy". in *The Park Chung Hee Era*. edited by B.-K. Kim & E. F. Vogel. Harvard University Press.
- Parsa, Mehdi. 2022. "Ethics of Schizoanalysis". *Inscriptions* 5(1).
- Pigeaud, Jackie. 1988, "Présentation", in Aristote, *L'homme de génie et la Mélancolie, Problème XXX*, 1, trad. J. Pigeaud, Paris, Rivages poche.
- Pippin, Robert B. 2010. *Hegel and Self-Consciousness*. Princeton, New Jersey. Princeton University Press.
- Reader, Soran. 2007. "The Other Side of Agency". *Philosophy* 82(4).
- Rimke, Heidi M. 2000. "Governing Citizens Through Self-Help Literature". *Cultural Studies* 14(1).
- Rosanvallon, Pierre. 1998. *Le peuple introuvable*. Paris. Gallimard.
- Rose, Nikolas. 1999. *Powers of Freedom. Reframing Political Thought*. Cambridge. Cambridge University Press.
- Sauvagnargues, Anee. 2016. *Artmachines*. translated by S. Verderber, Eugene W. Holland. Edinburgh. Edinburgh University Press.
- Scholem, Gershom. 1966. *La Kabbale et sa symbolique*. Paris. Payot & Rivages.
- _____. 1973. *Les grands courants de la mystique juive*. Paris. Payot & Rivages.
- _____. 1974. *La kabbale*. Paris. Gallimard.
- Schwartz, David. 1997. *Culture and Power: The Sociology of Pierre Bourdieu*. Chicago University Press.
- Spinoza, Baruch. 1954. *Oeuvres complètes*. Paris. Gallimard.
- Stengers, Isabelle. 2009. *Au temps des catastrophes. Résister à la barbarie qui vient*. Paris. La Découverte.
- Tikhonov, Vladimir. 2010. *Social Darwinism and Nationalism in Korea*. Leiden and Boston. Brill.

- Trédé-Boulmer, Monique. 2015. *Kairos. L'à-propos et l'occasion*. Paris. Les belles lettres.
- Tsurutani, Taketsugu. 1973. *The Politics of National Development*. New York, London. Chandler Publishing Company.
- Van Dooren, Thom. 2016. *Flight Ways*. New York. Columbia University Press.
- Vaneigem, Raoul. 1992. *Traité de savoir-vivre à l'usage des jeunes générations*. Paris. Gallimard.
- van Riessen, Renée D. N. 2007. Man as a Place of God. Dordrecht. Springer.
- Wagner, Nils-Frederic. 2019. "Doing away with the agential bias. Agency and patiency in health monitoring applications". *Philosophy & Technology* 32(1).
- Wall, Thomas Carl. 1999. *Radical Passivity. Levinas. Blanchot. and Agamben*. New York. State University of New York Press.
- Wallestein, Immanuel. 1983. *Historical Capitalism*. Verso Books.
- Weil, Simone. 1988. *La pesanteur et la grâce*. Paris. Plon.
- _____. 2016. *Attente de Dieu*. Paris. Albin Michel.
- Žižek, Slavoj. 1994. *The Metastases of Enjoyment*. London. Verso.

출처

출처

이 책의 초본으로 사용된 텍스트들의 출처는 다음과 같다. 초본은 대규모 수정과 보완을 거쳤다. 영어 원문은 번역되면서 변형되었다.

- 2장. 2021. "서바이벌 미학. 김기영의 〈살인나비를 쫓는 여자〉". 『서울리뷰오브북스』 3.

- 4장. 2018. "Survivalist Modernity and the Logic of Its Governmentality". *International Journal of Japanese Sociology* 27(1).

- 5장. 2015. "파우스트 콤플렉스. 아산 정주영을 통해 본 한국 자본주의의 마음". 『사회사상과 문화』 18(2). (재수록, 울산대학교 아산리더십 연구원 편. 2015. 『살림과 일』. 푸른숲).

- 6장. 2009. "육화된 신자유주의의 윤리적 해체". 『사회와이론』 14(1).

- 7장. 2017. "생존주의, 사회적 가치, 그리고 죽음의 문제". 『사회사상과 문화』 20(4). (재수록, 박명규·이재열 엮음. 2020. 『사회적 가치와 사회적 혁신』. 한울).

- 8장. 2024. "민중과 페이션시. 오클로스에서 생태계급까지". 『한국현대문학연구』 72.

서바이벌리스트 모더니티

지은이 김홍중

처음 펴낸 날 2024년 10월 30일

펴낸이 주일우
편집 강지웅
디자인 cement

펴낸곳 이음
출판등록 제2005-000137호(2005년 6월 27일)
주소 서울시 마포구 토정로 222 한국출판콘텐츠센터 210호
전화 02-3141-6126
팩스 02-6455-4207

전자우편 editor@eumbooks.com
홈페이지 www.eumbooks.com
인스타그램 @eum_books

ISBN 979-11-94172-07-9(93330)
값 23,000원